初中作文有效教学研究与实践

刘 峰／著

民主与建设出版社
·北京·

图书在版编目（CIP）数据

初中作文有效教学研究与实践 / 刘峰著. — 北京：
民主与建设出版社，2019.11
ISBN 978-7-5139-2785-7

Ⅰ. ①初… Ⅱ. ①刘… Ⅲ. ①作文课—教学研究—初
中 Ⅳ. ①G633.342

中国版本图书馆CIP数据核字（2019）第239201号

初中作文有效教学研究与实践
CHUZHONG ZUOWEN YOUXIAO JIAOXUE YANJIU YU SHIJIAN

出 版 人 李声笑
著　　者 刘　峰
责任编辑 刘　芳
封面设计 姜　龙
出版发行 民主与建设出版社有限责任公司
电　　话 （010）59417747　59419778
社　　址 北京市海淀区西三环中路10号望海楼E座7层
邮　　编 100142
印　　刷 北京虎彩文化传播有限公司
版　　次 2022年6月第1版
印　　次 2022年6月第1次印刷
开　　本 710 毫米 × 1000 毫米　1/16
印　　张 15.75
字　　数 284千字
书　　号 ISBN 978-7-5139-2785-7
定　　价 45.00 元

对作文教学的零星思考

我们语文老师不得不承认的现实是——尽管作文教学是语文教学的半壁江山，但我们中的大多数却重阅读而轻写作，我们教课文，一篇一篇，精心设计；写作指导则比较随便，很少专门为此备课，也缺少整体规划。语文教学就已经很空灵了，而作文教学更让人感觉没有抓手，教师教得无助，学生习得也无助，以致一个个学期过去了，相当一部分学生的写作水平提高甚微。于是为了快速提高作文成绩，教师在指导学生写作时，寄希望于各式各样的“满分作文”之类的技巧指导书籍，导致学生邯郸学步，作文没有自我。

一直以来，作文教学都只是一个个练习，并没有一本系统的教材，教师教学随意性大，学生学习的随意性也很大。作文教学的无序、无力、无奈是师生的共同感受。

基于此，我考虑如何能根据学生写作学习的一般规律进行写作指导，让作文教学更有操作性，使之能由浅入深、井然有序。下面将我在这方面的零星思考和实践，编辑成册，以期得到各位同仁的指点，且能给初中学子以帮助。本册作文指导内容，主要体现在以下几个方面。

一、跟着课文学作文

平时，我们一般的做法是：一个单元的课文讲完了，无非是按照写作训练的要求，布置一个文题，略做指导，提几点要求，就让学生去写。把作文课当作作业或任务去布置，这实在是教材资源的极大浪费。

在多年的语文教学实践中，我意识到，与其舍近求远，不如用好我们手边现成的资源——语文课本上的课文。课文可以说都是文质兼美的文章，在引导学生阅读、感悟、鉴赏的同时，把读文与作文结合起来，让学生在阅读中感悟作文的写法，以读导写，以读促写，学生就如同有了一根帮助自己行走的拐杖，从而可以大大提高写作训练的可操作性。

我把教材中的课文，尤其是一些经典课文，就像数学老师讲课本例题一样，切切实实地当作写作例文来教。以课文为习作例文，联系自己的实际来写文章，如此反复训练，逐步提高学生的写作能力。

在课文阅读教学中，我着重于学生的写作，结合具体篇章，在遣词、造句、立意、布局、谋篇等方面，有目的有计划地讲授相关的写作知识和技能，进行写作能力训练，为学生写作提供依据和打下坚实的基础。在此基础上，我还引导学生从学过的课文中汲取有关的作文知识技能和营养，学会借鉴和模仿，从而提高写作能力；而不是弃课文于不顾，把动态的写作流程变成静止的原则、孤立的规矩和死板的方法。我执着地认为，读写结合相得益彰，读写脱节两败俱伤。

我努力地切切实实地教方法。长期以来，在我们的作文课上，老师更多的是提出一些要求，而很少向学生提供符合要求又能够操作的方法和要领。就拿“描写”来说，老师经常提到，学生也并不陌生，但究竟什么是描写，它和叙述的区别究竟在哪里，描写有哪些作用，怎样进行描写，有没有什么规律？这些光靠提供概念是不够的，还必须提供一些能够实际操作的方法和要领。

人类能借助模仿而飞快地学习。特别是孩子，更是非常善于在模仿中学习，如果不许模仿，就一定举步维艰。跟着课文学作文，可以模仿课文的结构、构思和角度，甚至思维方式，让自己的写作渐入佳境。

但是，引导学生切忌一味地模仿，在模仿中要有创新，还应像大师一样思考。像大师一样思考并不困难，只要对生活的态度不粉饰、不矫情，坦诚地去表现、体味、感悟、剖析生活，特别是自己最熟悉和最有兴趣表现的生活，就可以了。学会把自己观察到的和思考的东西写下来。看、想、写，往复运动，盘旋上升，久而久之，就既有生活又有思想了。

二、备考技巧指导

我坚决反对学生在写作中让自己的思想成为别人的跑马场，但是，思想的展开需要依赖一定的路径，这也是写作过程中必须遵循的规则。作文就其本质而言，是训练思维的体操，有一定的写作规范和技巧，需要通过反复训练才能掌握。其训练方法不宜简单化，一刀切。结合中学写作的教学实际，关注写作技巧的训练是写作的一大任务。作文，尤其是中考作文，是“戴着镣铐跳舞”，让学生掌握一些写作方法是必不可少的。“作文是一门技术活儿”的说法，在很多时候是没有错的。提高学生的写作水平必须情与技并重，只有将真实的思想感情与恰当的表达方法融为一体，才能写出文质兼美的好文章。学生作文技巧的指导与培养学生的写作基本功应是形影相随的。如审题、立意、选材等的技巧，观后感、书信、演讲稿等不同文体的基本写法可在大作文写作中逐步推进。

在此，需要特别指出的是，书中未署名的文章均由我的学生所写，但因这些文章的写作时间比较久远，已无法将其一一对应署名，对此带来的不便敬请谅解。

刘 峰

2019年7月

目录 CONTENTS

上篇
跟着课文学作文

中篇
备考技巧指导

下篇
作文指导课例文

上篇

跟着课文学作文

有详有略

首先，我们将作文的基本结构，用以下表格陈述出来。

作文的基本结构表

结构	形象比喻	结构写法七个字	补充说明
开头	像凤头 小巧精美	扣题：把题目中的字和词写进第1自然段。 定位：确定写作范围，完成情感定位。 引下文：引出下文	确定写作范围：定位小，下文单一写；定位大，下文多面写。 完成情感定位：对所写人或事，表明观点
中间（可分几段）	像猪肚 内容充实	承头：接续开头的内容。 顺写：按一定的顺序来写。 详重点：详写重点部分	围绕观点，设定一条线索，选择2～3个事例叙写。详写一例，略写其他
结尾	像豹尾 简洁有力	照应开头：再次使用开头部分的重点字词。 写所感：写出自己的感想、感受或感悟。只写其中之一即可	点明或突出观点的方法：通过以上叙写，写出自己的感想或启示；通过联想，写出独有的认识或感悟

接下来我们就跟着课文学详略了。

一、读七上语文课本

《散步》《羚羊木雕》《我的老师》《再塑生命的人》《走一步，再走一步》等课文的开头和结尾，我们可以从文章结构的角度总结出这样的写作详略的方法：文章的首尾句、中心句（凝练句、精彩句）要略写，主体部分要详写。正是符合文章凤头、豹尾、猪肚的要求。

二、阅读《从百草园到三味书屋》的第9自然段

“我不知道为什么家里的人要将我送进书塾里去了，而且还是全城中称为

最严厉的书塾。也许是因为拔何首乌毁了泥墙罢，也许是因为将砖头抛到间壁的梁家去了罢，也许是因为站在石井栏上跳下来罢，……都无从知道。总而言之：我将不能常到百草园了。Ade，我的蟋蟀们！Ade，我的覆盆子们和木莲们！……"

——选自鲁迅《从百草园到三味书屋》

研读本段，我们会发现，过渡句、段在文中起承上启下的作用，主要是对文章各部分之间进行衔接，相当于用它将一件衣服缝制起来，当然应该略写。

三、阅读《阿长与山海经》

（1）文章写了长妈妈的许多事情，买《山海经》的事详写，其他事略写。为什么要这样安排？作者写此文的目的不在于写自己厌烦、讨厌阿长，大揭其短，而是要表述出自己对长妈妈的敬意和怀念。因此着重写买《山海经》，突出了文章的中心意思，而略写其他。作者力求写出一个真实而鲜活的长妈妈，也为后面抒写对长妈妈的敬意和怀念做了铺垫，采用了欲扬先抑的写法。

所以，在记叙过程中，最能直接、具体生动地表现文章中心意思的地方要详写，同中心意思有些关系，完全不写会对主要方面有影响的（或使情节不完整，或使内容单薄，或使详写部分缺少陪衬）就要略写。

（2）重点段落精读。通过概括阿长给"我"买来《山海经》这件事的起因、经过、结果，思考鲁迅如何详写阿长给"我"买来《山海经》这件事的，总结出写作详略的方法。

概括如下：

起因："我"在与远房叔祖的交往中得知并渴望得到《山海经》，属于略写。

经过：阿长来问"我"《山海经》是怎么回事，为"我"买来了《山海经》，属于详写。

结果：《山海经》成为"我""最为心爱的宝书"，属于略写。

从中可以总结出如下写作详略的方法：

事情的起因和结果要略写，事情的经过要详写。

事情的起因部分往往是交代时间、地点、人物、背景；事情的结果部分往往是写出事情的意义和对人物的影响。它们在整个事情中，或者说在整篇文章中仅仅是枝节部分，所以要略写。事情的发展过程，是整篇文章的主体部分，具体体现中心思想，需要详写。

（3）从表达方式的角度看，研读阿长给“我”买来《山海经》这件事，从中总结出如下写作详略的方法：

记叙描写时，结合抒情议论的，记叙描写应详写，抒情议论可略写。

又如课文《走一步，再走一步》的结尾是议论的表达方式，卒章显志，画龙点睛，既总结了全文，又点明了文章的主旨，是中心句，所以略写。

四、读七上课本《再塑生命的人》

第1自然段运用了倒叙的方式，莎莉文老师来到“我”家的这一天是“我”生命中最重要的一天，强调了莎莉文老师的到来对“我”的影响，奠定了全文的感情基调，增强了文章的吸引力。只用了一个自然段，从第2自然段开始直到最后一个自然段叙述“我”和莎莉文老师初识，以及她用特有的教育方式开启了我的情感和智慧之门。

所以从叙述方式的角度总结出如下写作详略的方法：

运用先倒叙后顺序相结合的，倒叙部分可略写，顺序部分可详写。

又如课文《羚羊木雕》的第16～23自然段，属于插叙，回忆了“我”和万方的真挚友情，是全文故事的起因，丰富了内容，突出了万方仗义的性格，使文章有了波澜。其余部分第1～15自然段是爸妈查问木雕，第24自然段到文章结尾是逼取木雕和索回木雕，是详写。如果当中还安排了插叙，插叙部分应略写。

五、读七上课本《秋天的怀念》

第2自然段和最后的第7自然段，运用了景物描写，前者突出“我”的孤独痛苦和无望的心情，后者通过对菊花的描写，写出了菊花蓬勃的生命力，渲染出一种悲壮深沉的氛围，突出“我”从孤独痛苦和无望转向明朗和坚强的变化。写景是为突出人物的形象服务的，应略写。

所以通过分析此类散文的景物描写，可以总结出如下写作详略的方法：

写人记事的记叙文，常有对景物的描绘，写人记事部分就详写，写景部分该略写。

《春》通过描写春天的五幅画面，抒发对春天的喜爱和赞美；《济南的冬天》通过对济南冬天景物的描写，表达对济南冬天的喜爱和赞美。这些写景散文都是情景交融，但情是由景和物而发生的，因此描写景物是基础，应详写，抒情就该略写。

所以通过分析此类散文中的景物描写，可以总结出如下写作详略的方法：

以写景状物为主的记叙文，情是由景和物而发生的，所以描写景物是基础，应详写，抒情应略写。

同学们，听刘峰老师讲完本次作文指导，详略问题弄清楚了吗？如果弄清楚了，就不会将作文写成流水账了，文章就容易重点突出、详略得当了。

卒章显志

一、从材料作文谈起

材料作文，是根据所给材料和要求来写文章的一种作文形式。材料作文的特点是要求依据材料来立意、构思，材料所反映的中心就是文章中心的来源，故材料作文又叫“命意作文”。

例如，下面这篇材料作文：

早上，小尤拉醒了，想要做点什么好事情。他想：“假如我妹妹掉到水里，我就去救她！”妹妹恰好走来：“尤拉，跟我去玩呀！”“走开，别扰乱我想事情！”妹妹受了委屈，走开了。

于是尤拉又想：“假如狼来抓奶奶，我就用枪打它们！”奶奶恰好说：“小尤拉乖乖，把碗碟收拾好。”“你自己收拾吧，我没工夫。”奶奶摇摇头。

尤拉又往下想：“假如哈巴狗掉到井里，我就把它捞上来！”狗恰好来了。它摇摇尾巴：“给我喝点水吧，尤拉！”“滚开吧！别打扰我想事情！”哈巴狗合上嘴，夹着尾巴跑走了。

——选自奥谢耶娃《好事情》，有改动

上述材料引发了你的哪些联想与感悟呢？请你自拟题目写一篇文章，可以讲述经历，可以编写故事，也可以阐述观点。

通过审题，可立意为：做好事要从身边的小事情做起。

所以，写作材料作文是：他给材料，我发感悟，自拟标题，另成文章。

二、卒章显志法

通过对材料作文的设题、审题、破题等的研读，我们不难发现，材料作文是：他给材料+我发感悟=珠联璧合的文章；行文时，我们不妨借鉴为：我给材料+我发感悟=珠联璧合的文章。

我给材料：人、事、景、物与生活现象的叙述、描写。

我发感悟：表达自己的感受与领悟。

这种结构文章的构思方法就是卒章显志法。

所谓“志”，就是文章的主题、中心或作者所要表现的意旨。“卒”，是“完毕”的意思。通过对人、事、景、物、生活现象的叙写，在作文结尾处把意旨揭示出来，就是卒章显志（篇末点题）。

卒章显志的语句应该具有的特点：

（1）简洁——言之有骨：用最少的词语表达尽可能丰富的内容。

（2）得体——言之有方：整句和散句、长句和短句，灵活搭配，自然又天成。

（3）生动——言之有味：比喻、排比、对偶等修辞的运用，让语言富有表现力；适当地使用修饰语（即选用拟声词、色彩词、数量词、形容词等），让画面充满立体感。

（4）幽默——言之有趣：言简意赅，言浅意深，让人的心灵产生共鸣，给读者留下无尽的回味。

最能体现这些特点的语句莫过于名人名言了。下面的名人名言你喜欢哪句？说出你喜欢的理由。

1. 苦练七十二变，笑对八十一难。

——六小龄童（电视连续剧《西游记》的主演）

2. 怕什么真理无穷，进一寸有一寸的欢喜。

——胡适（思想家、文学家、哲学家）

3. 每一个不曾起舞的日子，都是对生命的辜负。

——尼采（德国哲学家）

4. 我以为别人尊重我，是因为我很优秀。慢慢地我明白了，别人尊重我，是因为别人很优秀；优秀的人更懂得尊重别人。对人恭敬其实是在庄严你自己。

——仓央嘉措（西藏历史上著名的人物）

5. 冬天到了，春天还会远吗？

——雪莱（英国浪漫派诗人）

名人说过的话有很多，并不都是名言，但有些流传下来被人们铭记，一说起某句名言，就想起某个名人，所以，名言又成就了名人。如“冬天到了，春天还会远吗？”让人们永远记住了雪莱；谢道韫一句“未若柳絮因风起”，而被人们赞为“咏絮之才”；李清照有许多不为人知的雅称别号，如易安居士、婉约宗主、李三瘦等，其中，“李三瘦”就源于三句名词：

新来瘦，非干病酒，不是悲秋。

——李清照《凤凰台上忆吹箫》

知否，知否？应是绿肥红瘦。

——李清照《如梦令》

莫道不销魂，帘卷西风，人比黄花瘦。

——李清照《醉花阴》

让名言也成就我们。

我们不是名人，是普通人，平凡的人，但我们也会灵感顿现，推敲出属于自己的“凡人名言”。我们写的六七百字的作文，不可能字字珠玑，但如果能有那么几句，至少有一句言简意赅、言浅意深的点睛之笔，尤其是在文章结尾处，那么定会让你的作文增光添彩。

三、怎样卒章显志

（一）叙写一次感人的经历、见闻——从内心感悟等角度来表达

《走一步，再走一步》的卒章显志：

我曾屡次发现，每当我感到前途茫茫而灰心丧气时，只要记起很久以前我在那座小悬崖上所学到的经验，我便能应付一切。我提醒自己，不要想着远在下面的岩石，而要着眼于那最初的一小步，走了这一步再走下一步，直到抵达我所要到的地方。这时，我便可以惊奇而自豪地回头看看，自己所走过的路程是多么漫长。

本段卒章显志，在记叙的基础上进行议论，抒发感悟点明了文章的主旨，遇到困难，把它分成一小步，一小步，困难就小了，就能够战胜困难，取得成功。既总结了全文，又深化了中心。

《散步》的卒章显志：

但我和妻子都是慢慢地，稳稳地，走得很仔细，好像我背上的同她背上的加起来，就是整个世界。

这个带有象征意义的句子写出了作者的使命感，深化了文章的主题，表现了中华民族尊老爱幼的传统美德。

例文1

鲇鱼跑了

余霁月

傍晚，爸爸回来了，喜滋滋的。他买回了3条活蹦乱跳的鲇鱼，说是小贩要回家，廉价卖给他的。

看见这鲜活的鱼，似乎看见了一碗热腾腾的散发着诱人香味的鲇鱼汤，哇，真美……

晚上，爸爸说：“鲇鱼聪明得很，它会不顾一切地设法溜掉，如果不严加防范，那鲇鱼汤可就喝不成了！”爸爸把装鱼的桶提进离卫生间很远的厨房，用一个篮子盖严桶口，再压上一块大砧板，还仔细看了看，这才放心地走出厨房。

第二天一大清早，我就听见爸爸在厨房里大叫：“鲇鱼跑了！”我连忙从床上蹦下来，跑去看。只见篮子、砧板横躺在地上，桶里空无一鱼，两条正在挣扎的鲇鱼已经靠近卫生间。另外一条遍寻不着，大家分析它已经通过卫生间的下水道跑掉了。

妈妈埋怨爸爸：“都怪你，昨晚说的话让鲇鱼给听见了。”“哼，便宜无好货，咱们一人少吃两块鲇鱼肉！”爸爸愤愤地说。

我没有责怪小鲇鱼的逃脱，也不像爸爸妈妈那么想，因为我突然感觉到：拼搏中的生命具有不可遏止的力量！

——选自“逍遥右脑记忆网”《小学记叙文阅读》

这个结尾既寄寓了作者的深情，又鲜明地点出了全文的主旨。它是全文内容的浓缩，使文章的主题思想顿然升华。

例文2

雄赳赳的父子

张玉庭

黄山的那云海，那劲松，那奇石，那飞瀑，那山花，那流泉，无一不让人梦绕魂牵，流连忘返。而这一次登黄山，一对雄赳赳、气昂昂的父子登黄山让我感慨万千。

上山途中，父亲对儿子说："再苦再累也要自己上，我一定不帮你！"奶声奶气的儿子则挺起胸，说："再苦再累也不许你帮我——咱们说好了的！"

也就是在即将登临天都峰的那段最为困难的攀登途中，我目睹了这对父子的悲壮。先是儿子摔倒了，父亲伸手要扶他，满头大汗的儿子摆摆手，拒绝了。可他毕竟摔得挺重，摇摇晃晃地很难站稳，父亲又想伸出手去扶他，却又毅然地把那只手收了回来。

我怦然心动，我看到了一道风景，一道用父亲的理智与儿子的坚毅画成的最美的风景！一步一个脚印，就这么勇敢坚定地向前走。终于他们登上了天都峰。

山很高，白云就在身边飘，仿佛撕一片就是擦汗的手绢儿。在呼啸的山风中，我为那深刻的父爱而肃然起敬。我当然更不会怀疑那个奶声奶气的孩子，他长大后肯定能成为一只真正的雄鹰。

——选自《农家之友》2003 年 16 期

同学们，你能否为其卒章显志？请将你的表述与这个结尾对比辨析：

只有让孩子经历磨难的父亲，才是真正理智的父亲；只有经历磨难的孩子，才能成长为最美的风景。

（二）描绘一些自然景物——从情感体验角度来表达

描绘自然景物，从带给我们的情感体验、由此展开的迁移联想或揭示它自身的象征意味等角度来表达。

《春》盼春、绘春、赞春（新、美、有生命力）。

课文《紫藤萝瀑布》，作者通过描写紫藤萝由衰而盛，把自己的感受表达出来：花和人都会遇到各种各样的不幸，生命的长河是无止境的。

冰心的散文《荷叶·母亲》，作者回忆自己在雨中观看庭院中的莲花。红莲被大雨打得左右倾斜，红莲旁的大荷叶也在大雨中倾侧下来，正好覆盖在红莲上面。于是作者写道：我心中深深地受了感动——母亲啊！你是荷叶，我是红莲。心中的雨点来了，除了你，谁是我在无遮拦天空下的荫蔽？

作者由景及物，由物及人，展开迁移联想，表现了赞美伟大母爱的深刻主题。这引申式的结尾，蕴意深厚，清新动人，充满了诗情画意。

例文3

鹰的重生

佚 名

老鹰是世界上寿命最长的鸟类，它的年龄可达七十岁。要活那么长的寿命，它在四十岁的时候就必须做出艰难而重要的决定。

当老鹰活到四十岁的时候，它的爪子开始老化，无法有效地抓住猎物。它的翅膀变得十分沉重，因为此时它的羽毛长得又浓又厚，使飞翔变得非常吃力。它此时只有两种选择：一是等死；二是经过一个万分痛苦的更新过程——150天漫长的蜕变……

一开始它必须尽全力飞到山顶，在悬崖筑巢，停留在那里，不能飞翔。老鹰要用它的喙击打岩石，直到完全脱落，然后静静地等候新的喙长出来。它会用新长出来的喙，把指甲一个一个地拔掉。当新的指甲长出来后，它会再把羽毛一根一根地拔掉。经历漫长的五个月以后，新的羽毛长出来了……老鹰又开始飞翔了……重新获得了再活30年的生命。

同学，你能否为其卒章显志？请将你的表述与这个结尾对比辨析：

在我们的生命中，有时候也需要有自我改变的勇气和再生的决心。改变是痛苦的，但改变是必需的。当我们通过改变而获得重生后，我们就能去领略生命新的长度和高度。

——选自《人生励志故事》网

（三）描述一种生活现象——从带给我们的反思角度来表达

报告文学《罗布泊，消逝的仙湖》

救救青海湖，救救月牙泉，救救所有因人的介入而即将成为荒漠的地方！

这篇报告文学告诉人们要警醒反思，发出呼吁：拯救生态环境刻不容缓。

例文4

爱多成害

佚 名

有一个湖，叫天鹅湖，湖中有一个小岛，住着一个老渔翁和他的妻子。

有一年秋天，一群天鹅来到岛上，它们是从遥远的北方飞来，准备去南方过冬的。老夫妇看到这群远方的来客，非常高兴，拿出喂鸡的饲料和打来的小鱼招待天鹅，渐渐地这群天鹅就和渔翁夫妇成了朋友。

冬天来了，这群天鹅竟然没有继续往南飞，它们白天在湖上觅食，晚上在小岛上栖息。当湖面封冻，它们无法觅食的时候，老夫妇就敞开他们的茅屋让它们进屋取暖，并且给它们食物吃。

日复一日，年复一年，每年冬天，老夫妇都这样奉献着他们的爱心。有一年，他们老了，离开了小岛，天鹅也从此消失了，不过它们不是飞向了南方，而是在第二年湖面封冻的时候冻死了。

——选自“人生励志故事”网

同学，你能否为其卒章显志？请将你的表述与这个结尾对比辨析：

有时候爱得多了也是一种伤害，甚至致命。

四、小结

从形式上来看，这种卒章显志类作文实际上就是两大类：一类是事件、故事、现象、景物等，一类是简明地画龙点睛，艺术地点破事物的道理。

要想写好此类作文，就要多观察，学会哲理地思考，多积累富有哲理的语言。

要让你的文章卒章显志为：情感的抒发，理性的色彩，语言的特色。

同学们，请以“______走进我的青春”为题，进行作文构思，想一想横线上应该填什么样的人、事、景、物、现象，然后升华出你的“凡人名言”，以卒章显志。

借物抒情

一、什么叫借物抒情

“借物抒情（托物言志）”就是通过对某种事物（动物、植物等）的“形”进行形象具体的描绘，来表明自己的心志，展示自己的人生态度和对自然、人生的感悟、思考的一种表现手法。这类文章写景状物不是目的，而是为抒情言志作铺垫。

二、看看古人如何借物抒情

（1）举头望明月，低头思故乡。诗人借什么物抒什么情？诗人为什么会看着月亮就会产生思乡之情呢？

因为中秋月圆时正是万家团聚时，所以诗人看着皎洁的明月就会情不自禁地产生思乡之情。“借月寄相思”！

（2）桃花潭水深千尺，不及汪伦送我情。问君能有几多愁，恰似一江春水向东流。

这四句诗又是借物的什么特点抒发诗人怎样的感情呢？

前两句是借桃花潭水的千尺深抒发诗人与汪伦之间的深厚友情。

后两句是说诗人的愁思就像这一江东流的春水绵绵不绝。

（3）人有悲欢离合，月有阴晴圆缺。这是借什么物抒什么情？

这里是借月亮的阴晴圆缺抒发人的悲欢离合之情。

（4）你发现景物跟情感有什么联系？

描写的景物和要抒发的感情之间有一定的相似之处。

三、说说课文中的借物抒情

（1）鲁迅的《雪》通过描写雪的独立的个性、斗争的激情、献身的精神，表达作者敢于直面惨淡的人生，进行不屈不挠的斗争，让生命在悲壮的战斗中得到升华的感情。

（2）巴金的《日》借飞蛾和夸父歌颂为了追求光明不惜牺牲自我的大无畏精神。

（3）巴金的《月》借姮娥赞美为改变寒冷的现实世界而不惜做出牺牲的人。

（4）郭沫若的《雷电颂》通过呼唤风雷电，指斥神鬼，表达对黑暗的愤激和对光明的礼赞和向往。

（5）高尔基的《海燕》刻画了海燕勇敢坚强、乐观自信、敢于搏击风浪的战斗形象，表达了作者渴望无产阶级革命浪潮早日到来的强烈愿望，热情讴歌了无产阶级革命先驱坚强无畏的战斗精神。

（6）纪伯伦的《浪之歌》中海浪的形象是世间种种美好事物的守护者，表达了对祖国忠诚坚定的深厚的爱。

（7）纪伯伦的《雨之歌》中雨的形象是一个奉献者和使者的形象，歌颂了那些无私奉献的人。

四、写好这类文章，要注意如下几点

（1）可以意在笔先，再寓情于物。即在动笔之前，先想好自己所要抒发的感情，然后寻找适合寄托情感的物；也可以由物及意，睹物思情。

（2）把握好“物”与“情”之间的某种契合点，运用联想和想象建立联系。情感要自然生发，切忌无中生有、生拉硬拽、牵强附会。

（3）要适当地运用多种表现手法，具体地描写事物。

借物是虚，抒情是实；前者是手段，后者是目的。抽象的“情”只有借具体的浅近的“物”来表现，才能变得生动形象，易于领悟理解。因此，要善于以所寄之“情”的形态、性质、情境等方面的特征，对“物”加以描绘和渲染，从而使“情”表现得自然恰当。

描写“物”时可用生动形象的语言将物的特征清晰地展示在读者面前，使人能见其形闻其声；要满怀真情，使人能受到感染；要把描写的重点放在与表现中心思想有联系的特征上；要善于选用词语，要善于运用比喻、拟人的修辞手法等。

（4）议论要恰当。

在记叙、描写中插入作者的看法，或是在记叙、描写的基础上进行总结性议论。所谓恰当，一是议论不能没话找话，生拉硬扯，要做到确有见地；二是要以叙述、描写为基础，前后内容和谐统一；三是内容的深浅轻重要恰如其分，避免随意拔高；四是议论要从实际出发，当长则长，当短则短，要适可而止。

佳作荐读

难忘家乡小巷

佚 名

时间过得真快，转眼又到周末了，望着窗外皎洁的月光，我忽然想起家乡的小巷——那个曾留下我童年记忆的地方。

在我的印象中，家乡的小巷是美丽无比的。它四通八达，幽深曲折，宛若一张脉络分明的网。每一条小巷都铺着青石板，两边是低矮而拥挤的小阁楼，屋檐向前挑着，显得古朴、典雅，似乎与外面的喧闹、繁华极不协调。

当你独行在小巷，听着脚踏青石板发出的“啪啪”声和水滴敲击石板的声音，向前望，小巷尽头透着时隐时现的灯光，你会忽然感到一阵舒畅，一阵温馨。一切都是那么清新、自然，没有任何修饰。

小巷里的热闹景象是永远让人怀念的。每到傍晚，当忙碌了一天的人们回到家时，听吧，小巷会奏出一首锅碗瓢盆交响曲。接着，一股夹杂着各种味道的气味便弥漫在狭窄的小巷中了。孩子们在天井里追逐打闹：有的逗着小狗乱窜，有的不亦乐乎地斗蛐蛐，有的蹑手蹑脚地偷摘老头们的鸟笼……嬉笑打闹一时间为平静的小巷注入了活力。家庭主妇们在低矮的阁楼里做饭，不一会儿，肉香、蛋香，以及混杂的香气一起一个劲儿地侵入你的口鼻，令人馋涎欲滴。老头们仰面躺在太师椅上，悠然地听着收音机里传出的戏曲，不时地哼上几句……此时，小巷又像一幅风情画，没有什么大红大绿，却透着一股朴实——朴实的人，朴实的生活。

小时候我安静地躺在奶奶怀里乘凉的情景又不知不觉地浮现在眼前。晚上，人们大都要歇了，小巷一时显得很寂静，只有一些小虫仍然不闲着。我依偎在奶奶怀中，望着黑洞洞的小巷，似乎没有尽头。这时，月亮已不知不觉地爬上来，淡淡的月光泻在石板路上，像一盆水泼在上面，静静地流淌。奶奶一边轻轻摇着蒲扇，一边哼着儿歌。一阵微风和着花儿淡淡的清香拂过面庞，我真要醉了。小巷仿佛是大海中漂着的一叶小舟，而我就躺在它的怀抱中。月光为我盖上一层薄被，船在轻轻摇动，我的心也随之微微荡漾……

窗外虫声啾啾，拉回了我那遥远的思绪。我离开家乡已经好几年了，再也听不见那熟悉的声音，再也看不到那熟悉的小巷了。小巷还在吗？奶奶依旧在月夜下哼着儿歌吗？小巷还在，不过奶奶更老了；小巷还在，不过我已难得再见了，只有月光依旧皎洁明亮。

我什么时候再回到家乡的小巷呢？

——选自“绿色圃中小学教育网”

简评：

这是一篇优美的借物抒情的佳作。文章由表及里，由物到人，抒发了对家乡及亲人的思念之情，感染力极强。这篇文章写作上一个鲜明的特点就是描写细腻优美，给人以非常形象具体的感受。文章描写小巷既调动了各种感官来展现小巷的特点，又综合运用各种修辞手法来突出小巷的特征，读着文章，我们也仿佛置身于小巷之中，给人以身临其境之感。

同学们，听刘峰老师讲完本次作文指导，你会借物抒情了吗？逐渐掌握后，你的文章就会越来越生动优美、含蓄隽永了。

学写游记

一、游记

就是把游览时的经历和感受写下来的记叙性散文。

二、看看课文中写游记的方法

在此次作文训练之前，学生们已经学过不少游记类的文章，从中了解到不少写游记的方法。如下：

1. 要抓住景物的特点

《满井游记》抓住了初春景物的特点；《小石潭记》抓住了石潭幽静的特点。要寓情于景：《满井游记》通过描写满井初春的景物，抒发春回大地的喜悦之情；《小石潭记》通过描写石潭的幽静，寄寓孤凄悲凉的情怀。可以移步换景：如《小石潭记》第1自然段运用“隔”“闻”“伐”“取”“见”等动词来描写发现小潭。可以定点观察：如《小石潭记》潭水游鱼、小潭源流的描写。

2. 要运用多种写作手法

如《岳阳楼记》叙事写景议论抒情相结合；《满井游记》欲扬先抑的写法。要运用多种描写方法：《小石潭记》写潭中景物的正侧面相结合、动静结合；《满井游记》中的白描手法等。

3. 要运用多种修辞手法

《小石潭记》“斗折蛇行”“犬牙”的比喻修辞运用；《满井游记》中的比喻、拟人。语言要精练传神：如《醉翁亭记》中对山中朝暮之景、四时之景的描写等。

三、从写作思路上进一步明确游记作文的写法

这些课文的写法各尽其妙，用来指导写游记作文都是很有效的。但“万变

不离其宗”，只要是写游记，有两点是根本的：一是抓住景物的特点，二是寓情于景。在梳理这些课文写法的基础上，结合其他年级中的游记课文，从写作思路上进一步明确游记作文的写法。

例文1

游杏花沟

柳文生

3月27日午后，我们一行数人慕名来到了龙安区的杏花沟。一下车，大家皆被漫山遍野的油菜花所吸引，争相在金黄的油菜花中合影留念，一阵阵清香扑面而来，令人心旷神怡。

可当大家把抖擞的目光从金碧辉煌中收回，一起注目于山坡下沟内千朵万朵雪白中透着粉红的杏花时，刹那间都惊呆了！如果说刚才被满山的“珠光宝气”弥漫了双眼，而现在，却被千万棵俯仰生姿、竞相开放、争奇斗艳的杏树诱惑得难以“迈步”了！

不知谁说了声：“看！杏花海！”朵朵杏花在午后的阳光下，舒展得韵味无穷——婀娜多姿而不妖艳，清爽透明却又默默含蓄！

行走于杏花林中，漫步在杏花树下，触摸满是花朵的杏花枝，观看鲜嫩奇特的花瓣，吮吸着浓浓而又淡淡的馨香，又觉得走入了杏花春雨中的江南。那朵朵杏花，恍惚间又变成了青春少女般的笑靥。我们在杏花林中轻轻地走着，好像怕惊扰了正在舒展中的杏花。

说说笑笑中，就来到了杏花沟的最底部。这里是一汪清澈透明的水窖。满沟的翠绿倒映在水中，又是另一番景致。刚巧碰见一位正在洗衣服的大嫂，我们便向她询问有关这杏花的奇闻轶事。

她告诉我们：相传这满沟的杏花树是属于英雄的树。当时那个年代仗打得很残酷。少小离家当上了抗联司令的赵尚志将军在中了叛徒的子弹后，忍痛将叛徒击毙，后经浴血奋战，将鲜血洒满了杏花沟。

大嫂深沉的讲述令我们肃然起敬——难怪这白色的杏花中透露着一丝粉红，原来是烈士的英魂！

告别大嫂，我们品味着烈士悲壮的故事走向了一处斜坡，走在山谷中浓密的杏花林中。忽然，一阵清风吹过，千万棵杏花上飘落下悠悠扬扬的无数的杏花瓣，就像天空中下起了一场洁白的杏花雨。今日的杏花雨在我的心里却已经有了一层新的含义。一代伟人毛泽东有诗云“泪飞顿作倾盆雨”，莫非刚才那飘飞的杏花是在将军百年诞辰、头骨回归之际，祭奠那位早已离我们远去的英魂？我们不约而同地向烈士陵园的方向深深地鞠了一躬。

下坡的路上，我们遇到了一位正在给苹果树浇水的老大爷。他对我们说：这杏花沟中的杏树上结的杏儿又大又酸又甜，色鲜而皮薄，果肉厚而不腻，香而不淡。吃上一口，余香经日不绝。相传龙王爷和山神下棋，屡战屡败。他低头一看，见满沟果木树，就设法摘一杏儿变作棋子，终赢一局，但后被山神识破，情急之中将杏儿变作的棋子咬在了口中，不料酸涩得他大叫倒牙，赶忙叫来土地爷，一问，才知是这里的水质不好，于是马上命令三太子去渤海引来了水源。从此，这云蒙山的水果便香满辽西，名扬天下了。

恋恋不舍中，不觉已接近暮色。夕阳西下的杏花沟更显得韵味无穷。几只小松鼠在杏花的枝杈间跳来跳去，犹如在和我们挥手告别。

回去的路上，透过车窗，再看那漫山遍野的油菜花，不知怎的，我仿佛看见了五月间满树的熟透了的杏儿在夏风中晃动。

——选自《安阳市专业技术人员继续教育网》

《游杏花沟》告诉我们这样写游记：

（1）在整体构思方面——可以采用移步换景的写法。一下车看到油菜花，看到杏花海，行走于杏花林中，来到了杏花沟的最底部，走在山谷中浓密的杏花林，下坡的路上，回去的路上。用漫山遍野的油菜花来烘托杏花，穿插抗联司令赵尚志将军的故事，以及龙王爷和山神下棋的传说，丰富了游记的内容。

（2）整篇文章构思的特点——一时一处地写。从一下车看到油菜花，到回去的路上仿佛看见了五月间满树的熟透了的杏儿，层次清晰。

（3）段落写作——先实后虚，由形到神，使这篇游记充满了诗情画意。如“行走于杏花林中，由杏花带给人的视觉触觉嗅觉的美感，使作者觉得走入了杏花春雨中的江南，那朵朵杏花，恍惚间又变成了青春少女般的笑靥。”走在山谷中浓密的杏花林中，“千万棵杏花上飘落下悠悠扬扬的无数的杏花瓣，就像天空中下起了一场洁白的杏花雨。”

例文2

三亚落日

佚名

在三亚看落日真有诗意。夕阳滑落的景象美妙绝伦，一点儿也不比日出逊色。

三亚在海南岛的最南端，被蓝透了的海水围着，洋溢着浓浓的热带风情。蓝蓝的天与蓝蓝的海融为一体，低翔的白鸥掠过蓝蓝的海面，真让人担心洁白的翅尖会被海水蘸蓝了。挺拔俊秀的椰子树，不时在海风中摇曳着碧玉般的树冠。海滩上玉屑银末般的细沙，金灿灿亮闪闪的，软软地暖暖地搔着人们的脚板，谁都想捏一捏，团一团，将它揉成韧韧的面。

活跃了一天的太阳，依旧像一个快乐的孩童。它歪着红扑扑的脸蛋，毫无倦态，潇潇洒洒地从身上抖落下赤朱丹彤，在大海上溅出无数夺目的亮点。于是，天和海都被它的笑颜感染了，金红一色，热烈一片。

时光悄悄地溜走，暑气跟着阵阵海风徐徐地远离。夕阳也渐渐收敛了光芒，变得温和起来，像一只光焰柔和的大红灯笼，悬在海与天的边缘。兴许是悬得太久的缘故，只见它慢慢地下沉，刚一挨到海面，又平稳地停住了。它似乎借助了大海的支撑，再一次任性地在这张硕大无朋的床面上顽皮地蹦跳。大海失去了原色，像饱饮了玫瑰酒似的，醉醺醺地涨溢出光与彩。人们惊讶得不敢眨眼，生怕眨眼的一瞬间，那盏红灯笼会被一只巨手提走。我瞪大双眼正在欣赏着，突然那落日颤动了两下，最后像跳水员那样，以一个轻快、敏捷的弹跳，再以一个悄然无声、水波不惊的优美姿势入了水，向人们道了“再见”。

哦，这就是三亚的落日！

——选自苏教版国标本第十二册课文

《三亚落日》告诉我们这样写游记：

（1）在整体构思方面：景物变化以比喻贯穿，将活跃了一天的太阳比作一个快乐的孩童；将渐渐收敛了光芒的夕阳，比作一只光焰柔和的大红灯笼；将落日入水比作跳水员，文字极其生动形象，直观可感。

（2）整篇文章构思的特点：按照落日的时间顺序，一步一步地写，层次清晰。

（3）段落写作方面：重点凸显，详略得当，略写落日前的海滩美景，对落日情景的描写非常具体，中心明确。

例文3

罗马速写

孙硕夫

罗马这座城市很特别，遗址多，雕塑多，喷泉也多。

罗马分新城和古城。古城的建筑大多有200年以上的历史，一砖一石，一街一巷，都是百岁以上的“老人”。古老的建筑，坍塌的废墟，残毁的廊柱，比比皆是。

古罗马的斗兽场，是遗址中的老祖宗。凡是到罗马游览的人，如果不去斗兽场看看，就好像到了北京没游长城，到了西安没看兵马俑一样。这座宏伟的圆形建筑，已有两三千年的历史，现在大部分已坍塌，只留下一个完整无缺的外壳，但看上去仍令人惊叹。

罗马还是一座用雕塑装饰起来的城市。无论街头巷尾，还是屋顶门廊，看不到雕塑才是不正常的。罗马城的雕塑，超过了罗马城的人口。

喷泉是罗马城的点缀。世界上恐怕没有哪个城市能与其媲美。3000多处大大小小的喷泉，星罗棋布地散落在一些广场和街巷里。它们千姿百态，极具观赏性，使罗马城别具一格。

遗址、雕塑、喷泉，不仅装点了罗马城，而且丰富了这座城市的内涵。

——鄂教版三年级语文上册《罗马速写》

《罗马速写》告诉我们这样写游记：

（1）在整体构思方面：全无游踪，总—分—总，文章思路清晰。

（2）整篇文章构思的特点：一类一类地写，分类描写了罗马遗址多、雕塑多，喷泉也多的特点，井然有序。

（3）段落写作：都是概写一笔，细写几笔，段落层次分明。

佳作荐读

家乡的樱桃红了

盼望着，盼望着，家乡的樱桃红了！这次老家之行终于能够采摘樱桃了！

一下车，我就兴冲冲地直奔那家最大的樱桃园。首先映入眼帘的是满眼葱茏的绿——棵棵粗壮的樱桃树、大如伞盖的树冠、挤得密密麻麻的绿叶……像极了童话里神秘而梦幻的森林。葱郁的绿中，挂着串串的红灯笼——熟了的大樱桃，随风摇曳，像一个个淘气可爱的红孩儿，似乎都在急不可耐地对我喊："摘我吧，看我多红！"近看，颗颗大樱桃，圆溜溜、红通通、亮晶晶，像晶莹闪烁的红玛瑙，像色泽鲜艳的红宝石，像璀璨耀眼的大钻石，我把玩许久，才恋恋不舍地放入嘴中，呵！甜津津、酸溜溜，直沁肺腑，唇齿留香，真好吃呀！舌尖上的美味，诱惑我再也无心观赏这满园的美景，不由自主地也加入了采摘大军。

提着篮子，漫步在樱桃园中，周围都是圆溜溜、红通通的大樱桃，触手可及。游客们个个眉开眼笑，有惬意地欣赏美景的，有忍不住拍照的，有忙着采摘的，"真美""真大""真甜"的赞叹声，此起彼伏，不绝于耳。我守住了一棵樱桃格外饱满的樱桃树，踮起脚尖，举起手来，抓着了一颗又大又紫的樱桃，轻轻一拽，樱桃便落到我手心里了。我等不及擦，就迫不及待地放进了嘴里。然后我便左右开弓——边摘边尝，忙得不亦乐乎。不知不觉间，半个多小时过去了，提在手里的袋子变得沉甸甸的，看着自己亲手采摘的硕大红润的颗颗樱桃，我的心中乐开了花！

边采摘着，边听妈妈告诉我，家乡的樱桃园始建于2002年，园地近3000亩，家乡人每亩樱桃地的收入近3万元。有红灯、乌克兰系列等多个优良品种，已连续多年成功举办了大樱桃采摘节，樱桃已成为家乡特色农业的名片。

望着树叶间的一串串摇曳的红珍珠，看着人们采摘时满面春风的笑颜，我不禁想到一个月前我回家乡时看到的樱桃园的景象。那时正是樱桃花烂漫的时节，一朵朵樱桃花如雪绽放，一缕缕清香扑鼻而来，家乡宛如一位披上白纱衣裙的仙子，美得令人心醉，那时也是游人如织，欢声笑语在花海间萦绕；而现在，家乡又成了一幅硕果累累、其乐融融的美好画卷。是美丽诱人的樱桃，使我的家乡成为四方游人向往和云集的地方；是淳朴厚道的家乡的人，用他们的智慧和辛勤劳动，使我的家乡变得富而美。

坐车回家时，我不但带回了满满一袋的大樱桃，更带回了满怀的好心情。

学生：刘骏成

同学们，听刘峰老师讲完本次作文指导，请你研读上面这篇游记作文，思考：它在整体构思和段落写作方面具有什么特点呢？

细节描写

一、细节描写的概念及作用

请你带着问题读文段：谈谈文段在写作上有什么特点？

提示：可从以下几方面思考：作者按照怎样的顺序进行刻画？抓住了几个角度具体描写？运用了什么修辞？用词上有什么特点？

不必说碧绿的菜畦，光滑的石井栏，高大的皂荚树，紫红的桑椹；也不必说鸣蝉在树叶里长吟，肥胖的黄蜂伏在菜花上，轻捷的叫天子（云雀）忽然从草间直窜向云霄里去了。单是周围的短短的泥墙根一带，就有无限趣味。油蛉在这里低唱，蟋蟀们在这里弹琴。翻开断砖来，有时会遇见蜈蚣；还有斑蝥，倘若用手指按住它的脊梁，便会拍的一声，从后窍喷出一阵烟雾。何首乌藤和木莲藤缠络着，木莲有莲房一般的果实，何首乌有拥肿的根。有人说，何首乌根是有像人形的，吃了便可以成仙，我于是常常拔它起来，牵连不断地拔起来，也曾因此弄坏了泥墙，却从来没有见过有一块根像人样。如果不怕刺，还可以摘到覆盆子，像小珊瑚珠攒成的小球，又酸又甜，色味都比桑椹要好得远。

——鲁迅《从百草园到三味书屋》

写法指点：选文中，作者按照由低到高写静物，由高到低写动物的顺序，对百草园的景物展开描写。重点在于作者抓住了景物的形、声、色、味来具体刻画，运用了比喻、拟人的修辞手法，同时又用了极富表现力的动词和形容词突出了景物的特点。这种写法就是典型的细节描写。

我们在平常的作文中，也经常会写人物，如何让自己笔下的人物也“活”起来呢？最有效的方法就是学会细节描写。

细节指人物、景物、事件等表现对象富有特色的细枝末节。

细节描写是对事件发展和人物的性格、肖像、心理、动作，以及环境等一些细微而又有典型意义的情节所做的细腻、具体的描写。

细节描写是刻画人物性格，揭示人物内心世界，表现人物细微复杂的情感，点化人物关系，暗示人物身份、处境、深化主题、推动情节的发展、渲染气氛、暗示影射社会环境的重要方法。

著名记者穆青说过，“有时候，一个细节比千言万语生动得多、深刻得多、有力得多。”窥一斑知全貌，以一目传精神。细节描写归根结底是为塑造人物形象服务的，细节描写越生动，人物形象越鲜明。一个个传神的细节，就犹如人体身上的细胞，没有了它，人就失去了生命；文章少了细节，人物形象就失去了血肉和神采。

作文也是如此，经典事物的细节比平庸事物的大道理更为出彩。

二、细节描写的分类、原则

1. 细节描写的分类

（1）人物细节描写：外貌、语言、动作、情态、心理。

（2）景物细节描写：自然环境、社会环境、动物、静物。

（3）生活细节描写：情节、事件的细节描写。

2. 细节描写须遵循以下三条原则

（1）真实。

（2）典型。

（3）细致。

三、细节描写的分类列举

1. 外貌肖像的细节描写

（1）抓住特征绘肖像（尤其是眼睛）。

五年前的花白的头发，即今已经全白，全不像四十上下的人;脸上瘦削不堪，黄中带黑，而且消尽了先前悲哀的神色，仿佛是木刻似的；只有那眼珠间或一轮，还可以表示她是一个活物。她一手提着竹篮。内中一个破碗，空的；一手拄着一支比她更长的竹竿，下端开了裂：她分明已经纯乎是一个乞丐了。

——鲁迅《祝福》

（2）准确概括人物形象特征的肖像细节，要做到只抓一点、语言简练。

我看见他戴着黑布小帽，穿着黑布大马褂，深青布棉袍，蹒跚地走到铁轨边，慢慢探身下去，尚不大难。可是他穿过铁轨，要爬上那边月台，就不容易了。他用两手攀着上面，两脚再向上缩；他肥胖的身子向左微倾，显出努力的样子。

——朱自清《背影》

我吃了一吓，赶忙抬起头，却见一个凸颧骨、薄嘴唇，五十岁上下的女人站在我面前，两手搭在髀间，没有系裙，张着两脚，正像一个画图仪器里细脚伶仃的圆规。

——鲁迅《故乡》

紫色的圆脸，头戴一顶小毡帽，颈上带着一个明晃晃的银项圈。

——鲁迅《故乡》

他身材很高大；清白脸色，皱纹间常夹些伤痕；一部乱蓬蓬的花白的胡子。穿的虽然是长衫，可是又脏又破，似乎十多年没有补，也没有洗。

——鲁迅《孔乙己》

2. 动作细节描写

准确表现人物思想品质、性格特点的动作细节，要用准动词，要符合人物活动的情境。

可是他穿过铁道，要爬上那边月台，就不容易了。他用两手攀着上面，两脚再向上缩；他肥胖的身子向左微倾，显出努力的样子。这时我看见他的背影，我的泪很快地流下来了。

——朱自清《背影》

“孔乙己，你脸上又添上新伤疤了！”他不回答，对柜里说，“温两碗酒，要一碟茴香豆。”便排出九文大钱。

——鲁迅《孔乙己》

屠户把银子攥在手里紧紧的，把拳头舒过来，道：“这个，你且收着。我原是贺你的，怎好又拿了回去？”范进道：“眼见得我这里还有这几两银子，若用完了，再来问老爹讨来用。”屠户连忙把拳头缩了回去，往腰里揣……

——吴敬梓《范进中举》

3. 语言细节描写

准确体现人物个性特点的语言细节，要选择有个性化的语言，让读者“闻其声如见其人”。

范进不看便罢，看了一遍，又念一遍，自己把两手拍了一下，笑了一声，道："噫！好了！我中了！"说着，往后一跤跌倒，牙关咬紧，不省人事。老太太慌了，慌将几口开水灌了过来。他爬将起来，又拍着手大笑道："噫！好！我中了！"笑着，不由分说，就往门外飞跑，把报录人和邻居都吓了一跳。

——吴敬梓《范进中举》

4. 心理细节描写

人物性格的心理活动细节描写，要能表现人物个性特点或思想品质。

我看了看他的手，那是一只满是皱纹的水手的手。我又看了看他的脸，那是一张又老又穷苦的脸，满脸愁容，狼狈不堪。我心里默念道："这是我的叔叔，父亲的弟弟，我的亲叔叔。"

——莫泊桑《我的叔叔于勒》

5. 景物细节描写

烘托渲染环境。

时候既然是深冬；渐近故乡时，天气又阴晦了，冷风吹进船舱中，呜呜的响，从篷隙向外望，苍黄的天底下，远近横着几个萧索的荒村，没有一些活气。我的心禁不住悲凉起来了。

——鲁迅的《故乡》

这段景物描写抓住了冷风、荒村等景象，渲染了辛亥革命前后农村一片萧条、苍凉、冷清的气氛，烘托了主人公悲凉的心情，一开始就定下了全文抑郁深沉的抒情笔调。

在鲁迅的小说《祝福》中，作者对鲁四老爷的书房作了出色的细节描写：

房间里也映得较光明，极分明地显出壁上挂着的朱拓的大"寿"字，陈抟老祖写的一边的对联已经脱落，松松地卷了放在长桌上，一边的还在，道是"事理通达心气平和"。我又无聊地到窗下的案头去一翻，只见一堆似乎未必完全的《康熙字典》，一部《近思录集注》和一部《四书衬》。

这里通过环境的细节描写，深刻地揭示了鲁四老爷宣扬理学、陈腐没落守旧和不学无术的思想特征。

四、细节描写方法归纳

1. 细致观察人、事、物

要使得描写生动形象，必须留心观察生活，注意生活积累。

鲁迅的《阿长与〈山海经〉》中描写阿长，“大”字，很形象生动地写出了阿长睡态的不雅、粗俗，把人物的情态性格表现得淋漓尽致。那些生活真实的细枝末节，那些曾经的厌与烦，甚至恨，都让时间慢慢地诠释成了一缕真情、一份感动。可见，文章写得生动，并不在于语言多么华丽，而在于语言运用得准确，而语言运用得准确的前提是要观察仔细。

2. 选用典型细节

细节描写要能抓住典型细节，这样才能更好地表现人物，有利于突出文章中心，从而给人留下更为深刻的印象。

吴敬梓的《儒林外史》中，临死前的严监生，短短三百多字就让我们如临其境地感受到了一个吝啬鬼的形象。那么作者是用什么方法刻画人物特点的呢？有动作、神态上的细节描写。

作者为什么不用语言描写来刻画严监生呢？因为严监生已经病得一连三天都不能说话了，那样写就不真实了。所以我们在写人时，应该选用恰当的细节描写方法。

3. 精心锤炼词语

在细节描写中，我们要选择恰当的词语，以期以少胜多，乃至一字传神。

如《荷花淀》“话别”一场里：

水生小声说：“明天我就到大部队上去”，女人的手指震动了一下，想是叫苇眉子划破了手。她把一个手指放在嘴里吮了一下。

这一细节描写含蓄而生动地表现了水生嫂在听到丈夫就要参军的消息后内心复杂而激烈的情感活动。

4. 巧妙运用白描、对比等表现手法，运用比喻、拟人、夸张等修辞手法

读下面两段文字，思考作者是如何做到“细致描摹”的。

（1）街上的柳树像病了似的，叶子挂着层灰土在枝上打着卷；枝条一动也懒得动，无精打采地低垂着。马路上一个水点也没有，干巴巴地发着白光。便道上尘土飞起多高，跟天上的灰气联接起来，结成一片毒恶的灰沙阵，烫着行人的脸。处处干燥，处处烫手，处处憋闷，整个老城像烧透了的砖窑，使人喘不过气来。

——老舍《骆驼祥子》

（2）这才是真正的芦荡，是杜小康从未见过的芦荡。当杜小康一眼望去，看到芦苇如绿色的浪潮直涌到天边时，他害怕了——这是他出门以来第一回真正感到害怕。芦荡如万重大山围住了小船。杜小康有一种永远逃不走的感觉。他望着父亲，眼中露出了一个孩子的胆怯。

——曹文轩《草房子》

所以，巧用修辞如比喻、拟人、夸张等，可以使语言生动形象，变抽象为具体，变无形为有形，变平淡无味为文采斐然。

5. 运用五官

调动各种感觉器官，用细致入微的感官（味、听、嗅、触、视），细腻描摹，把人、景、物的形、色、声、味、质感等要素写准、写活。

看下面两段文字：

（1）两岸的豆麦和河底的水草所发散出来的清香，夹杂在水气中扑面的吹来；月色便朦胧在这水气里。淡黑的起伏的连山，仿佛是踊跃的铁的兽脊似的，都远远地向船尾跑去了，但我却还以为船慢。

那声音大概是横笛，宛转，悠扬，使我的心也沉静，然而又自失起来，觉得要和他弥散在含着豆麦蕴藻之香的夜气里。

——鲁迅《社戏》

（2）桃树、杏树、梨树，你不让我，我不让你，都开满了花赶趟儿。红的像火，粉的像霞，白的像雪。花里带着甜味儿；闭了眼，树上仿佛已经满是桃儿、杏儿、梨儿。花下成千成百的蜜蜂嗡嗡地闹着，大小的蝴蝶飞来飞去。

“吹面不寒杨柳风”，不错的，像母亲的手抚摸着你。风里带来些新翻的泥土的气息，混着青草味儿，还有各种花的香，都在微微润湿的空气里酝酿。鸟儿将巢安在繁花嫩叶当中，高兴起来了，呼朋引伴地卖弄清脆的喉咙，唱出宛转的曲子，与轻风流水应和着。牛背上牧童的短笛，这时候也成天在嘹亮地响。

——朱自清《春》

6. 蕴含感情，余韵袅袅

如：“我端起妈妈递给我的牛奶，内心感到了妈妈对我的无限关爱！”

“我用双手围起杯子，牛奶的热度瞬间透过手心，在体内穿行，抵达指尖、心房，身体的每一个细胞仿佛都苏醒了过来。顿时，身上暖暖的，心里也暖暖的。”

一篇好的文章，往往需要寄托一定的感情。这就需要在描写的字里行间蕴含感情，使主题表现得更深刻。这样，细节描写才会更有价值，才会让读者深受感染。

7. 适当运用一些应试技巧

（1）细节独立成段，引人注意。

（2）同一细节反复描写。

如某篇作文，妈妈的眼睛这一细节描写在文中就反复出现，在文中充当了线索的作用。

小时候，很喜欢偎依在你怀里，注视你那双弯弯的温和慈祥的眼睛。

每次考试后，你的眼睛瞪得圆圆的，我都不敢看你。

岁月毫不留情地在你的眼角留下了痕迹，你的眼睛不再是那么圆了，但眼睛依然明亮有神，充满期待。

——选自某中学生作文

五、运用细节描写应注意避免的问题

1. 细节不真切，编造痕迹明显。这是因为不留心观察生活，不注意生活素材的积累

如下作文片段：

记得那天下午考试，我忘了带笔，就跟他说了，他毫不犹豫地把笔借给了我。成绩出来后，我去他们班一问，才知道他得了零分，原来那天他只有一支笔，但却借给了我……

——选自某小学生作文

当然，真实并非复制生活，可以在符合情理的基础上进行艺术加工，如想象、虚构等。

2. 所选细节缺乏典型意义，起不到应有的作用。这是因为对富有内涵的细节缺乏敏感

例如：每天早上，你要为我做饭，替我准备好一切，就是为了让我安心读书。

你教会我“a、o、e”，教会我“1+1”，教会我对人要有礼貌，要尊敬、爱护他人……

那次考得不好，我不敢面对你，可你反而安慰我，鼓励我，劝我说只要尽力就行。

——选自某小学生作文

3. 细节虽好，但描写不力，如同厨艺不精，糟蹋了美味的食物一样，这是因为阅读太少、缺乏对范例的积累与借鉴

记得初中，我们学校的专线车抛锚了，我所在的学校离家很远，我没办法，只能在同学家借宿一晚了。我打电话给你，却没有人接，我知道一定是你来学校找我了，我连忙出去找你，在寒冷漆黑的冬夜里，我看见一个熟悉的身影，那夜我和你依偎在一起，久久不能睡下……

——选自某中学生作文

同学们，听完刘峰老师的本次作文指导，你掌握作文中进行细节描写的方法了吗？只要掌握此法，你的作文就会亮点频出，可圈可点了。

记叙中穿插议论

“卒章显志”是在作文结尾处把意旨揭示出来，也就是篇末点题，但有时记叙文仅在文章结尾处议论抒情，是不能很好地突出中心的，还需要在记叙中穿插议论。

一、为什么要在记叙中穿插议论

一般来讲，记叙中的议论主要有以下几个作用：

（1）表达作者的观点。

（2）抒发作者的情感。

（3）表现人物形象。

（4）深化文章的主题。

（5）严密文章的结构。

（6）增强文章的艺术感染力。有时候议论用得好，可以对上述这几种作用进行综合的表现。

二、如何在记叙中穿插议论

（一）在记叙中穿插议论，应有明确的目的

记叙中穿插议论的目的，大体上表现在上面的所说的六个方面。但在具体运用中，要注意：

（1）要着重对最典型的事例进行议论。

（2）要着重在最动人之处进行议论。

（3）要着重在作者感情最激动的时候进行议论。

（4）要着重在点示全文的意义时进行议论。

（5）要着重在对文章的结构起重要作用时进行议论。

我们在对作文进行构思时，就应该考虑要不要穿插议论，要考虑议论在文

中的作用是什么，从而有的放矢地安排记叙中的议论。

（二）在记叙中穿插议论，应掌握一定的方法

1. 泼墨法

这是最常用的一种方法，是在文章的结尾处集中一段文字进行议论，给人以“泼墨如雨”的感觉。如《走一步，再走一步》，专门安排了课文最后一部分进行尽情地议论，以表达作者的感悟，深化文章主题。

2. 点示法

点示法，即用很少、很精粹、很关键的文句，或在文章的开头，或在文章的结尾，或在文章的中间（主要是在文章的结尾）“点”一下，人们往往称这一“点”为“画龙点睛之笔”。如《狼》的结句“狼亦黠矣，而顷刻两毙，禽兽之变诈几何哉！止增笑耳”，表现出一种嘲讽，揭示了一种哲理。

3. 呼应法

呼应法主要表现为首尾呼应，结尾与文题呼应。这种方法用熟练了，也可以用于段与段之间的呼应。课文《这不是一颗流星》就使用了呼应法收束全文。文章的结尾写道：

……我原以为，孩子天真纯朴的念头像流星一样会转瞬即逝，现在我明白，这绝不是流星，而是一颗心，这颗心比大人们更真诚更纯洁。

这段议论与文题遥相呼应，既点了题，又表现出一种结构之美。

4. 穿插法

穿插法，也就是以叙为主，边叙边议的方法，其笔法是在文章的一个个层次之中安排议论的内容。例如，《白杨礼赞》的开头、中间、结尾，反复出现对白杨树进行抒情、议论的句子，不仅使全文的结构分外严密，而且也不断地强化了对主题的渲染，以激发人们的情感。

三、在记叙中穿插议论，应避免滥发议论

在记叙中穿插适当的议论，往往可以使文章锦上添花，但如果使用不当，如不知道记叙文是以记叙这种表达方式为主的，不知道文中的议论应是在充分记叙的基础之上有感而发，于是随意点缀，勉强凑合，或者大发议论而又空洞无物，那么这就是滥发议论。我们要避免滥发议论，就要注意在穿插上下功夫，做到紧扣内容，衔接自然，灵活、简洁、适度地进行记叙中的议论。

佳作荐读

怀想天空

经常听人说农民工这不好，那不行，仿佛低素质成了农民工的代名词。“三人成虎”的力量是可怕的。不知从何时起，对农民工的歧视成了我心中的“定理”。（对文章的结构起重要作用时进行议论，为了欲扬先抑）可是，有一件事，却把这个“定理”彻底毁灭了。

那是一个星期一的早晨，按照惯例，我们要去参加升旗“形式”。说它为“形式”，是因为现在的许多中学生已经不愿在此时唱国歌，甚至不会唱了。但“形式”依然按照步骤进行着，只是今天校园外多了几声挖土机的嘈杂声罢了。不知是我们的萎靡状态“感染”了喇叭，还是挖土声过于嘈杂，反正喇叭是那么有气无力。“向右转45度。”主持人无力地吼着。队伍也如风划过沙做的塑像——一下子全散了。我们懒散地挪动了几下小碎步，队伍蛇形般扭动了起来。

“下面进行升国旗仪式。”主持人说道。喇叭一下子安静下来，可是挖土机的嘈杂声却更加大了。“该死的农民工！”我不禁抱怨起来，“难道不能让人耳根清净一点吗？连这点道德也没有，难怪受人歧视！”（对文章的结构起重要作用时进行议论，为了欲扬先抑）

“下面升国旗奏国歌。”忽然，挖土机的嘈杂声一下子消失了。只见农民工们停下了手中的活，笔直地站在了原地，目光炯炯有神地盯着国旗。

一个高个子农民工不知怎么进入了我的眼帘。大概是来不及找个相对平坦些的地方吧，他的双脚竟站在高低不平之处。一脚悬空，可他丝毫没有摇晃，仅凭一只脚死死地抓住了地面，其费力程度可想而知。他的脸上写满了“辛苦”，可是嘴角却带着笑容。面对这位青松般的高个子，我被震撼了。

如果说，刚才一幕只是对我的一次震撼，那么，接下来的一幕则是对我心灵的一次洗涤。（点示法议论，“点”一下，承上启下）国歌声响起，校园内依然是一片沉寂，可校园外却响起了农民工们嘹亮的国歌声。伴随着这一声声纯洁的国歌声，我心灵的污垢在一层层褪去。我犹如清夜闻钟，又如受了当头一棒。（抒情议论，表明农民工的表现对于自己心灵的震撼）我和同学们挺直了自己的身体，唱起了国歌……

人人头顶有一方天。农民工并没有因为社会上的某些歧视而丧失自己的天空。他们，凭着满腔的爱国热情，撑起了属于他们的那片天空，明净，辽阔，深远！（呼应法议论，对农民工的敬意与文章开头歧视形成对比，深化主题。）

——选自“日记大全网”

同学们，听完刘峰老师的本次作文指导，你应该弄清楚了，记叙文中穿插议论必不可少，但也要用得恰如其分、恰到好处，方能使文章的表达丰富而得体。

中篇

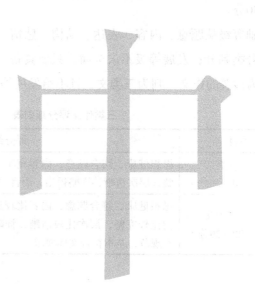

备考技巧指导

谈谈考场作文的写作步骤

——讲评2017年章丘区推荐生作文

同学们，你们平时写作文有一定的写作步骤吗？写作很随意，可不是一个好习惯。现在刘老师就建议你，以后写作最好按以下四步进行：

一、写作四步骤

1. 审清题意，明确要求。
2. 确立中心，选择材料（列提纲）。
3. 按序写作，详写重点。
4. 照应开头，写出所感（点明中心、升华主题）。

二、明确中考作文评分依据

（以总分50分计，如作文总分为60分，请按比例折合参考）

每份作文实际得分=基础等级分+发展等级分+书写分-减分；实得分一般不得超过50分。

基础等级从题意、内容、表达、结构、感情、文体（考生所选文体）等方面综合分类判分；发展等级不求全面，只要具备一项指标以上即可酌情评分；经确认为抄袭的作文，判为三类文，且不给发展等级分。

三类作文评分细则表

项目		评分细则
基础等级	一类文（30～39分）	思想健康，切合题意，内容充实，中心突出，感情真挚，结构完整，层次清晰，详略得当，语言顺畅，书写规范，符合文体要求
	二类文（20～29分）	思想健康，符合题意，内容比较充实，中心明确，感情真实，结构比较完整，层次比较清晰，详略基本得当，语言通顺，书写基本规范，基本符合文体要求

续表

<table>
<tr><td colspan="2">项目</td><td colspan="3">评分细则</td></tr>
<tr><td>基础等级</td><td>三类文（0～19分）</td><td colspan="3">思想健康，偏离题意，内容比较空泛，中心不够明确，感情虚假，结构不完整，层次不够清晰，详略不得当，语病较多，书写潦草，卷面不整洁，问题混乱</td></tr>
<tr><td rowspan="2">发展等级</td><td rowspan="2">（0～10分）</td><td>选材</td><td>文采</td><td>创新</td></tr>
<tr><td>素材丰富
素材新鲜
见解新颖</td><td>用词贴切
句式灵活
善用修辞
文句有表现力</td><td>构思新巧
想象有独到之处
表达有创意
有个性色彩</td></tr>
<tr><td>加分</td><td>书写（1～5分）</td><td colspan="3">书写整洁、美观，可视情况加1—5分</td></tr>
<tr><td rowspan="3">减分</td><td>无题目、写错题目</td><td colspan="3">扣2分</td></tr>
<tr><td>错别字、标点</td><td colspan="3">每处错误扣1分，最多扣5分。重复的不计</td></tr>
<tr><td>字数不足</td><td colspan="3">每少50字扣1分</td></tr>
</table>

三、结合2017年章丘区推荐生作文，应用四步骤作文法

2017年章丘区推荐生作文：以“幽香一缕入心怀”为题，写篇文章（诗歌除外）。

要求：进行恰当的记叙、描写和抒情，700字左右，不得出现真实校名和姓名。

（一）审清题意，明确要求

1. 审清题意

类型：命题作文。

2. 解题

（1）“幽香”。本义：淡雅的香气，淡淡的清香。可写梅花香、荷花香、牵牛花香、槐花香、茶香。有的同学不理解本义，将幽香描写得时浓时淡；但也不能就本义而写，因为作文命题并非要求你写介绍幽香的说明文。可将某物的幽香作为线索，赞美美好的情义，如槐花——友情、茶香——父爱、梅花香——坚守信念……或托物言志、托物寓意、借物喻人。如梅花——坚韧的品质，栀子花——热情善良的美德……或运用比喻义，用来比喻不屈不挠、坚强

执着、坚守情操、平凡人的不平凡品质、诗词文章的韵味等。但是运用比喻义，要注意本义和比喻义之间的联系，如将高洁的荷香与默默无闻、任劳任怨的环卫工人联系在一起就很牵强。所以光运用比喻义是有风险的，写不好容易偏题，须认真构思。如有的同学记叙了游览故宫的见闻，在结尾处抒情议论故宫的幽香如何如何，就让人觉得他笔下的这缕幽香，飘来得毫无道理。

（2）一缕。“一缕”是个数量词，不是几缕，也不是缕缕，如有的同学运用分镜头式，分别写菊花香、墨香、历史幽香，那就不是幽香“一缕”了。

（3）入心怀。入谁的心怀？还能有谁的，心怀嘛，当然是让“我”心动生情，所以本文适合运用第一人称，写真实经历，书真情实感，不适合写成小小说。

有的同学具有逆向思维品质，先描写公交车上农民工的汗臭味令“我”生厌，但接下来发生的事情体现出农民工善良热心、拾金不昧的美好品质，作者就感觉到那股汗臭味反而释放出一种幽香，运用先抑后扬的手法，从而突出了主旨。

3. 明确要求

本次作文的要求是：进行恰当的记叙、描写和抒情，700字左右，不得出现真实的校名和姓名。

运用记叙、描写和抒情的表达方式，可见文体要求是——记叙文。

记叙文的六要素：简称为“六W”：when（时间）where（地点）who（可以有别人，但一定有“我”）、why（起因）、what（什么的幽香）、how（怎样的幽香，要具体描写出来）。

描写的重心应该在“幽香”，通过运用多种手法，细致描写出这究竟是一缕怎样的“幽香”。

（二）确立中心，选择材料

你想通过叙写跟这缕幽香有关的故事，表达出怎样的情怀？赞美？怀念？流连？怅惘？感恩？如有的同学通过描写木雕的幽香来赞美民间艺人对传统工艺的坚守，就将材料和中心很好地结合起来了。

不能堆砌材料，如有的同学运用分镜头式写了妈妈的饭菜香、小吃街的香和公园的桃花香，表达出的观点竟是鞭挞人类的贪婪，这实在是风马牛不相及，很显然没有做到确立好中心后紧紧围绕中心去选择材料，行文太随意。

有的同学重点不显、详略不当，如用大篇幅叙写了自己考试失利心情不好，而姥姥侍弄花，使我嗅到花香而振作精神却几笔带过，详略不当，没有很好地突出中心。

有的同学选材缺少生活基础，作文是源于生活的，如有个同学描写海棠花的幽香，这就是主观臆造了，著名作家张爱玲曾说过她的人生三恨：一恨海棠无香，二恨鲥鱼多刺，三恨《红楼梦》未完。因此海棠是没有香味的，幽香也没有。

还有的同学想用文化因素成文，用意是好的，但要尊重历史，不能让人物搞穿越，如有的同学写李白不受当权者重用，就“散发弄扁舟”，远离污浊的官场，洒脱地在茶馆听《西厢记》。《西厢记》是元代王实甫所作，唐朝的李白何以有耳福眼福消受呢？

（三）按序写作，详写重点

我们在文中应该交代清楚幽香的缘由，幽香对你的影响，这些部分应该略写。有的同学连“幽香”是什么都不明确，如有的同学分别叙写了父亲烟味汗味香、小花香、姜汤香，总结段写到“这缕幽香”令我难忘，请问你写了三缕幽香，令你难忘的“这缕幽香”究竟是什么？

如果说叙述是记叙文最重要的表达方式，是记叙文的骨架，那么描写就是记叙文的血肉。优秀的记叙文都是很注重描写的。作文描写的“幽香”，可以色香味都描写到，但重心在“幽香”，不能详写了描写对象的形态、颜色，却略写最能体现描写对象神韵的“幽香”，这就是没做到扣题写作、详写重点。

文章的发展等级：也就是文章要有亮点，文章的亮点可以体现在选材典型上，如通过描写木雕的幽香赞美民间艺人对传统工艺的坚守，就是很成功的选材；或体现在写法的运用上，如运用对比衬托的手法，先描写与爷爷在月下赏荷，荷花的幽香令人迷醉、令“我”赞叹，在这样的情境中爷爷给“我”讲蝉在地下积蓄多年终于熬得一夏鸣唱，“我”由此悟到蝉的执着较之荷花的幽香，更令人赞叹。

（四）照应开头，写出所感

作为考场作文，建议大家开头要点题，结尾要扣题。

减分部分：

（1）卷面不佳，涂改严重，书写潦草，字迹不清，有错别字。

（2）标点不规范，也要减分。标点符号中的句号、逗号、顿号、分号、冒号、问号、叹号均占一个字位置，不能出现在一行之首；引号、括号、书名号的两部分各占一个字位置，前一半不出现在一行之末，后一半不能出现在一行之首。

佳作荐读

幽香一缕入心怀

我有一个特殊的朋友，它似嫩草般幽香，似野菜般平淡，似山泉般纯真。它便是——茶。

我爱茶，爱茶的青草般平凡的幽香。

还记得初见茶花时的情景——那是一朵白色的小花，在万花丛中显得那样的普通，那样的渺小。不夺目，却使人有一种别样的愉悦。轻轻含一口绿茶，那如青草般的芬芳充斥着我的味蕾，它虽不如红茶浓烈，不如花茶香甜，不如普洱醇厚，但它是那样的纯，那样的淡，让人渐渐被吸引，让人渐渐心动。那缕幽香慢慢浸润开来，徜徉于心田，久久不能弥散。生命本没有太多的绚丽，更多的是一份朴素、纯真、平凡和独特。欣赏自己的平凡与独特，在人生的茶水中，依然可以绽放最美的自己。茶，这位特殊的朋友让我知道了平凡亦精彩。

我爱茶，爱茶的野菜般平淡的幽香。

一日下雨，我踡在家中，面前是一壶沏好的绿茶。我闲来无事便低头观察水中的叶芽。它娇嫩的芽尖在水中慢慢舒展，如才露尖尖角的小荷，怯生生地展开，宛若一幅诗意的画卷，从未想过干巴巴的野菜模样的茶叶竟也有这美丽的一面。轻抿一口，细细感受，苦涩中竟有一丝淡淡的甜香在口中蔓延开来，渐渐地，那甜香也蔓延至心头。生活中，我们常常过于匆忙而忽视了许多的细节，有时候慢下来去寻找细微处的美好，便可以发现生活亦缤纷无比。茶，这位特殊的朋友，让我知道了平淡亦缤纷。

我爱茶，爱茶的山泉般纯真的幽香。

曾经听一位品茶人说：头道水、二道茶、三道茶水最精华、四道清甜韵味瑕。而我却对这第四道茶有特殊的执念。第四道茶犹如一股升腾跌宕的山泉。初尝时，是一股幽香，近而是苦涩，但细品那苦涩中隐隐又藏着一份甜，宛若捉迷藏一般，在味蕾间穿梭。可当这些味道都渐渐地淡去时，便会察觉在那些味道的背后还有一种芬芳萦绕在舌尖。那味道似陌生却又熟悉，它仿佛刚刚出现，又好像一直贯穿其中。那才是这茶最纯真的味道。这就好像是我们的人生一般，纵然表面浮华繁美，但它终究只是表面，若被其迷惑便会错过真正的幽香。唯有排除杂念，才能达到自己真正的目标。茶，这位特殊的朋友，让我知道复杂亦纯真。

……

我闭上眼，静静地品味来自茶这位老朋友的幽香。

同学们，听完刘峰老师的本次作文指导，你能掌握四步骤作文法了吗？按步骤稳扎稳打，比你匆匆上阵，乱而无序，随意写作，要稳妥得多。不信，就请你试试吧！

必不可少的写作提纲

老师布置写作任务，你拿到作文题目后，是习惯审清题后落笔就写呢，还是习惯先列提纲然后根据提纲写作呢？如果你具有后面的写作习惯，那真为你高兴。好习惯成就好作文，你的作文肯定质量上乘，成绩优秀。

对于作文前先列提纲，有不少同学不以为然，认为是耽误时间，不如提笔就写来得痛快。殊不知，“磨刀不误砍柴工”，列提纲的过程就是磨刀的过程，刀打磨锋利了，工作才能事半功倍；否则，信马由缰，匆匆而就，你的作文看似写得很快，但有可能下笔千言离题万里而不觉，或意识到离题的时候文章过半甚至已经成文，木已成舟，乾坤已定，你已回天无术，只好枉自嗟叹了。

我们知道，建造一座房子，从事设计图纸的设计师的收入远远高于堆砌砖瓦泥石的工匠，这是因为设计师的工作需要构思，更有思维含量。同样，如果将写作一篇文章比作建造一座房子，列出的提纲就相当于房屋的设计图纸，遣词造句就相当于堆砌砖瓦泥石，假如在这个建造过程中，你欠缺设计师的构思，而只是干了工匠的活，除非你是才高八斗、倚马万言的才子，否则，作文要想拿高分，不大可能。

那么，如何制定作文提纲呢？作文提纲一般包含以下三部分内容：

（1）题目。要把题目（或补充完整的题目）写在第一行的正中间。

（2）主要内容和中心。要在题目下面，简要地写出这篇作文的主要内容及要表达的中心思想。

（3）结构安排。这是作文提纲最主要的部分，设计时需要注意做到以下五点：

① 安排好材料的组织顺序。先写什么，后写什么，全文一共准备分为几大段，每段写什么，要以小标题的形式，按照一定的顺序把材料组织起来。

② 确定好重点写的内容。要依据表达中心的需要，确定出哪些内容是主要的、哪些内容是次要的，标明“详”“次详”“略”的字样；重点段打算分

几层来写，先写哪层，后写哪层，具体列出准备重点写的步骤、次序。

③ 依据文章选用的材料及要表达的中心思想，确定好开头、结尾的方法，并在提纲中简单注明。

④ 设计好点题的时机及具体的方式、方法。

⑤ 考虑好层次之间、段落之间该如何衔接过渡，哪些内容需要照应，如何照应，也简单标注一下。

下面就是一则比较实用的作文提纲：

题目：难忘的一件事

主要内容：我的脚扭伤，周丽照顾我。

中心思想：关心同学、急人所急。

一、在练习跳绳时，我扭伤了脚。（略）

二、周丽同学细心照顾我。（重点段）

1. 周丽把我扶到她家。（次详）

2. 周丽给我洗脚，说“好得快”。（详）

3. 我好了一些，周丽又小心地搀我回家。（次详）

三、我十分感动，至今记忆犹新。（略，点题）

同学们，听完刘峰老师的本次作文指导，可要记得以后作文先列提纲啊！

命题作文的审题

命题作文较之话题作文和给材料作文，限制性强，在审题上对学生提出了更严格的要求。审题是此类作文的第一要务，从历次阅卷情况来看，同学们的审题意识淡薄，没有真正理解、吃透题目的要求，就匆忙下笔作文，审题差之毫厘，作文就会谬以千里。这次作文指导结合部分省市的经典命题作文，进行审题方法的指导，从而使学生对作文审题有明确的认识，掌握审题的基本方法，避免审题的盲目性，提高作文的分值。

一、增强作文的审题意识

从中考优秀作文来看，优秀作文无不切合题意，扣题严密；再结合作文评分标准来看，中考作文要求的第二条就是切合题意，离题类文章一般在三类文以下。考场作文要遵守它的规则，这个规则就是“戴着镣铐跳舞”。下表是济南市2018年中考作文评分扣分或加分的标准的介绍，了解了这些信息，我们就可以知己知彼，争取加一些分，也可以避免无端地丢失分数。

济南市2018年中考作文评分扣分或加分的标准参考表

<table>
<tr><th colspan="2">项目</th><th colspan="3">评分细则</th></tr>
<tr><td rowspan="3">基础分</td><td>一类文
（40～50分）</td><td colspan="3">思想健康，切合题意，中心突出，感情真挚，内容充实，思路清晰，谋篇布局合理，语言顺畅，符合文体要求</td></tr>
<tr><td>二类文
（30～39分）</td><td colspan="3">思想健康，符合题意，中心明确，感情真实，内容比较充实，层次比较清晰，语言通顺，有少量语病，基本符合文体要求</td></tr>
<tr><td>三类文
（0～29分）</td><td colspan="3">思想健康，偏离题意，中心不够明确，内容比较空泛，条理不够清晰，语病较多，书写潦草，卷面不整洁，文体有杂糅</td></tr>
<tr><td rowspan="2">创新分</td><td rowspan="2">（0～8分）</td><td>选材</td><td>构思</td><td>文采</td></tr>
<tr><td>（1）材料丰富
（2）材料新鲜
（3）见解新颖</td><td>（1）构思新巧
（2）有个性色彩
（3）推理想象有独到之处</td><td>（1）用词贴切
（2）句式灵活
（3）善用修辞
（4）文句有表现力</td></tr>
</table>

续表

项目		评分细则
加分	书写（1～6分）	书写整洁、美观，可视情况加1～6分
减分	无题目、写错题目	扣2分
	错别字、标点	每处错误扣1分，最多扣5分。重复的不计
	字数不足	每少50字扣1分

二、掌握作文的审题方法

（一）了解命题作文的常见形式

从形式上来看，命题作文一般有下面几种形式：

1. 单纯以“命题”出现

前后没有提示或导语，这种形式，从字面上看限制较少，审题上没有障碍，让考生有相当宽的选材范围。如“我的视线”，一切人、事、物，只要是目之所及，均可纳入写作范围，让每个考生都有写作的空间。

2. 以“提示语+命题”的形式出现

通过导语或提示语，为考生在审题和选材上做出了一定的引导，同样有较大的开放性和自由度。如“充满活力的岁月”，在题目之前，加上了一段导语：“在成长的愉悦中，在探求的欣喜中，我们每一个人都积极进取，充满活力；在丰富多彩的校园活动中，我们朝气蓬勃，充满活力。和谐温馨的家庭，洋溢欢乐，充满活力；日新月异的社区、家乡、祖国……蒸蒸日上，充满活力。”这段话对写作材料的选择、对“活力”的判断有着明显的暗示作用。

3. 以“命题+要求”的形式出现

例题：请以“迟了一分钟”为题目写一篇文章

要求：文体自选（诗歌除外）；600字以上；文中不要出现考生的姓名和所在学校的名称。

4. 以“提示语+命题+要求”的形式出现

例题：岁月轻轻滑过指尖，许多往事便渐渐弥散在如沙漏般的光阴里面。但在生命的长河中，总有某些如花般绚烂的记忆，温暖着我们的心灵，芬芳着我们的人生，让我们刻骨铭心，难以忘记……

请以“那时花开”为题目，写一篇文章。

要求：①你可以大胆选择你最能驾驭的文体，写你最熟悉的内容，表达你的真情实感；②不少于750字（如写作诗歌不要少于20行）；③文中不要出现真实的校名、姓名，如需要可用“××”代替，否则扣分。（2014吉林中考作文）

（二）掌握命题作文审题的方法

1. 认真研读提示语，捕捉审题信息

提示语又叫导语，除了材料作文，在一般的命题作文、半命题作文之前，有时也会出现一段较长的文字。它们不是据以作文的材料，也不是进行限定的条件，而是语言优美、精粹的富于理性或激情的导语，非常类似于语文课中教师设计的开讲语。作为文题的一个组成部分，它有着非同小可的作用。既然导语作为某些文题的组成部分出现，那么就必然有其独到的作用。品味导语的语言，揣摩其蕴含的意图，也就成为审读中考作文题的必要过程。下面，我们结合文题，分别领会导语的基本作用。题中打波浪号的部分，即为我们所说的文题导语。

文题一：

生活中笑声常与我们相伴。在笑声中，友情在加深，学业在长进，困难被克服，隔阂被消除……请联系自己的生活实际，选一个有意义的侧面，以“笑声”为题，写一篇600字左右的记叙文，文中要有场面描写。

此导语中含了一组排比句，暗示了这篇考场作文立意的某些侧面，并用省略号暗示考生去进行发散联想。导语在文题中的作用是：点示立意角度，开拓写作思路。通过抒写“笑声”可以表现怎样一个有意义的侧面呢？你可以写“友情在加深”或“学业在长进”，可以写“困难被克服”或“隔阂被消除”，还可以写自己由此联想到的某个方面。文题的“导语”用“友情在加深”这组排比句，既激发了考生多角度地选材，又指点了考生立意的具体侧面，隐含的内容相当丰富。

文题二：

春天来了。春风吹绿了原野，吹开了满园的鲜花……在这美丽、幸福、生机勃勃的春天里，你想说些什么，做些什么？请以“我在春天里______”为题，写一篇600字左右的作文，除诗歌外文体不限。

此“导语”富有情感，它的作用是：激发写作情感，创设写作情景。其优美的语言，能调动考生的回忆，铺设作文情感的基调；一句“在这美丽、幸福、生机勃勃的春天里，你想说些什么，做些什么？”设置了特定的写作情景；“想”和“做”则暗示在写作中如何选材，选什么材料。

文题三：

同学们，近来全国都在开展纪念鸦片战争150周年活动，牢记中华民族受欺凌的苦难史，弘扬爱国主义精神，大家都从中受到了很大的教育。请以“给同学的一封信”为题，谈谈你从中受到的教育，以互相鼓励。

此导语的作用是，显示写作背景，强调把握主题。考生要写自己受到的教育，不能离开“纪念鸦片战争150周年活动”；考生的文章所要表达的主题，离不开“牢记中华民族受欺凌的苦难史”和“弘扬爱国主义精神”。背景和主题，通过导语巧妙地表达出来。

文题四：

我们都曾路过许多地方，如商店、市场、田垄、公园、运动场、图书馆、电影院、舞厅、教师的窗前、爸爸妈妈的办公室……我们也一定有所见有所闻有所感的。请以“我从________走过”为题，先将题目填写完整，然后写一篇有叙有议的文章，以叙为主。

此导语的作用是，提示选材范围，指点行文布局。其罗列的“许多地方”，意在让考生展开联想，选择一个最有利于表达的“地方”，以便顺利成文。“所见所闻所感”一语极为巧妙，暗示出写这篇“有叙有议”的文章应该如何布局：先写所见，穿插所闻，然后表达所感。

以上导语的作用，我们称之为“基本作用”。而实际上，上述每个导语都不仅只有一个“基本作用”，只有认真阅读，揣摩品味，才有可能对其隐含的信息进行充分的挖掘。所以，我们在遇到有“导语”的文章时，一定要对其多读几遍。

练习：

1.说说下面文题导语中最关键的一个句子是什么。

文题“我懂得了珍惜……”下面这样一段“导语”：当青春微笑着向你走来的时候，生活也时时给你教益。有那么一次，它让你懂得了应该珍惜什么。请用上面的文题，写一篇600字左右的记叙文。

提示：关键句是“有那么一次”，它是在暗示如何选材。出题者暗示考生写好一次经历，写好一件事情，考生应当在记叙一次经历或者一个事件中阐发自己懂得了应该珍惜什么，而不能去写几次经历；凡写几次的，肯定“吃力不讨好”，因为此类文章不合题意。

2. 简析下面导语在文题中的作用。

文题：生活中难免发生一些不如意的事，如自己的愿望、要求未能得到满足；考试成绩不好或是有错误受到了家长的指责、批评；或是受到误解、委屈等。遇到这种情况，多数人能从中汲取经验教训，经受磨炼，从而重新奋起。许多有成就的人都是这样，但也有人从此一蹶不振。所以青年人必须学会正确地对待错误和挫折。请以“在错误、挫折面前”为题，写一篇记叙、议论相结合的不少于600字的作文。

提示：此导语在构思方面这样暗示我们：一是在取材时应结合自身实际；二是在叙述或议论中要注意将“重新奋起”与“一蹶不振”相对照；三是在议论中可以运用“许多有成就的人”的一些例子；四是文章的主题应是青年人必须学会正确地对待错误和挫折。

3. 下面文题中的导语暗示了什么？

晨会上，当校长宣布你荣获某项荣誉称号或者向你颁发某项奖状时，台下会爆发出热烈的掌声；课堂上，当老师表扬你取得进步的时候，同学们的掌声会经久不息；在家里，你为父母分担了家务或做了一件有益于邻里的事情时，亲友长辈们会欣喜地为你鼓掌；有时候，你突然产生了一个灵感、悟出一个道理，也会仿佛听到来自心底的掌声……当然，你也常常把掌声献给身边值得称道的人。请以“掌声”为题，写一篇不少于600字的记叙文，要有掌声响起时的场景和心理描写，还要具体写出如何赢得掌声的过程。

提示：这个导语很长，暗示了如何选材，还暗示了可以写自己得到掌声，可以写别人得到掌声，也可以将掌声虚化，写自己为得到某种心灵上的启迪而感到高兴、自豪。

4. 下面的文题中有导语吗？

题目：照片

提示：照片，反映出我们经历的方方面面的生活，摄下了我们走过的路，记载了我们的幸福、欢乐、怀念、骄傲、悲痛、懊悔、艰辛、稚拙……

要求：①以记叙为主，综合运用多种表达方式；②写600～700字；③凡涉及真实的人名、地名、校名，一律用××代替。

提示：这个文题将导语直接用提示语表达出来，点示了选材的角度，这样对考生更有利。

2. 精心研读题目，品读深究

（1）挖掘文题内涵，明确文题含义。一些带有比喻或象征性的题目，如“暖流”“春风”等，则应注意其本体与喻体之间的关系，挖掘出这些题目背后的象征意义。如文题“一道风景线”，题目中的“风景”，可以理解为自然界中的风景，也可以理解为社会生活中美好的、高雅的、感人的人和事，也可以理解为精神层面中的坚定的信念、大爱的胸怀等。对于题目中含义比较复杂的词语，仅从字面上去考虑，审题就会显得平淡和直白，这种类型的命题作文，应扣住引申义、比喻义、象征义来写，一般更符合命题者的意图。

下面这篇命题作文立意不够鲜明、不够深刻。请你尝试着把它修改成一篇立意较好的文章。（题目不变）

原文

我找到了春天

春天来了，冰雪融化了，雪水流成了一条小河。我来到江边发现柳树发芽了，柔软的枝条上缀满了绿色的嫩芽，仿佛用翡翠粒穿成的门帘。一阵春风吹过，柔软的枝条随风飘荡。我低头发现有几棵小草探头探脑地从泥土里钻出来，好像在说：“春天在这儿，春天在这儿。”

我抬头看见几只小燕子从南方飞回来，叽叽喳喳地叫着，好像也在说：“春天在这儿，春天在这儿。”

小朋友们脱下棉衣换上毛衣，背着书包高高兴兴地去上学。

啊，我找到了春天。

升格作文

我找到了春天

在路边，酣睡一冬的小草偷偷地探出了头，尽管只有一两片嫩黄的小芽儿，但它却告诉了我：“春天要来了。”于是我背上画板，准备到郊外去寻找春天。

我来到小河边。小河轻轻地舔着盖在它上面的薄冰，“哗，哗……”那是小河唱出的“大自然的赞歌”，这是它沉思一冬才创作出来的，歌中自由、欢快的优美旋律使我如醉如痴。哦，春天一定在这里，当我打开画夹要把它画下来时，小河轻轻地擦过岸边的岩石，对我说：“春天刚刚走过这里。”

我走进树林里。林子里的雪已经要融尽了，雪水滋润着绿色的松柏。枝头上的小鸟叽叽喳喳地对唱着迎春歌。好美啊！春天一定在这里。当我铺开画纸要把它画下来时，一阵春风吹过，松柏摇摇头对我说：“春天刚刚走过这里。”

我登上巍峨的大山。从山顶上眺望，连绵的群山，似一条条横空出世的巨龙，正在脱去雪白的衣裳，呈现出一抹儿一抹儿的淡绿色。好壮美啊！春天一定在这里。当我手拿画笔，正要把它画下来时，山中的阵阵回声对我说：“春天刚刚走过这里。”

“轰隆隆”，春雷掠过天空，这一定是春天的脚步声！“滴答滴答”，春雨下了起来，这应当是春天洒向大地的甘露。咦！山雨中有一所山村小学，朦朦胧胧，一派诗情画意。我急忙跑了进去。

“我是中国人，我爱自己的祖国……”教室里传出了朗朗的读书声。我认真地听着，忽然我明白了什么，情不自禁地说：“找到了，找到了！”我悄悄地走进教室，迅速地打开画夹，铺开画纸，拿起画笔画了起来——伴随着美好的春光，小学生们坐在明亮的教室里为了祖国发奋读书……我找到了，他们才是春天——祖国的春天。

——选自“瑞文网”

本文将春天的立意定位于为了祖国发奋读书的小学生，较之前篇立意鲜明深刻了许多。

练习：

“门其实开着”“翻过那座山”“我心中的一首歌”“生活在阳光下”，你如何从这类文题中挖掘出它的内涵，明确文题含义？

（2）分析文题结构，把握写作重点。从文题结构看，命题作文一般有独词式、短语式和句子式，审题时要善于分析文题结构，寻找“题眼”，把握写作重点，从而为文章写作确定正确的方向。

①独词类文题。文题仅是一个词语，少了修饰限制性成分，因而具有很大

的宽泛性，但也使文题具有很强的迷惑性，它着重考查考生思维的深刻性和敏捷性。审题时可对题目进行适当扩展，快速破题，确立中心。如“告别”，可以扩展为“学会告别，是一个人走向成熟的标志”。再如“风景”，可以扩展为“我身边的风景”“别样的风景”“这也是风景”。对于一些抽象性的独词类文题，如“责任”“追求”“宽容”“合作”“友善”等，写成记叙文，你可以构思成“通过一个我看到（听到，读到）的有关××人（负或不负）责任、（宽容或不宽容）、（友善或不友善）……的故事，告诉大家生活需要……”，这时，题目“责任（宽容……）”就是你的记叙文的中心思想所在。

② 短语类文题。文题是短语的，在抓住中心词的基础上，还要留心起修饰限制作用的词语。如“我眼中的色彩”，“色彩”是中心词，是选材和立意的关键。审题时要学会从“色彩”本义入手，探求其比喻义。某种“色彩”常用来比喻那种思想倾向或事物的某种情调。如红色往往代表着吉祥、喜气、热烈、奔放、激情、斗志；蓝色往往与冷静、理智、安详、广阔有关。写作时既可写实，如家庭的装潢、校园的美化、城市的面貌等；也可以写虚，如个人美好的梦想、自信乐观的心态、宽容仁爱的修养等。明确“色彩”这一中心词的内涵后，不要忽略题中的修饰成分——“我眼中”，它提醒考生，无论什么色彩，都是“我”的所见所感，而不是一个旁观者的客观叙述。写作时要从“我”出发，写出“我”对某一色彩或某些色彩的独特感受和见解。

③ 句子类文题。此类文题，寻找题眼时要全面考虑。

如文题：撇和捺互相支撑就成了人，在人生的历程中常常离不开他人的支撑。在风平浪静的时候，常需要向人倾诉；在急风骇浪的时候，常需要有人帮扶。在时间的流逝中，总有人是你最想依靠的。

请以“我最想依靠的就是你”为题，写一篇文章。

统观整个文题，如何正确理解“依靠”的深刻内涵和确定文章的中心人物“你”，是审题的重中之重。再如“妈妈，我长大了”这个文题，其关键在于对“长大”的理解。如果认为“长大”的含义只是生理、身体的变化，或是学会了某种生活技能，能够照顾自己，胆子变大了，能应对别人的欺负，等等，那么这种理解就比较肤浅。而如果能够寓理于事，从不同的角度写正处于花季的初中生成长中的追求、向往、烦恼和困惑，以及对人生的初步认识，写人生中的各种各样的责任感已经在心中出现，那么，这样的思考就准确而较深刻地把握了文题的含义。

④题目中带有副词，要弄清其隐含的要求。“最”“也”“还”“更”“其实”等副词出现在题目中，不是可有可无的点缀，而是体现着一定的要求，有时还是一个容易忽略的“陷阱”，所以虚词不“虚”，副词不“副”，必须重视。

如“总有一把钥匙属于自己”，其中的“总”字，就有着丰富的潜台词。它暗含曾有过寻找适合自己的那把“钥匙”的经历，写作时要体现一个变化的过程，即从许多“钥匙”中进行挑选的过程，最终在多种方法中必能找到最适合自己的一把钥匙。

再如命题作文“原来春天一直在我身边”，看似简单，实际也须紧扣“原来”“春天”“一直”这几个要素进行考虑。

练习：

“有这样一个地方”作文审题：

解读本作文题时，应紧扣“这样”“一个”和“地方”三个词语审题。

（1）关于对“这样”的理解：突出“地方”的独特性。

（2）关于对“一个”的理解：明确限制“地方”的数量。

（3）关于对“地方”的理解：当然，“地方”也是开放的，给学生留下了广阔的发挥空间。譬如：①“有故事”的地方；②“有触动”的地方；③“有收获”的地方；④“有体悟”的地方；⑤“遭遇挫折”的地方；⑥“人生转折”的地方；⑦“倾情付出”的地方；⑧“留有遗憾”的地方。

“地方”，是指一个特定的地点或区域，可以是现实存在的某一个“地方”，也可以是虚幻想象的某一个“地方”，可以实写，也可以虚写。“这样一个地方”在心灵深处留下了印痕，具体情感因人、因事、因物的不同而各有千秋。

写作难点在于：①如何选择一个独特的“地方”？②如何描写这个“地方”？③人、事、物如何和这个“地方”有机融合？④表达怎样的情感？⑤选择“实写”还是“虚写”？（“实写”比较顺手，但也容易雷同；“虚写”可以避免雷同，但要选好切入口）

（三）仔细领会文题的要求

为了严谨和科学，也为了考生尽量减少失误，中考作文题的命题者总是要在文题前后交代几点，并冠以“要求”“注意”等提示语。在这简短的文字中，有着丰富的、指令性与指导性兼容的信息。若不细细咀嚼、领会就匆忙下笔，可能会给考场作文带来不可挽回的损失。因此，在作文应试中，不可不仔细研读文题的要求。

文题的要求有以下三个方面的作用：

1. 交代

每个文题之后必有此项内容。综合起来看，大致包括以下方面：

（1）书写的要求。

（2）字数的限定。

（3）取材的范围。

（4）表述的对象。

（5）文体的类别。

（6）拟题的方式。

（7）写作的禁忌。

（8）违规的处理。

这方方面面的要求，具有明晰的、干脆的指令性，只能遵从，不能违反，否则会影响得分。

如某地中考作文题“告诉你我的一件新鲜事”中，有如下的作文要求：

① 内容具体；②以记叙为主，不能用书信的格式；③文中不得出现真实的姓名、地名、校名，否则扣分；④字迹清楚，标点占格，卷面整洁；⑤全文不少于600字，不超过800字。

这就明确地告诉我们，内容不具体者，要扣分；不写记叙文的，要扣分；写成书信了的，要扣分；写了真名的，要扣分；书写不整洁的，要扣分；字数超过限制的，也要扣分。倘若粗心大意，或以为这些规定只是小事一桩，也许就会糊里糊涂地被扣分了。

2. 解释

解释较多地用于半命题作文、拟题有特别要求的作文、记叙对象可以变换的作文，以及文体不限的作文。拟题者往往用一两句话进行解释或例说，以指导考生对作文题准确把握，灵活处理。

如中考作文题“我和××”的要求中说道：题中的××可写人和物，如妈妈、老师、同学、猫、花、邮票、足球等。此解释意在开拓考生的思维空间，告诉我们要从自己最熟悉的内容中撷取材料。

又如中考题“一个我最××的人”，要求“要用一两个具体事例表现人物的面貌，要有生动的描写”，这是在告诉考生如何组织材料，以及用什么样的方法取得较高的分数。

3. 提示

提示主要用于较为强调写法的作文。命题者用很简洁的语言，通过文题的要求，或提示写法，或指导构思。考生对此多加品味领悟，必有益处。

它们之中，有的提示比较直露，如中考题“微笑”，要求写成记叙文，要求写自己亲身经历过的事或接触过的人，在记叙中适当穿插抒情或议论。这个要求直接指导怎样取材，提醒考生综合运用多种表达方式。有的提示则比较含蓄，有“暗示”作用。如中考题“家庭的乐事”，要求以“乐”字贯穿全文，写一篇反映家庭生活之乐的记叙文。这个要求既明示“乐”是文章的线索，又暗示要记的不只是一件乐事，而是几件乐事。又如中考题“这是真的吗”，要求中说“可以加副标题”，这是暗示考生利用副标题将写作对象具体化，使写作集中目标，集中力量。

综上所述，我们知道，在中考作文时，一定不要淡漠了对文题“要求”的审读。

练习：

1. 说明你怎样掌握下面文题中的要求。

题目：我在父母心目中

要求：通过记叙二三件具体的事情，表现家长对你的期望，以及教育的方式方法；运用夹叙夹议的写法，点明其积极或消极的影响，表明自己的看法。字数600字左右。

2. 下面文题中最重要的内容是什么？

题目：忘不了您的教诲

要求：①“您”必须是长辈或老师。如果涉及学校名、老师和自己的姓名，一律分别用刘老师、王斌、红星中学来代替，否则扣分。②要写成记叙文，具体写出一件事来表现中心。③要有语言和心理描写，还要有适当的抒情和议论。④不少于600字。

3. 下面文题括号中的内容起什么作用？

题目：我有这样一个好______

要求：①在题目的横线上写一个自己要写的人（例如：妈妈、老师、叔叔、伙伴、邻居等），构成自己的作文题目。②写一篇记叙文，在记叙的基础上适当地运用议论和抒情等表达方式。③字数600～800，不足或超出部分，每50个字扣一分。

提示：

（1）①用两三件事写父母；②文中一定要穿插议论。

（2）①只能记叙一件事；②要有描写、议论和抒情；③要注意保密。

（3）仅起举例的作用，并不是一定要求写这些内容。

（四）注意文题中的隐含信息

传统的中考作文题型至今还在以严肃的面目“坚守岗位”，没有多大变化。但从中考作文题的创新和发展来看，现在很多文题的语言文字的表达已经有了很大的变化。文题中往往给出了活泼生动、情感动人的文字。它们中隐含着丰富的信息，要想中考作文获得优秀成绩，不可忽视对它们的认真审读。

每一个中考作文题，不论其题型如何，都有周密具体的写作要求。这些写作要求透露出来的有很多是“警告性信息”，它们的作用是提醒考生防止“技术犯规”，保护考生“少失分”。这些“警告性信息”告诉我们：

1. 要注意保密

由于中考作文贴近中学生生活实际，所以中考作文卷中最容易透露考生的真实姓名、校名，或者让人从真实的地名中猜测到校名。这样就容易导致作文阅卷中抬分或压分现象的出现，使中考作文在某种程度上失去竞争的公平性、严肃性，甚至造成阅卷工作的混乱。因此，中考作文题在要求中随时提醒考生对此予以充分的注意，做了甚为详尽、严格的要求。

其表述的形式主要为：

（1）简单表述。如不要出现真实人名、校名。

（2）复杂表述。如文中不得出现学校、班级名称和有关人名（包括本人、家长、亲属、老师、同学等）。

（3）指令式表述。如凡涉及真实校名、人名、地名，一律用××代替。考生如果忽略了这些规定中所隐含的扣分信息，往往会在不经意之中丢失了宝贵的分数，甚为可惜。于是有些出卷人干脆把问题挑明，如文中需出现人名、校名时，可用××代替，否则扣分。有的措辞则更加严厉。如文中不得出现校名、姓名，必要时可用××代替，否则试卷作废。还有的措辞简直就是严重警告。如文中不得暴露自己所在的地区和学校，否则给零分。这可能是在众多的“不保密”的试卷面前所采取的“惩前毖后”的措施吧。

2. 要注意字数

不按要求中的字数去完成考场作文，也要受到扣分的处罚，好多考生不了解这一点，或者在写不出的时候马虎了事，结果篇幅不够；或者希望得到好的评价而尽情展示，超过规定的字数，糊里糊涂被扣了分还不知道，这也是很可惜的。

一般来讲，中考作文题中对字数的要求有如下几种表述：

（1）“左右”式。如“写一篇字数在600字左右的文章”等。这一“左”一“右”的含义就是550字以上、700字以下的文章不会扣字数分。

（2）“不少于”式。如“写一篇不少于600字的记叙文”“字数不少于600字”等。这“不少于”的含义就是“要超过”，超过的字数，大作文可在100字以内。

与“不少于”相对，还有一种“不超过”“以内”式的表述，字数的限定可按上例类推。

（3）“之间”式。如“字数在400～500之间”“字数在400～600之间”“写一篇四五百字的议论文”等。这时考场作文的字数一定要按规定写。

（4）综合式。如“字数500字左右，但不得少于400字”等，这也应该按规定写。

中考作文之所以限定字数，首先是为了公平竞争的需要，其次是为了阅卷的方便。字数的限定合乎初中生的表达能力，所以每个考生都应该注意这个要求。

3. 要注意表达方式的选用

文题要求中对表达方式的限定也很严格。考生若不注意对此方面的规定，起码会造成两个方面的失误，一是没有综合地使用表达方式，二是写错文体。这方面的扣分将大大超过因字数不符合要求的扣分，考生将蒙受“重大损失”。所以，要千万注意准确选用表达方式。

对于表达方式，文题中有两种要求。

（1）硬要求：

例如：写一篇不少于600字的记叙文。

例如：在叙述的基础上，要有适当的议论。

例如：要运用描写的方法。

例如：以叙述为主，适当地运用抒情、议论等表达方式。

前三例要求很明确、很单纯。第四例要求也很明确，但要求的层次高一些，如果考生不以叙述为主且适当地穿插或抒情，或议论，或描写，那么作文质量永远上不了第一类，充其量也只能在二类作文中徘徊。

（2）软要求：

如文题“我为此而自豪”：“除诗歌外，体裁不限”。又如文题“友谊”：“除诗歌外，文体不限”。此类要求十分宽松，考生可以任意选用记叙、描写、议论、抒情、说明等方式抒写内容，表达情感。考生要结合个人实际水平或特长，扬长避短，以稳妥为要，做出最佳选择。

4. 要注意选材、构思

有些文题对选材、构思也提出了要求。不要小看或忽略了它们，否则也会被扣分。此类要求主要分两类。

（1）选材要求。如“选择一两件平凡小事，突出人物某一方面的优秀品质”，如“围绕中心选择一两件事表现一个人物”，如“选取两件事，围绕一个中心”等。前两者允许选“一两件事”，最好依此行文；后一题规定“选取两件事”，可千万不要来点创造性，去写三件、四件事。

（2）构思要求。如“文中要有场面描写”，如“合理想象，用第一人称，以信为线索，写一篇五六百字的记叙文”，如“按照书信格式写”，如“以日记的形式写”等。

既然文题中进行了如此限制，考生就不要违背，要想到这些要求中隐含着的警示。

另外，有的文题的要求对规范书写、标点占格、如何拟题、如何把文题补充完整、如何运用文题所提供的材料、图画等，也都做了说明，考生在读题时均应予以注意。

练习：

1. 举例说明下面文题中隐含着哪些“扣分”的信息。

题目：我有一双______的手

要求：①根据所写内容，选用恰当的词，把题目填写完整。②叙事中要细致地写手的动作，还要写出自己的感受，做到重点突出、详略得当。③在叙述的基础上，要恰当地运用描写、议论等表达方式。④语言表达简明、连贯，文字要通顺，全文不得少于600字。⑤文中不得写出县（区）、学校的名称和师生的真实姓名。

提示：①字数不够要扣分。②写出了真实名字要扣分。③没有描写、议论要扣分。④语言不简明连贯要扣分。⑤没有突出对“手”的描述要扣分。

2. 说说下面的文题中隐含着哪些对考生有利的信息。

憧憬未来，展示未来，未来是光辉灿烂的。在奔向未来的脚步声中，她的轮廓我们已隐约可见。请以上述内容为中心自拟题目，写一篇夹叙夹议的记叙文。

要求：①自拟的题目中必须嵌进“未来”二字。②文章叙写的对象必须是“我”“我们”。③字数600～800字。

提示：①文章的主题很明显。②文章的题目也很好拟，如“走向未来的一步”。③由于是自拟题目，所以选材自由。④对“记叙文”三个字没有进行限制，也可以写成想象作文，如“这就是未来的我”。⑤对字数的要求比较宽松。

佳作荐读

别样的风景

“接天莲叶无穷碧，映日荷花别样红。”也许很多人喜欢这样的秀丽景色，而我却不同，我喜欢“留得枯荷听雨声”，枯枝残荷，构成了一道别样的风景。

记得第一次看残荷的时候是在圆明园。当天正好下起了绵绵秋雨，在一个尚未干涸的池塘里我发现了几株残荷。它们已经没了一池盛荷的魅力，莲花绽放的时节已经远去，唯独残留下的就是这几株残荷。已经发黑、干枯的茎似乎尽全力托住那变了颜色、残缺不全的枯萎荷叶。看，那一株残荷，残存的荷叶有半边耷拉着脑袋在水中，有的枯黄的茎被风折断了腰，垂下了它高擎着一个夏天的头颅。我站在池塘旁边发呆，我从来没有看过这样一池枯荷。

这池残荷震撼了我，我把它深深地记在脑海中，一直没有忘记。

一年后的夏天，我在陶辛水韵看到了一池盛开的莲花。那荷叶，翠绿欲滴，由于刚下过一场大雨，许多晶莹的水珠在叶面上滚动，让人爱不释手。那莲花，经过雨水的冲刷变得更加娇嫩欲滴，惹人喜爱，那淡淡的粉红的颜色更加令人爱不释手。在常人看来这是一幅多么娟秀的风景画，但在我的眼里，这只是一幅平常的风景。

此时此刻，我想起了一年前秋天在圆明园的那池残荷，那道别样的风景。我觉得，这一池残荷并没有枯死，而是那一池碧绿浅红的升华。我越来越喜欢残荷这别样的风景了。

我发现了隐藏在残荷枯枝败叶深处……别样的美，它自信、孤高，展现的是一种凄美。我更觉得，它代表着一种精神、一种力量，何况，它枯萎了，用它自己残余的力量给明年的莲叶荷花做肥料，这似乎有一种“落红不是无情物，化作春泥更护花”的精神在里面。隆冬之后，新芽便会冒出。

“留得枯荷听雨声”，我明白了其中的道理，我喜欢这样的景色。

——选自“学习啦”网

本文紧扣“别样的”，描写出了残荷这一“风景”的神韵，揭示了隐藏在残荷枯枝败叶深处的别样的美。

同学们，听刘峰老师讲了命题作文的审题，以后写作文之前可先要运用所学的审题方法，在“审”字上多下功夫啊！

谈半命题作文的补题

一、做好半命题作文的补题

半命题作文向前走半步，就是命题作文。

这半步是考生自己走出的，所以半命题作文的应试技巧，主要表现在将半命题作文变为命题作文的“补题”技巧。把题目“补”好之后，就是适合于自己写作的命题作文了。做好半命题作文的关键在补题。补题最好以写“我”为中心，以内容“熟”为重点，以立意“新”为前提，以口子“小”为上策。总之一句话，要想方设法，扬长避短，把一个半命题变成就像是自己命的一个题。

在平时的半命题写作中，我们要怎样进行补题训练呢？

（一）仔细斟酌补好题目

1. 准确理解，辨清题意

我们应对题目认真审读，理解每个词语或句子的意思。如作文题目“我读__________”，重点是把握住关键词语，把握住了关键词语，也就掌握了正确理解题意的钥匙。题目中的关键词语，有的明显，有的隐蔽，有的甚至是命题者故意设置的迷惑和干扰因素。上面例题中的“读”就是关键词语，重点扣住“读”的程度或过程，把最能反映特殊爱好而自己又沉醉其中的那个事物名称填上就行了。如“我读四大名著”“我读绣源河”“我读妈妈那颗期盼的心”等。

2. 细处入手，以小见大

如果拟题过大，往往难以下笔。以“善待__________”这一半命题作文为例，不少考生运用散文化的笔法，写“善待生活”“善待他人”“善待时间”“善待大自然”……显然，要在如此短的篇幅中，写深写透一个主题，写起来不易把握，更不易写出自己的真情实感。要想使文章有深刻的立意，最好采用以小见大的手法来写，这样才能使文章内容充实、主题深刻。如选取生活中你最为心动的一个场景、印象最深的一件事、最受感动的一个细节，用自我独特的情感体验，去表现最动人的情感，这样的文章更容易得高分。因此补题要避免雷同，要从小处切入，才能写得具体、写得生动。如以“善待地球”为题，可以选取有代表性的场景，抓住几个真实的、震撼人心的镜头，注意以细节取胜，让人感受到地球被毁坏的惨状和大自然警钟长鸣的力量，挖掘出深刻的意义。

3. 诗意命题，匠心独具

例题：在生活中，每个人都会在不经意时错过一些美好的、珍贵的、受益的东西。它可能是一位好友，一段真情，一片风景，一个物件，或者是一句真诚的劝说，一次难得的机遇，一声礼貌的道谢……而这一切错失的背后，应该都有一段刻骨铭心的故事与非同寻常的意义。请将你的故事与感悟写出来与大家分享。请以“曾经错过的______”为题，写一篇不少于600字的记叙文。

近几年来，诗意化的命题逐渐走进了中考作文，成为一道亮丽的风景，但也因此增加了审题和构思的难度。考生要将诗意化命题的象征义、比喻义、引申义挖掘出来，使作文立意深刻含蓄。如上述命题，大多数考生补题为一段友情、一次机遇、一个道歉等。如此补题易于构思行文，但均出自提示语中，从而造成雷同，毫无特色。我们不妨展开想象，化实为虚，补出新意。在文题的横线上补上：一轮明月、一米阳光、那个季节、那缕芬芳、暗香盈袖的日子、梦想拔节的日子……这些文题新颖生动，既富有诗意，又蕴有理趣，能激发读者美好的遐想。

（二）理清思路立意出新

不难看出，半命题作文的立意，实际上往往与作者的补题构思同步进行。考场作文立意水平的高下决定着作文的成败，而立意水平的高下又取决于作者平时的生活积淀和感悟人生、提炼思想的水平。下面谈谈半命题作文立意的三点要求：

1. 准确

准确是前提，立意不准，全盘皆输。求准，首先就是要准确理解文题中的关键词语，也有人称之为“题眼”“题魂”。立意前须把握题中已有的修饰或限制性词语，准确理解所给文字的含义十分重要。同时，半命题作文如果有引语，往往以精辟优美、寓意深刻、情感浓郁的语句导入作文情境，或阐释，或举例，或提示，往往有着激发写作情思、界定选材范围的作用。

2. 新颖

新颖，即对题中已有概念的理解要避开一般层面而取题意允许的新层面。如“拒绝________”一题，一般考生在横线上补充上“自卑”“懦弱”“平庸”“自我封闭”等宾语，构成动宾短语，这类文章都含有自我审视和校正的色彩。有的考生却能避开这种一般的模式，机智地补出别具一格的题目，闪烁出与众不同的文学色彩、哲理色彩，如“拒绝再玩”“拒绝长大”等。在求新的同时，所补题目需利于我们选用自己熟悉的、有感情的、有特色的题材，这样才能做到有材料可写、有情可抒。

3. 深刻

深刻不是指故作高深，而是指由表象进入本质，由感性进入理性。如作文题“我多想________”，你若补“唱”，则文章未免肤浅；你若补“飞”，这比“唱”可能要好一些，但也流于一般。其实所补写的内容可实可虚、可近可远，你只要大胆发挥想象，尽可以游览于草木山水之间，徜徉于琴棋书画之中，关键在于你是否有较为丰富深刻的人生思考。如有位考生拟题“我多想把你留住”，作者从家乡的河水当年的清澈、宁静写到现在的浑浊、喧嚣，写到了人对大自然的毁坏，也感悟到世态沧桑和“水如人生”的哲理，平中见奇，于一般中见深刻。

（三）对照要求，审视补题

对填充后的题目要从语意、语法、语感的角度进行检查，做到简洁、明确、生动、通顺。尽量避免很长的题目、表意不明的题目和填充后配搭有误的题目。题目填好后要回过头来与要求对照。

二、补题训练

完成下面各题的“补题”工作。

1. 每个人都有一个家。你有个怎样的家，你想有个怎样的家？温馨，和谐，安定，还是……请以“我想有个____的家”为题写一篇记叙文。要求以记叙为主，适当地运用抒情、议论。

2. 题目：我终于__________

要求：先在题目上选填：①学会了②盼到了③成功了④了解了他（她），然后作文。

提示：第1题可选择自己最为熟悉的内容去完成题目，第2题则要注意题目中的限制，它只要求选填题目的4个词中的一个，这样就不能随心所欲地去填充题目了。

3. 题目：心中的________。

要求：①写一篇600字左右的记叙文；②文中若出现人名、地名、校名，一律用假名代替。

提示：这个题目，是让我们回忆美，赞颂美，留恋美，并挖掘出我们心中珍藏着的那些美好。在写作此文时应处理好如下内容：①记叙的内容要美，只有美的事物才值得珍藏在心中。题材可选师生情谊、同窗友情、母女父子之情、自己一次勇敢的尝试、自己一次真正的成功、对爱物的眷念、小小的秘密等种种内容。②表达的角度要巧，要设计好文章的开头和结尾，以记好一件事为主，恰当地穿插抒情和议论。③抒发的情感要真实，尽量引起读者心灵的共鸣。情感或浓或淡，要与全文风格相吻合，水到渠成，点到为止。

4. 说说下面文题中导语的作用及补题的方法。

同学们，你们平时关心的人和事物一定很多吧！你们不仅关心熟悉的、亲近的人，也关心那些不熟悉但希望得到帮助的人；你们不仅关心身边在教育、体育、公益事业、人际关系等方面发生的事，也关心全社会在两个文明建设、环境保护等方面发生的变化；你们不仅关心一套邮票的发行、一项竞赛的态势，不仅关心自身素质怎样提高、人生道路怎样走好，也关心文化市场对青少年的影响、下岗工人的困难和他们对再就业的期盼，甚至还关心世界航天技术、生物克隆技术的新进展，以及世界和平的新进程……现在请你从自己众多的关心中选择一项，在具体的叙述过程中，表达你的思想和情怀。

题目：我关心________________

要求：①先根据上面的提示，把题目补充完整。②以记叙为主，结合适当的抒情、议论。③不少于600字。

请你说说如何就题目进行构思？

提示：文题对选材进行了广泛的提示，提供了广阔的选材空间。补题要注意选取自己最熟悉的内容，而且要注意综合因素式的补题，既要考虑到选材，又要考虑到立意，而且选取的点一定要“小”，以便自己写作。如“我关心失学的同桌”这个题目中，不仅包括了立意与选材，而且很方便写作。

4. 提示：作为一个初三学生，你已有了不少生活经历。这些经历启发着你思考过去，认识现在，唤起了你心中许许多多善良而又美好的愿望：你想让自己更成熟；你想让家庭更和睦；你想让人与人之间更真诚；你想让江河更洁净……请你以“我想让________更________”为题，写一篇记叙为主的文章，描述自己的某一经历，并以议论、抒情的方式写出感悟。

提示：这是一个较为复杂的题目，有两处需要补题。补题之后，也是一个较难写的题目，因为题中有一个非常关键的字眼：更。一个“更”字，意味着既要写好“以前”，也要涉及“以后”，意味着在你有了某个亲身经历后，你又产生了一种善良而美好的愿望，你又有了新的思路与方向。写作构思时要注意如下几点：①最好写自己，这样材料熟，选取的“点”也不会太大；②文章内容上要表现出一种层进的关系；③应写成一篇记叙为主的文章，描述自己的某一经历，并以议论、抒情的方式写出感悟；④表情达意要自然，要与文章内容有机地联系起来，不要空洞地发誓、喊口号。

三、实战演练

（一）请以“让________充满味道”为题目作文

要求：

（1）先将题目补充完整再作文，补充的内容不超过5字。

（2）自选文体（除诗歌外），自定立意。

（3）用规范汉字书写，不少于600字。

（4）不得抄袭、套作。

（5）文中不得出现真实的人名、校名和地名。

（二）写作指导

1. 审题立意

这是一篇半命题作文。要仔细考虑填写的内容，使文章立意更新颖，更容易写。所填写的词语，应该围绕生活、学习这两个方面思考。因此，所填写的词语可以是生活、学习，可以是表示地点的词语，如家、校园、课堂等，可以是具体的事物，如书、雨伞等，可以是表示情感的词语，如关爱、幸福，等等。这样，依据所填写的词语进行立意即可。“味道”需要通过体验获得，是情感表达的归宿，甚至是主旨的体现。

2. 构思选材

所填写的词语是题目的关键所在，是“滋味”的来源。这样的作文，可以写成记叙文或叙述散文、抒情散文。例如，所填写的词语是“爱”，就可以通过叙述在家里父母关爱自己的点滴生活的描述，从中体味到家的味道是“温馨、幸福”。例如，在学校，通过叙述自己在学习方面得到老师、同学的无私帮助的典型事件使你从中感受同学的友爱、老师的关爱等。

3. 写作手法

以小见大、细节描写、烘托等写法皆可以运用；在表达方式上，应该采用多种表达方式凸显内容和主题。同时注意，叙事要详略得当，使文章张弛有度；还要注意语言的生动形象性，比喻、拟人、排比等修辞手法的恰当使用。

佳作荐读

让怀念充满味道

刺眼的阳光穿过叶隙从大大的落地窗洒落在我的桌上。放眼一片绿意，此中还夹杂着几抹不易察觉的黄。我闲来无事便将以前的明信片、相册等拿出来轻轻擦拭。我很享受这个时刻，用手拂去尘埃，感受岁月留下的痕迹。尘封着的，是怀念。

缓缓打开相册，映入眼帘的竟是泛黄的照片。爸爸年轻时的风流倜傥就这样展现在我的眼前。爸爸一身白衣，躺在芳草如茵的草坪上，脸上尽是憨憨的笑，那薄薄的单衣随风飘动。母亲手上捧着一小簇花，笑盈盈地坐在田埂上，完全是一个春心萌动的少女，满脸的青春烂漫。这才发觉，原来父母也有过纯洁的爱恋，也有过花样的年华，也有过如火一般张扬的青春，也有过似水一样的流年……怀念如时光一般美好，怀念有爱的味道，怀念有青春张扬却不显摆的味道，就像一片馥郁的桂花香，夹杂着些许甜蜜，却从未淡过一丝一抹。

另一张照片是花海中的爷爷。那时正值换新房之际，爷爷无事便泡在花园中，陪他的花儿们说说话。那是一张十分唯美的照片。一位中年男人坐在轮椅上，一手拿着水瓢，一手扶着轮椅，面容慈祥地看那花园中的鲜花，身后是美丽的夕阳，天边的流云似乎也被感染，显得更加绚烂。那一幕已成为过去，被爷爷的白发与皱纹所取代，再看到这张照片会是什么感觉？是饱经沧桑后终得安定的叹息，还是无可奈何花落去，似曾相识燕归来的感伤？怀念的悲凉、苦涩的味道在此刻氤氲开来。如同细品那酸涩的青芒，丝丝酸甜的味道流淌进心底最软那一隅角落。

最后一张照片则是家乡的小院子。坐在院子里，不管在哪一个角落，喧嚣都在远处。奶奶衣着整洁，头发虽已灰白，却像个小姑娘似的扎着一个小辫子，搭在肩上。她种的是一排不知名的紫色小花，如蝶舞蹁跹一般，即使现在奶奶已经不在了，我依旧怀念她，怀念中夹杂着莫名的凄凉伤心的味道。牛油果，是苦涩的，就好似怀念的苦涩，不言而喻。

怀念是多姿多彩的，如桂花香般甜蜜，似青芒般酸甜，像牛油果般苦涩……

正如张爱玲所说："回忆这东西若是有气味的话，那就是樟脑的香，甜而稳妥，像记得分明快乐，甜而惆怅，像忘却了忧愁。"而我想说的是，怀念的味道也有稳妥而惆怅的，不经意，也许慢慢地一个瞬间，怀念的味道就如一阵淡雅的香气扑鼻而来。

——选自"作文吧"网

同学们，半命题作文的补题技巧，你掌握了吗？如果掌握了，就按老师所说的练一练、写一写吧！

谈话题作文的拟题

——讲评以“品味”为中心词的话题作文

一、例题引路

对于“品味”一词，《现代汉语词典》有如下释义：

（1）动词：尝试滋味；品尝。

（2）动词：仔细体会；玩味。

（3）名词：物品的品质和风味。

（4）名词：格调和趣味。

请以“品味”为中心词，自定立意，自拟题目，写一篇作文，不少于700字，不得抄袭。

二、结合考场作文写作步骤谈该文的拟题

1. 审清题意，明确要求

明确作文类型：话题作文。

话题，就是谈话的中心。话题作文，往往用一段提示语，明确写作范围，围绕同一个中心，从不同角度、不同立场取材，立意，成文。需自拟题目。

话题作文拟题的基本要求：切忌以话题作文题，话题作文不是命题。

2. 拟题以准确、简明为基本前提

如领悟，人生亦如此，丛中菊香，口中的温暖，不放弃，好好生活，尝百味……都欠妥当。

3. 拟题要在具体、新奇、含蓄、优美上下功夫，力求使阅卷老师一见钟情

题目过大：品味生活。

拟题竟然有错别字：品位作文。

但不少同学不注意，直接以“品味”为题者众。

此文怎么拟题？

以一个词为话题的作文，适合运用附加法，就是选取话题中的关键词，在其前后补充成分，使之成为标题。

如以“幸福”为话题：“追求幸福”“追求幸福没有错”“体味幸福”“幸福是一种心情”“幸福在哪里”“为了幸福而努力”等题目。

审导语：导语是《现代汉语词典》里关于“品味”的4个义项。

恰当的拟题，例如：品味江水、品味槐花、品味生活之美、品味春雨、品味芳香、品粥、品海、品茶、品味一缕阳光、品味初三……

4. 确立中心，选择材料

选材独特，角度小巧。例如：品味长江湘江、品味诗书、品味书法、品味古筝、品味二胡、品味老时钟、品味老照片……

角度太大，情感空。如人生亦如此。如此，是指什么？

5. 按序写作，详写重点

（1）构思精巧，运用写法。如可以由物及理，可以今昔对比，可以先抑后扬，可以托物言志，可以借物喻人，可以以小见大……如有的同学通过“品”粥，感悟到平凡人生的幸福。

（2）文题要相符。如有的同学题为“品味生活之美”，却通篇写品味李清照。

（3）小标题要紧紧围绕大标题来拟：如有的同学大标题为“品味生活之美”，小标题却是：平凡、平淡、简单，最好修改为平凡之美、平淡之美、简单之美。

另外，作文中还出现了如下问题：详略不当，点题意识不强，文章缺乏层次感，角色定位欠当。如有个同学竟然以自己喝酒贯穿全文去品苏轼，动辄写到“我呷了一口酒”“我又呷了一口酒”，矫揉造作，极不自然。还有的对描写对象描写少、描写欠当，个别同学作文不完整。

语言运用上，希望同学们努力尝试整散句结合，灵活运用修辞手法，将名言警句引用得到当好处，使自己的文章内容丰富、文采亮丽、华而实。

6. 照应开头，写出所感

佳作荐读

品味成长

回望这十余年的快乐岁月，品味着十余年的成长经历，成长的感觉到底是什么？是惊奇，是欣喜，还是多了一份责任？……成长的味道到底是什么？是酸辛，是香甜，还是多了一丝苦涩？……

（一）酸涩柠檬

那是一个阳光灿烂的上午，蝉儿刚刚睡醒，稀落伶仃地叫着。期末考试刚刚结束，绷紧了一学期的心情终于爽朗起来，同学们都乐不可支地走出教室。“我们去看电影吧。”不知是谁大声建议道。“好！”同学们应声附和着。“我请客！”“看什么电影啊？”……同学们叽叽喳喳而去。

而我却呆站在教室中央——今天是我值日，只有我一人，另一位值日同学有事走了，望着他们的背影和桌椅不整的教室，我的心也仿佛变成了铅块，重重地沉下去了。无可奈何的我拿起墩布，一行一行地擦着。黄豆般的汗水悄悄地爬满了额头，浸湿了我的衣衫。不知过了多久，我已是汗流浃背，抬头望望窗外，烈日早已升到高空，无情地烘烤着大地，路上的杨柳都停止了它那优美的舞姿，好像也为我而沮丧起来。

是的，这确实让人心里有点酸涩，但当我抬起头看到脏乱不堪的座椅被清洁得干净整洁，浮满灰尘的窗台被擦洗得一尘不染，一种喜悦之情油然而生，魔术师般的我用汗水把教室变得如此干净整洁。这让我领悟到了谚语“有得必有失”，同时我也明白了一个道理：“天将降大任于斯人也，必先苦其心志，劳其筋骨，饿其体肤。”

（二）甜美味道

凉风习习，皎洁的月光轻柔地洒在窗台上，我正伏案解几道奥数作业题。突然，一道多人多次环形跑道问题题目把我难得“晕头转向”。这种类型的题目我没有学习呀。可是俗话说得好，“明知山有虎，偏向虎山行”，这不是正好可以证明我的数学天赋吗？我拿出一摞草稿纸，又是画图，又是列方程，对面的这座碉堡在我的猛烈攻击下，终于被我破译了它的秘密。

鲁迅先生说过：“伟大的成绩和辛勤的劳动是成正比例的。”奥数课上，老师特意表扬了我，同学们也都投来赞赏的目光，围拢过来向我请教解题方法，我的心里像喝了蜜似的，甜丝丝的，喜滋滋的……

种瓜得瓜，种豆得豆，付出多少就等于收获多少。

（三）浓浓咖啡

记得那是一个瀑布悬挂的秋夜，早出晚归的母亲还没有回来，屋子里静寂无声，只有这瓢泼大雨在哗哗啦啦地下着。我望了望挂钟，它已经孤独地走过了两个小时。

“格拉拉！”不知过了多久，终于响起了开门声。我一骨碌从沙发上站起来，“妈，外面很冷吧？”我一面问候着，一面把烧好的热水倒给母亲。“你怎么还在看电视？！”不知怎的，母亲突然生气地质问，“马上就要考中学了，怎么还这么悠闲？”妈妈这当头一棒真是令我丈二和尚摸不着头脑。“我刚……”我诧异地望着妈妈。“赶快回房间学习！”母亲用她那提高了八度的音调命令道。

我的眼泪在眼眶里不停地打转，我为晚归的妈妈准备了热茶，仅仅刚坐下看几分钟电视，何况我的作业也已经写完了，我的心痛苦极了，泪珠止不住地流下来……

“对不起，妈妈刚才没有体会到你的关心！只想着你要好好学习，考上一个好学校……”母亲摸着我的头，自责地说道。

爱是浓浓的、甜甜的，但有时也是苦苦的，但它并不影响爱的味道！

其实，在我成长的道路中，又尝过多少像汗水那样的苦和像赞美那样的甜啊！柠檬、蜂蜜、咖啡，这些我只品尝了一小部分，接下来那部分会是怎样的呢？不管怎样都值得我细细体会！或许，人生注定要有酸甜苦辣的洗礼。磨砺和滋润才会更精彩、更丰富。否则，当你走完一生后，你只会觉得似在品味一杯白开水，淡而无味。

品味成长是意味深长的，是回味无穷的，是五味俱全的。

——选自“小荷作文网”

三、话题作文拟题方法

自拟题目则是话题作文的一个重要写作要求。“好题一半文”，怎样拟一个好的标题呢？以下几种方法不妨一试：

（一）附加法

附加法就是选取话题中的关键词，在其前后补充成分，使之成为标题。又叫扩展话题法，此法利于将话题化大为小。特别适合于以一个词为话题的作文。如以“起点”为作文的内容写一篇话题作文，就可在“起点”前通过增加修饰限制成分的方式来达到细化切入的目的。如“旅行的起点”“人生的起点”“事业的起点”“学习的起点”“长跑的起点”，有了这样的思路，再深入下去，便会有进一步的收获，如车站、码头、空港是旅行的起点，出生是人生的起点，参加工作是事业的起点，入学启蒙是学习的起点，起跑线是长跑的起点……

（二）修辞法

1. 比喻式

如《点燃绿色的火焰》（环保话题），《请给老人一轮暖阳》（孝话题），《我爱曲线的生活》（关注生活话题），这些设喻佳题也都富于文学色彩。要注意喻体和话题的联系。

2. 比拟式

如以“诚信”为话题的作文：《诚信漂流记》，把诚信拟人化，通过诚信巧遇快乐、地位、竞争的遭遇，得出富有哲理的结论：没有诚信不会长久，地位也是虚伪的，竞争也是会失败的。《出卖诚信》，把诚信当物卖，一斤多少钱，具有强烈的讽刺性。《“诚信”喊冤》运用了拟人手法，形象生动，别有韵味。

3. 双关式

《冬日暖阳》（话题：温情），《从心做起》（话题：亲情）等。

4. 借代式

《人生需要掌声》，这一标题借掌声代鼓励，有创意。

5. 引用式

《横看成岭侧成峰》（“答案是丰富多彩的”话题），《救救孩子》（素质教育话题），引用流行歌词：《一笑而过》（宽容话题），《我要的幸福》

（家庭话题）。

6. 设问式

用设问来引起读者的思索：《我是谁？》（“假如记忆可以移植”话题）等。

7. 对偶式

《一头白发，满山青葱》《梦绕吴山翠，情随湘水流》（环保话题）。

8. 夸张式

如《那个障碍粉碎了我》（挫折话题）等。

9. 呼告式

如《别了，漫画书！》（书话题），《给生活加点苦吧！》（关注生活话题），《回来吧，妈妈！》（亲情话题）等。

（三）反常法（矛盾法）

逆向思维，力求出新：如《感谢你的敌人》《珍惜你的痛苦》（竞争话题）。

四、话题作文训练

请以“吃”为话题写一篇不少于600字的文章，标题自拟，立意自定，不得抄袭，所写内容必须在这个话题范围之内。

写作指导：

吃虽平常，但有学问。吃并不只为维持生命，吃中有是非美丑，吃中有真假善恶，吃中有高尚卑微，吃中亦有高尚雅俗。吃纵古今，贯一生，可以见证社会发展，可以体察世态人情，可以窥见理想追求。要从平常中见不平常，以小见大，见微知著。写作时要注意以下几点：

1. 要善于联想和想象，打开写作思路

可以从纵的方面去想，古今先后对比，从对比中发现人类社会进程中的至情至理；可以从横的方面去想，各有各的吃法、各有各的理，展现你我他不同的人生追求，体味人情冷暖；还可以中外对比，探究不同民族的“吃”文化，等等。

2. 要善于平中见奇，以小见大

这个话题的范围非常宽泛，写作时应避免面面俱到、泛泛议论，要化大为小，可以记述自己一次关于“吃”的特殊经历，可以描述不同时代、不同的人关于“吃”的不同细节，从一个小的侧面反映大的主题。要从选材和剪裁上下功夫，要详略得当，构思新颖。

3. 要立意高远，抒发真情实感

吃虽是人生的必需，但对此的认识，因人而异，其中可以窥见一个人思想境界的高低，立意要健康，避免格调低下、庸俗化；要写出真情实感，不要矫揉造作，要敢于写别人没有的情感体验。要写出真实的“我”的真实感受。这样，才能打动人心，引起读者的共鸣。

佳作荐读

年夜饭

红红的对联挂起来，火红的灯笼亮起来，震耳的鞭炮响起来，热腾腾的饺子煮出来。过年了，又是一载春秋。

我们一家子聚在一起，忙得不可开交。母亲包饺子，姐姐擀饺子皮儿，我在烧火，而父亲则忙着放鞭炮。不一会儿，元宝似的饺子包出来，沸腾的热水滚起来，鞭炮声响起来，大家则聚拢在桌旁，等待着煮熟的饺子，肚子有时也会迫不及待地咕噜两声。饺子下锅后很快就煮熟了。母亲将饺子给我们盛上来，我们便狼吞虎咽地吃起来。当时我们的窘相恐怕谁见了都会哈哈大笑。母亲吃得很慢，脸上带着微笑，幸福地看着我们，不时叮嘱我和姐姐慢点吃，别噎着了。“哎呀！”这时姐姐吃到了钱币，我则卖力地向她祝福，脸上却不怀好意地笑着。

这是我小时候的事情了，想一想心里却甜滋滋的。当时我还不懂事，总做出一些调皮捣蛋的事情来，捣蛋可是我当时的一大专利。跟姐姐斗嘴，跟母亲说一些大惊小怪的事情，扯着父亲的衣角胡说八道。虽然显得有点古怪刁钻，但是处处洋溢着家的温馨。

时光像河水般悄悄流过，姐姐长大了，我也当舅舅了，父亲呢，哎，岁月不饶人，世间万物仿佛注定了要如此，一切都按着既定的规律发展下去。

今年的除夕之夜，只有我和母亲，虽然也有对联，也有饺子，但是桌子上，再没有往日的欢愉。我沉默着，想尽量多陪陪母亲，这几年苦了她了，家里靠她一个人支撑。年夜饭虽然有些味淡，但依然很香，我十分珍惜这份感觉，希望它能伴我天长地久。

人好不容易来世间走一遭，难得有如此好的机会来领略其中的爱恨情愁、酸甜苦辣。世间的景象很怡人，很幽美；世间的人情很和谐，人很善良。来也匆匆，去也匆匆。一顿年夜饭没吃完也许就凉了。

年夜饭，一生中能有多少回呢？珍惜吧！在饭里吃出香甜，吃出团圆，吃出人生的真谛。

——选自“百度文库”

简评：

本文作者运用对比手法，将“儿时的年夜饭”与“今年的年夜饭”进行对比，让人感受到人间亲情的温馨和世事沧桑的沉重，真挚的感情流露中让人涌起对人生的深思。文中多处运用排比句式，渲染氛围，增强抒情意味；多处细节描写，使人物形象真实可感、生动逼真。总之，作者真情的自然流露，成就了一篇习作美文。

五、请你构思

以“读”为话题自拟题目，写一篇600字左右的文章（文体不限，但不得写成诗歌）。

点拨：

（1）此处的“读”字除了一般意义上的阅读以外，还含有观察、欣赏、体味、咀嚼、探究等意思。

（2）“读”的对象可以是书报杂志，也可以是人、大自然，或者是某种生活经历和某种社会现象等。

（3）自拟题目，最好含有“读”字，如“读书乐”“我的阅读趣味”“我爱阅读大自然”“我读懂了父亲的心”“这段生活令我百读不厌”等。

同学们，关于“读”这一话题作文，你会怎么拟题呢？想一想，写一写吧！

谈材料作文的审题立意

一、材料作文

阅读下面的材料，然后根据要求作文。自己立意，自拟题目，写一篇不少于700字的作文。

一个小男孩种下一颗胡萝卜种子。他的妈妈说："这颗种子恐怕不会发芽。"他的爸爸也说："它恐怕不会发芽。"他的哥哥也说："它恐怕不会发芽。"每天小男孩都把种子周围的杂草拔掉，然后浇上水。可是什么都没长出来。一天天过去，还是什么都没长出来。大家都不断地说：这颗种子不会发芽的。但是，每天小男孩仍然坚持拔掉种子周围的杂草，然后浇上水。终于，有一天，一棵胡萝卜苗长出来了，如同小男孩早就知道的那样。

——选自路斯·克劳斯《胡萝卜种子》

我们可以将文章立意为：对自己抱定的信念要坚持不懈，执着追求。

参考题目：我就是一颗会发芽的种子。

材料作文：也叫命意作文。是根据既定材料，对材料进行分析、提炼，从而得出一定的看法和观点，然后自拟题目成文的一种作文形式。

二、材料作文的审题立意

1. 抓关键句法

有的材料为突出中心，有时会在材料中设置关键句（开头句、结尾句、反复出现的句子），抓住这些关键句，就能把握材料主旨，准确理解材料，正确立意。

例如：巴西足球名将贝利在足坛上初露锋芒时，一个记者问他："你哪一个球踢得最好？"他回答说："下一个！"而当他成为世界著名球王，并踢进一千多个球后，记者又问道："你哪一个球踢得最好？"他仍然回答："下一个！"

立意：要具有永远进取的精神。

以下这则材料，你能找出关键句吗?

法国著名雕塑家罗丹在完成了巴尔扎克塑像雕塑之后，让他的学生们谈一下看法。学生们高度赞扬了塑像的雕塑技巧。其中的一位学生说，老师，这尊塑像雕塑得太好了，太完美了。尤其是那双手，太生动、太栩栩如生了，它简直都不属于这个雕像了，这双手真是雕塑史上的精华。听了这些，罗丹仔细端详了一会儿雕像，然后拿起斧头，毫不犹豫地将塑像的那双手砍掉，并回过头来对他的学生们说，不属于整体的东西就不应该存在，请同学们记住，没有任何部分比整体更重要。

是的，材料的最后一句即是关键句：没有任何部分比整体更重要。

2. 由果溯因法

任何事物的产生、变化和发展，都有其内在或外在的原因。因此，阅读分析材料的因果联系，从原因切入立意，是行之有效的方法。

有人做了这样一个试验：用铁链拴住一只狗，不一会儿，狗挣断铁链跑了。原来铁链上的100个环扣中，99个都完好，只有1个锈坏了，结果整条铁链连狗都拴不住了。

结果：狗跑了。

原因：99个铁链都好，只有1个坏了。

立意可以是：小过错带来严重后果；祸患常积于忽微；千里之堤，溃于蚁穴……

3. 明确褒贬法

有的材料在叙述、说明或评论某个事物时，明显地流露出作者的情感倾向，这样我们可以从材料的情感倾向入手来审题立意。

当断臂的维纳斯展示在人们面前时，吸引了无数好事之徒趋之若鹜。他们提出种种接上断臂的奇思怪想。维纳斯失去的手臂就如同一个充满诱惑的圈套，但迄今为止仍未有任何设计能取得普遍的赞赏。

作者的感情倾向如何?

“好事之徒”“趋之若鹜”贬斥之情溢于言表。对想接上断臂的做法持否定态度，对断臂维纳斯持赞赏态度。

立意可以为：应顺其自然，不能把自己的观点强加于人。

如立意为敢于怀疑、敢于大胆创新，就明显偏离题意了。

4. 角度切入法

古希腊神话中有这样一则故事：安泰是公认的英雄，所向无敌，地神盖娅是他的母亲。安泰在格斗时，只要身不离地，便可源源不断地从大地母亲身上汲取力量，因而能够击败任何强大的对手。不幸的是，安泰克敌制胜的奥妙，被一个叫赫拉克勒斯的对手发现了，于是安泰被弄到空中扼死了。

根据材料，联系实际，自选角度写一篇作文。

材料写了三个人物，先要弄清他们的关系，安泰和盖娅是母子关系，安泰和赫拉克勒斯是敌人，一向无敌的英雄安泰被赫拉克勒斯弄到空中扼死。究其原因，是安泰离开了力量之源——大地母亲。

我们可以从三个角度来立意：

（1）从安泰的角度探究他失败的原因，一向无敌是因为不断从大地母亲身上汲取力量，而被扼死是因为离开了大地被弄到空中，没有了力量之源，可见个人的力量是渺小的，要依靠集体才能有所作为。

（2）从母亲的角度看，她给予安泰力量，却不给予安泰自立的能力，对安泰的悲剧她有责任。所以适当地给予是必要的，但更重要的是培养孩子的自立能力。

（3）从赫拉克勒斯的角度来看，他能打败安泰的关键在于他掌握了对手的致命弱点，所以只有知己知彼，才能百战不殆。

三、材料作文审题立意注意事项

根据材料写作文，审题立意，不能偏离材料自行确定立意，而要全面仔细地阅读材料，从材料出发选择立意的角度，不能另搞一套。上面的几种方法不是孤立运用，而是相互联系、综合使用的。

注意材料在文章中的使用。引述材料时，不可将材料照抄，可以运用从材料中提炼出关键词、概括材料内容等方法。从材料中提炼出关键词组成的寓意深长的议论性的文字，建议出现在文章开头或结尾以起到揭示主题或寓意的作用。这一部分也最好独立成段。

四、材料作文训练

阅读下面的材料，根据要求写一篇不少于700字的文章。

周末，我从学校回家帮着干农活。今春雨多，道路泥泞，我挑着一担秧苗，在溜滑的田埂上走了没几步，就心跳加速，双腿发抖，担子直晃，只好放下，不知所措地站在那里。

妈妈在田里插秧，看到我的窘态，大声地喊："孩子，外衣脱了，鞋子脱了，再试试！"

我脱了外衣和鞋袜，卷起裤脚，重新挑起担子。咦，一下子就觉得脚底下稳当了，担子轻了，很快就把秧苗挑到了妈妈跟前。

妈妈说："你不是没能力挑这个担子，你是担心摔倒，弄脏衣服，注意力不集中。脱掉外衣和鞋袜，就甩掉了多余的顾虑。"

要求选好角度，确定立意，明确文体，自拟标题：不要脱离材料内容及含意的范围作文，不要套作，不得抄袭。

运用抓关键句法，提炼出的关键句是："脱掉外衣和鞋袜，就甩掉了多余的顾虑。"

可以立意为：甩掉多余的顾虑；学会舍弃；专注当下。

佳作荐读

学会舍弃

鸣蝉奋力地甩掉了外壳，才获得鸣叫蓝天的自由；壁虎挣脱掉受伤的尾巴，才得以在危急时刻保全自己的性命。算盘如果变得座无虚席，也就丧失了运算的能力。因此，学会舍弃，是一种财富。

陶渊明因"不为五斗米折腰"舍弃了官位，才获得了"采菊东篱下，悠然见南山"的闲适，并赢得千古美誉；李白因"仰天大笑出门去，我辈岂是蓬蒿人"的意气舍弃了世俗的利禄，才获得了"须行即骑访名山"的自由而成为伟大的诗人。

曾获诺贝尔物理学奖的杨振宁，一生勤劳刻苦，他受欧洲"物理是一门实验科学"的影响，追随著名物理学家泰勒博士研究物理，他一直想写一篇实验论文，但最终没有好的发现，人们一度讥笑他，杨振宁也意识到自己的动手能力比别人差。

后来，在泰勒博士的引导下，杨振宁毅然舍弃了自己钟爱的实验室，转向物理理论领域的研究，最终成为一位杰出的诺贝尔奖的获得者。

丁俊晖之所以能在国际斯诺克界取得如此好的成绩，都是缘于他在初中时做出的一次选择。当时他十分喜爱台球，并显示了一定的天赋，然而传统观念却是“万般皆下品，唯有读书高”，他的学习成绩很差，他不知如何选择。在与父亲商量之后，他毅然舍弃升学，专攻斯诺克，终于取得多次公开赛冠军和世界冠军，被称为“东方之星”。这些都源于他善于舍弃，放下顾虑，勇敢抉择，最终取得成功。

有这样一个真实的故事，在马达加斯加群岛有一群顽皮的猴子，经常偷吃人们丰收的花生糯米，这里的人们想了个办法，将花生糖果放到了一个颈口瓶中，当猴子们看到瓶口的美味时，将手伸进去，抓一把花生糖果后才发现这时手已经出不来了，直到人们抓住它时，它依旧不想舍弃糖果。不会适时地舍弃，使聪明的猴子落入了人们的手中。

正如你穿着衣服和鞋袜挑着担子进入溜滑的田埂上时，就会心跳加快双腿发抖，担子没有加重，也不是你没有能力挑担子，而是你担心摔倒，弄脏衣服，顾虑太多。当你脱去衣服和鞋袜，你会很快地走出田埂，因此，适时地舍弃使你获得了成功。（材料的引用）

鸣蝉的舍弃使它获得自由，壁虎的舍弃使它重获生命，算盘的舍弃使它拥有价值，正确的舍弃才会使你走向成功的彼岸。（照应开头）

当然，不是所有舍弃都能使你成功，错误的舍弃只会让你距离正确的道路越来越远。正确舍弃如罗盘，指引你航行的方向，如何正确舍弃，还真是人生的一个大问题，需要我们好好学习！

——选自“作文库”网

五、请你构思

2019年济南市章丘区推荐生作文。

阅读下面的材料，根据要求写一篇不少于600字的文章。

多少人希望面朝大海，春暖花开；多少人向往岁月静好，现世安稳。多少人看不见黑暗，因为有人用生命把黑暗阻挡在你看不见的地方；多少人看不到战火与硝烟，所谓的岁月静好，不过是有人替你负重前行。

对上述材料，你有何感悟和思考？

要求：

（1）请自选角度，自拟题目，写一篇文章。

（2）不少于600字。

（3）不得透露个人相关信息。

（4）不得抄袭，不得套作。

同学们，听刘峰老师讲了材料作文的审题立意后，你对以上材料的审题立意做出了怎样的思考呢？

情景（境）作文的写作技巧

情景作文（也称情境作文），就是根据具体场合的情形或某种景象或某种境地，运用联想和想象进行写作的一种作文形式。这种作文形式对训练同学们的描写、记叙、抒情能力，特别是想象能力、创新能力，都具有较为重要的作用。

根据下面材料，写一篇记叙文，题目自拟。

夏日的夜晚，院子里，梧桐树下……啪！随着细微而清晰的一声爆裂，梧桐树的一块老皮剥落了，露出鲜嫩的新皮。

女儿对老树皮发出一串赞叹……

儿子对新树皮发出一串赞叹……

父亲听着、看着，深有感触地说：“我希望人世间的一切都能像你们俩所说的那样……”

要求：①对环境和气氛加以具体描写；②写出女儿、儿子的具体话语和父亲未说完的话，写出人物的神态；③不少于700字。

写作指导：

（1）材料所提供的情景是我们构思的依据：夏日的夜晚，院子里的梧桐树，父子（女）三人正在纳凉，忽听得“啪”的一声响，梧桐树的老皮脱落，新皮露出，三个人对此生发议论。

（2）要正确理解新老树皮的寓意或象征意义，不能停留在浅表层次就“皮”说“皮”，通俗一点说，就是要赋予“树皮”社会的意义、人生的意义，否则便没有意味，没有深度，当然也无法展开。

（3）写作中要特别注意“啪”的一声响的作用，“啪”实质上是展开议论的契机，只有“啪”地响了，才会有女儿说、儿子说、父亲说。只有听到了这“啪”的一声，才能引出议论的对象——“老树皮”“新树皮”。

佳作荐读

两代人

一个夏日的夜晚，父亲和他的儿子、女儿坐在院子里的梧桐树下乘凉。

天气有点闷热，但梧桐树下比较凉快，轻风吹来，梧桐树的叶子摇摆着，发出“哗哗哗”的声音，像是唱着一曲无名的歌，给父亲和孩子们带来了一些温馨和惬意。

忽然，啪！随着细微而清晰的一声爆裂，梧桐树的一块老皮剥落了，露出了鲜嫩的新皮。女儿瞪大了她那圆圆的眼睛，拾起了那块老树皮，兴奋地说：“哇！我还是第一次看到树掉老皮呢。”过了一会儿，女儿发出了一连串的赞叹：“爸爸，这老树皮的精神多么可贵啊！它辛苦了一生，最后自己剥落下来，以便促进新皮的生长。它曾经为里面的新皮抵御过风吹雨打，输送过养料，当树不需要它时，它又自动退让给新皮，它有和你们老一辈一样的品质！”

儿子则站起来，抚摸着新树皮赞美起来：“新树皮虽然还鲜嫩，但它敢于露在最外面，担当起保护树木和运输营养的责任。我们新一代要向新树皮学习，勇敢担当起社会的重任！”

父亲听着看着，深有感触地说：“我希望人世间的一切都像你俩所说的那样：老一代能多帮助新一代，让他们担当重任；新一代能勇于担当重任，更好地锤炼自己，老事物在跟不上时代潮流时让给新事物，新事物茁壮成长，使社会永远前进。”

两代人，团结着、进步着，这才是社会的希望……

——选自“作业帮”网

着重强调一下在情景作文中如何进行联想和想象。

（1）根据标题或材料展开想象，要服从表现作文主旨的需要。首先是把题目中提供的材料与作者记忆中的生活材料联系起来，然后根据材料的内容和所作文章的主旨，加工、组合，从而创造出新的形象。

（2）想象必须符合生活逻辑。所创造出的新形象必须符合生活本身所固有的一些规律，这样才能使人觉得真实可信，才能给人以感染和启示。

（3）想象新颖、创新、构思巧妙，意料之外情理之中，关注社会及热点，避免俗套。

（4）眼前的实景与想象中的“虚景”要注意过渡、衔接，做到妥帖、自然。想象绝对不是想到哪儿就写到哪儿，东写几笔，西写几笔，不成形象。

同学们，情景作文虽然在考题中出现得较少，但对于锻炼我们的联想和想象能力，却是大有裨益的。记得也要练一练哟！

坚持作文片段训练

片段训练，指用较小的篇幅，表现生活中的一个断面，或叙述，或说明，或描述，或论述，做这种片段的写作练习，就叫“作文片段训练”。

片段训练篇幅短小、内容单一、形式灵活，豆腐块大的文字却闪烁着你对生活、对人生独特的感受。其生活化、随意性的优势容易突破你写作时“无话可说”“不知如何说”的瓶颈。船小好调头，能有效落实《语文课程标准》中“让学生易于动笔，乐于表达”的要求，促使自己尽快走上作文成功之路。我们应利用其进行短平快的战术性训练，在动脑、动口、动手中积累生活体验，丰富语言材料，掌握写作方法。

我们一定要科学有序地进行片段训练：

一、充分调动生活经历储备，概述片段

初中生已经有了一定的人生经历和感悟，我们要将这些独特的经历和感悟充分利用；否则，时过境迁，再刻骨铭心也会变得模糊不清了。如要求描写一个“令我怦然心动的瞬间”。先调动积累，试图回忆，概述出令自己“怦然心动的瞬间”。如十月一日天安门广场上的升旗仪式，里约奥运会中国女排终于在时隔12年后再次站上了奥运冠军的领奖台的情景，老家院里地上砖缝间的一抹静静地萌生出的嫩芽……此皆可以大概其貌。

二、进一步观察描写对象，获得丰富的感性表象

积累写作素材的一个重要途径就是要注意观察生活，尤其是要善于捕捉生活中看似普通却耐人寻味的细节。还以“令我怦然心动的瞬间”为例，或上网观看视频再现当时情景，或利用周末回老家实地观察……然后将自己观察时的所见所闻所思所感都记录下来，再做取舍。

三、把握住描写对象的特点，进行重点描写

学生展示观察文字，引导他们思考讨论，描写对象的本质特征是什么，最值得写的地方是什么。朱自清《背影》中强烈表现父爱的背影最值得写，契诃夫《变色龙》中突出奥楚蔑洛夫趋炎附势的变色道具军大衣最值得写，《儒林外史》中突出严监生吝啬的两根手指最值得写，等等。鉴于此，我们悟到了描写不可面面俱到，需把握住它的本质特征，有重点地描写。如可重点描写红旗升到杆顶迎风飘扬的瞬间，奥运领奖台上12位女排姑娘灿烂的笑容，砖缝间萌生出的嫩芽倔强的形态……

四、有技术有艺术地去强化描写对象的特点

重点突出，还要注意表达巧妙。如有的同学在片段训练《九月的校园》中这样描写："几片树叶打着旋飘在风中，像蝴蝶，翩翩起舞，仿佛在和大树妈妈挥手告别；落地了，还发出沙沙的声响，又仿佛在向大地婆婆问好。"运用了传神的动词和修辞有层次地描写出了"九月份"这个特定的季节落叶飘零的形态，可圈可点。

五、由点到面，积段成篇

片段训练是写作训练中的点，一方面我们要有计划地不断提出新的训练要求，稳扎稳打、步步为营地、科学有序地全面掌握写作方法；另一方面，片段只是文章的一部分，单一的写作方法毕竟不能胜任思想的完整，必须考虑各种写作方法的综合运用，积段成篇，从而带动写作水平的整体提高。

可采用周记和大作文同步配合的训练方式。周记用来作片段训练，随时进行；把大作文作为片段训练的综合运用，每两周一次；点与面同时进行，相得益彰，会收到事半功倍的效果。

六、讲评的重点放在要求训练的核心要素上

每次训练学生都会不可避免地出现各种问题，讲评时只把重心放在要求训练的核心要素上，其他优缺点可暂不理会。也可自我讲评、互相讲评，在讲评中巩固训练所得。

如茨威格的《列夫·托尔斯泰》中主要是用比喻和颇具震撼力的动词，抓住托尔斯泰目光犀利的特点，来描写托尔斯泰的眼睛。仿写和讲评这一片段，

就将重点放在如何将抽象的感觉具体化、形象化的训练指导上。

作文片段训练是个“积水成渊”的活动，必须把细致的观察思考和写作结合起来，逐步提高，不能求之过急，不可半途而废，且每前进一步，都作一次小结，写作水平才能竹子开花———节节高。渐入佳境后，你会在不经意间发现，片段训练这种写作形式，不知何时，已经点燃了你写作的激情，让你笔耕不辍，乐在其中！

笔者身体力行，经常进行片段写作。一个周末的早晨，笔者外出散步，来到城外一个人迹罕至的小树林，看到了一片朴实可爱的二月兰，于是即景写出如下片段：

雍容华贵的牡丹？我不认识；高贵端庄的兰花，我也不认识。既然都是花，我想我和它们应该没什么不一样吧。当春光告诉我，该开花了，我没有拒绝；当东风告诉我，该留香了，我没有沉默。在这人迹罕至的田野，籍籍无名的我为这份烂漫芬芳付出的努力只有我自己知道。不负春光不负卿，我为自己开成一朵花。

又一个周末，笔者在图书馆看完《林徽因传》，随即写下如下片段：

唐诺说：“有一百万本书选择的时候一定是一个灾难。”在这个图书充分饱和的信息化时代，能静静地捧起一本书翻阅，并享受其中的阅读乐趣，那么这个人与这本书的缘分不浅。

今天终于完整地看完这位被胡适誉为“中国一代才女”的传记，我越来越能感受到林徽因的超凡魅力。在她身上，我看到的不仅是美丽、诗意、智慧、勤奋，也不仅是她对孩子的深深母爱，对建筑研究及教学工作的兢兢业业，更是她在乱世中那种坚韧不拔的精神。她的那句“温柔要有，但不是妥协，我们要在安静中，不慌不忙地坚强”，足以自勉。

林徽因的绝代风华，令人艳羡；林徽因的文学素养，令人佩服；林徽因的建筑成就，令人仰止；林徽因的圆满婚姻，令人渴慕……

于是，与其临渊羡鱼，不如退而结网吧。

同学们，作文片段训练随时随地都可以进行，只要你有感而发，就捕捉下来，考虑是不是可以和日记结合起来。

片段组合式作文的运用技巧

记叙文写作中常采取两种结构模式。一种是横式结构，作者可撷取几个画面，根据主题表达的需要将它们连缀、组合在一起，从多个侧面表现主题；一种是纵式结构，以时间的发展为线索，着重记叙一件事的始末，表达从这件事中得出的真切感受。

考场作文通常采用横式结构模式，也叫片段组合式，这种结构模式将众多的材料分类地组织，从多个角度来展示材料、表达主题，使行文条理清楚，形式简洁明了。让读者在通读全文前对文章的主要内容有一个概括性的了解，在阅读过程中更快、更准确地理解文章内容和写作意图，在阅读全文后留下更为深刻的印象。

一、运用小标题的片段组合

小标题是文章起伏的波纹，读小标题，如同读文章的灵魂，可以让读者对文章内容一目了然，对小标题进行文采修饰，可以使文章结构鲜明夺人。

（一）小标题的组合方式

1. 镜头组合式

拟题时根据文中所截取的故事片段提取关键词，这样可以使文章内容一目了然。如满分作文《寻找幸福的足迹》中间用了三个小标题：

（1）镜头（一）爷爷的幸福。

（2）镜头（二）妈妈的幸福。

（3）镜头（三）表妹的幸福。

三个镜头式小标题的运用，分别从老、中、少三代人三个角度体现出文章的主题：只要懂得知足，心中有爱，幸福就会在我们的身边。三个小标题恰如文章的眼睛，让我们一下子就窥见了小作者的匠心独运，令人折服。

《我与______有个约定》，某学生的作文《我与家乡有个约定》中运用

“小径”“石桥”“瀑布”分别表现家乡的不同景致，镜头感也很足。

2. 引用诗句式

借用现成的成语俗语或诗词、歌词等众人熟悉的短语、短句做小标题，有活泼形象、典雅大方之妙用。

可以引用同一首诗词中的语句做小标题。如满分作文《为自己鼓劲》中用了三个小标题：

（1）无可奈何花落去。

（2）似曾相识燕归来。

（3）小园香径独徘徊。

引用三句古诗作为小标题，第一个小标题暗喻父母的离婚已是大势所趋，“我”无力挽回，“面对过去，我虽无可奈何，但花毕竟已落去。面对未来，我要更上一层楼，要为自己鼓劲，相信单亲家庭也可以很幸福”。第二个小标题暗示母子生活的艰辛，在艰辛的生活中“我”找回了“那似曾相识的幸福”，坚信前方的生活会更幸福！第三个小标题象征“我一个人漫步在考试的香径中”，“为自己打气，为自己加油”。三个小标题在我们面前徐徐地勾勒出了三幅生活图景，题与文相映，情与境呼应，读之如品一杯生活之茶，令人回味无穷。

一篇反映环保的优秀作文《也许》，全文以马致远《天净沙·秋思》中的“枯藤老树昏鸦”“小桥流水人家”“古道西风瘦马”“断肠人在天涯”作为该文的四个小标题，给人浑然一体的感受。

也可引用不同古诗文中的语句作为小标题。

3. 时间串联式

拟题时直接点明文中所述的时间，这样可以把读者迅速带入文章描述的特定的时段之中。如满分作文《为自己鼓劲》中用了三个小标题：

（1）毛毛虫·开端。

（2）茧·过程。

（3）蝶·末端。

三个小标题寓意丰满，文章先在题记中用“人的成长道路，就是一只蛾破茧成蝶的过程，当你蜕变成蝶的这个过程，需要自己为自己鼓劲的信心”，总领了下文，然后用这三个小标题表示自己成长中的三个阶段：“初一”是

"毛毛虫"，着重写"军训"，"坚持并且成功了"；"初二"是"茧"，着重写"校运动会"，"取得了好成绩"；"初三"是"蝶"，着重写"面对中考"，"为自己鼓劲"。三个小标题，层次分明，表现了内在的逻辑性；结构匀称，彰显了篇章的形式美，语言简洁，加上精美的思想内涵，韵味十足。

《成长路上，有你真好》"清晨——白开水""午后——绿豆汤""夜晚——热牛奶"三个小标题写出了母爱。将几则材料浓缩于一日之中。如师生情的小标题"晨练""午睡""夜自习"，通过清晨、中午、晚上三个特定时间来表现师生间的关爱。

按事件发生发展的顺序来安排材料。如写交朋友话题的小标题"相识""相知""分别"就属此类。

4. 空间排列法

空间排列法，即按不同的空间安排材料。材料可按由主到次、由近到远、由实到虚等方式排列。

话题作文《压力》，用了"教室""寝室""办公室"三个小标题，反映学生繁重的学习负担，沉重的精神压力。

如题为《生活中的亮点》的作文。剪切生活中的四个镜头来表现"亮"。作者将生活中的四个场景，分别标示出地点（小巷中—街头—商店中—回家路上）。

5. 比喻对比式

因比喻手法的运用，使得小标题既准确、鲜明、生动，又惹人喜爱。

一学生参加作文竞赛，分设三个小标题："童年是一首诗""青年是一场梦""老年夕阳红"，新鲜别致的比喻使得该文脱颖而出，卓尔不群。

6. 词语扩充式

一个较为快速而具体的切入口，就是围绕题目中的关键词语来拟小标题，通常稳妥的做法是通过添加新的词语，将关键词扩充为短语形式。如满分作文《让明灯永驻心中》中间用了三个小标题："淳厚之灯""高雅之灯""坚韧之灯"。

三个小标题，给我们展现了三种不同的"明灯"，三种不同的人生追求和生活态度，醒目而简洁，准确而生动。

7. 呈现对象式

在小标题中，可以将特定的写作对象直接地呈现出来。如满分作文《做人从学会说“不”开始》中间用了四个小标题：①对王权说“不”：庄子不畏王权；②对世俗说“不”：陶渊明不随世俗追逐功名；③对黑暗说“不”：鲁迅不怕黑暗恐怖；④对强权说“不”：毛泽东不惧强权政治。

四个小标题，先声夺人，锦上添花。本文用极其简练的笔墨，跨越时空的界限，将古今的四个敢于说“不”的名人事例各自一段行文，再加上一段尾声，形成完整的一篇文章，从不同的思想角度论证了面对失败、面对欺辱、面对强权要勇敢地说“不”这个主题。

8. 物象串联法

学生作文《在寻求的日子里》，分拟小标题：萌芽、新叶、花蕾、青果，撷取物象，运用比喻，描绘出自己“寻求”的种种画面，体现出作者对生活、对人生的理解和感悟。

9. 妙用人物语言串联法

如《心与心其实很近》妙用“老师，我想到你家洗个澡”“老师，给我一块钱”“老师，你不走，我们都不走”为小标题，表现了浓浓的师生情。

10. 运用并列词语作小标题

如以《我最感激的一个人》为题的一篇作文，文中的三个小标题是“郁闷·伤感”“暴躁·冷静”“悔悟·收获”。

（二）拟小标题的注意事项

1. 小标题必须提纲挈领，言简意赅

小标题之间必须有内在的联系；小标题之间，最好格式一致，语句工整，形成排比，使文章富有节奏感。

2. 材料数量要恰当

中学生作文一般都限定了字数，小标题作文一般以3～4个小标题、小材料为宜。太少没有必要用小标题；太多则会使文章要么泛泛而谈、空洞僵化，要么容量太大，字数不合要求。平时训练，在选材上绝不能贪多。

3. 选材要精当

虽然一篇文章需用几则材料，但这几则材料应该是多角度、多侧面地表现主题，不能随便选几则凑数，也不能同类内容重复选用。所选取材料同样要求典型新颖、有个性特征、能显示作者独特的视角及立意。

4. 详略要得当

因为字数的限制，小标题作文所用的几则材料就不能平均用力。读者熟悉的生活略写，内容较新鲜的或最感人的要详写，无论详略，都应特别注意细节描写，可以采用中心句+精彩瞬间+结尾（议论抒情）的结构模式成文。

需要注意的是，尽管小标题结构形式的作文，在考场作文中，有很多优势，但并不是所有的文章都适用。只有在审题时，发现文章可以通过运用不同角度的几则材料来表达，主旨会更鲜明，才能采用。

佳作荐读

永恒的纪录

找到自己生命的位置，实现自己的生命价值。

圆规

失去了双臂，就用脚踏踏实实地奉献。

他，是圆规家族的一员。和同族圆规一样，他摆脱不了天生残疾的命运。没有了双臂，他并不自暴自弃，因为他清楚，自己还有灵活的双脚。于是，他珍惜自己的生命，踏踏实实地走好每一步，稳稳当当地立足于每一点，认认真真地画好自己生命的圆圈。就这样，一天天，一年年，他最终到了生命的尽头。完美的圆圈演绎了他执着的生命，留下了永恒的纪录。他笑着说："我努力，我无悔！"

茶叶

经过高温高压的磨炼，愈加散发出生命的芬芳。

她，是茶叶家族的一员。和同族茶叶一样，她的一生是痛苦艰辛的。滚烫的开水中，每一个气泡都在嚣张地向她挑战，炽热的温度憋得她几乎要窒息。她胆怯了，却又重新坚强起来，她鼓励自己要勇敢。于是，她奋力与开水抗争，以致消耗了自己全部的体力。她最终到了生命的尽头，但还是胜利了。沁人的清香见证了她不屈的生命，留下了永恒的纪录。她笑着说："我拼搏，我无悔！"

粉 笔

一点点消磨着自己的生命，一处处点亮了智慧的明灯。

他，是粉笔家族的一员。和同族粉笔一样，他的生命极其短暂。他心中时刻牢记着自己的使命，他准备就绪，甘愿随时去奉献。他不在乎自己的一生有多长，他只是兢兢业业地履行自己的职责，忠实地充当着知识传播的载体，用自己的生命去搭建思想交流的桥梁。他最终到了生命的尽头，广博的知识书写了他无私的生命，留下了永恒的纪录。他笑着说："我奉献，我无悔！"

圆规、茶叶、粉笔，他们都找到了自己生命的位置，实现了自己生命的价值。原来，生命的魅力和价值就在于执着地努力，在于奋力地拼搏，在于无悔地奉献。

我们不能选择自己的出身，但我们能选择认真地对待生命，踏实地走过生命的每一天；我们不能奢求永远的顺境，但我们能选择在逆境中磨炼自己，在挫折中完善自己；我们不能控制生命的长度，但我们能选择帮助他人，奉献社会。最重要的是，我们能够延伸生命的魅力，能够彰显生命的价值，让生命闪耀绚丽的光芒，留下永恒的纪录！

——选自 APP"曹操讲作文"

这是一篇分镜头结构的文章，结构非常规整，每个分镜头的字数都差不多。

作者以圆规、茶叶、粉笔作为三个小标题，在每个分镜头内部，都采用了相同的句式，非常工整。

每个分镜头的开头处，作者都简单明了地引出了分镜头所要描写的对象：

（1）"他，是圆规家族的一员。和同族圆规一样，他摆脱不了天生残疾的命运。"

（2）"她，是茶叶家族的一员。和同族茶叶一样，她的一生是痛苦艰辛的。"

（3）"他，是粉笔家族的一员。和同族粉笔一样，他的生命极其短暂。"

在这三个分镜头的内部，作者描写的是圆规、茶叶、粉笔的精彩人生，字数不多，但将精彩的瞬间却都凸显出来了。

在每个分镜头的结尾处，都进行了抒情：

（1）完美的圆圈演绎了他执着的生命，留下了永恒的纪录。他笑着说：

"我努力，我无悔！"

（2）沁人的清香见证了她不屈的生命，留下了永恒的纪录。她笑着说："我拼搏，我无悔！"

（3）广博的知识书写了他无私的生命，留下了永恒的纪录。他笑着说："我奉献，我无悔！"

二、不用小标题的片段组合

（一）段落排比法

排比本是一种修辞手法，而将这一语言样式扩大运用在段落间，就形成了段落排比。所谓段落排比法，就是用三个或三个以上意义相关、结构相似、字数大体相等的段落组成一篇文章的主体框架结构的写法，使文章体现出一定的新意，并能形成排山倒海之势。

（二）段首排比法

段首排比法是将相似的句型或短语放在文章若干段的开头，并形成全文结构的主体框架的一种写法。

《这里有属于我的世界》一文中，"在书籍中，我的世界是丰富多彩的"，"在书籍中，我的世界是积极坚强的"，"在书籍中，我的世界是博大的"主体部分三个并列段结构清晰。

（三）段尾排比法

请参阅本章"佳作荐读1"部分的例文《永恒的纪录》。

佳作荐读

从未走远

那是你吗？时常萦绕在我梦中，从未走远。

——题记

时常沉醉于题海中，抬起头，眼神都有些恍惚；时常迷惘于高楼林立中，睁开眼，发觉自己那般渺小。于是我想起你，那片净土，你是否还在我心里？

走在那条阡陌小路上，两旁种满了油菜花。小时候，我总是仰望那齐人高的油菜花，看它们的笑脸在风中金光点点。有的见我来了，羞答答地垂着头，嘴角还带着微笑；有的则高高地昂着脑袋，想要和我比高低。瞧啊，它们的嘴角都快流下香喷喷的菜籽油了！不知哪家的鸡溜了出来，扑腾着翅膀，“喔喔喔”地叫喊着，向世人宣告它重获自由。一不小心，栽进菜花田，把油菜花弄得痒痒的，不然，它们怎会笑得这般前仰后合？阳光下，金色的花海向天边蔓延……（用修辞扮靓语言，彰显文采。）

哦，故乡这蓬勃着活力与生机的景象，原来你从未走远。

难以忘怀老屋门前那独一无二的古井，沧海桑田也未能使它的面庞朦胧。我总是喜欢坐在古井边，静静地陪奶奶洗衣服。可时常忍不住，伴随着身后的呵斥，偷偷瞧瞧那黑洞洞的井口，想那其中是否真住着个井龙王。水桶牵着缆绳穿过深邃的井壁，接触水面的一刹那发出清脆的拍打声，总给打水的人带来无限的清凉。奶奶坐在井边静静地搓着衣服，有时也和邻居大妈聊一聊家常。醇厚的乡音穿过闷热的午后，拨动我幼小的心弦，给我最独特的清凉。我凝望着那晶莹的肥皂泡，那里面是太阳的影子吗？（宁静的午后，浓浓的乡情。）

哦，故乡这神奇与清凉的古井，原来你从未走远。

傍晚，夕阳西下，我喜欢跑到田垄上，欣赏这夕阳下的一切。没有高高的收割机辗过麦田，只有那时隐时现在麦浪中的农人。他们虔诚地俯下身，将头埋入深深的泥土中。他们习惯于和土地离得这样近，向泥土敬礼，接受土地的一切馈赠与教诲。就这样穿梭于麦田中。末了，倚在金黄的麦垛上，面对那残阳，深深地吸一口气，今天的太阳真美！（细腻的笔触，洋溢着赞美之情。）

哦，故乡那辛劳朴实的人们，原来你们从未走远。

纵使题海将我淹没，纵使林立的高楼将阳光挡住，可我心里总有那蓬勃的美景，那醇厚的乡音，那农人的身影，我便不放弃对生命本真的执着向往。故乡，因为你从未走远，我才有了今天的信念与力量！（首尾照应，揭示主旨。）

回望你的模样，仍像当初那般美好……

——选自“作文库”网

简评：

在不同的阶段，每个人的心中或许都有一个支撑点。有时是某个人物，有时是某种经历之后的感受，有时是一段给人以启迪的话语，有时是一份真诚的感情。本文牵挂于心的是故乡特有的美景、醇厚的乡音、农人的身影，这些美好的人和事物，给了作者以“信念与力量”。文章写得有血有肉，精于对所选内容的剪裁，三个片段三个角度用三个排比段，完美地组合成了一个整体，形象地诠释了文题。语言生动活泼，富有情趣，充满了对生活、对故乡的热爱。行文中综合运用多种描写手法，用语形象生动，显示了很好的语文积淀和基础，是一篇文质兼美的文章。

同学们，告诉你个秘密：考场作文用片段组合成文，可以省去对文章的前因后果、过渡衔接的构思，优势明显。怎么样，心动了吧？那就将这一招赶紧用用吧！

起承转合式作文的运用技巧

一、起承转合

记叙文写作中一般可采取两种结构模式：一种是横式结构，也就是前一章谈到的片段组合式；一种是纵式结构，以时间的发展为线索，着重记叙一件事的始末，表达从这件事中得出的真切感受。如果只是将这件事平铺直叙地写出来，那就味同嚼蜡了。为了写出情节的曲折跌宕，使文章波澜起伏，就可采用纵式结构。这种纵式结构的文章常表现为起承转合式。

起承转合，是作文的一种基本结构章法。清代学者刘熙载《艺概·文概》说："起、承、转、合四字，起者，起下也，连合亦起在内；合者，合上也，连起亦在内；中间用承用转，皆顾兼趣合也。"《现代汉语词典》中的注释是："旧时写文章常用的行文顺序，'起'是开始，'承'是承接下文，'转'是转折，'合'是全文的结束。"起承转合之间的关系，起中有合，合中有起，即首尾呼应，而承与转兼顾起合，上下勾连，一脉相承。所以四者之间互相依存，有着严密的逻辑关系。起承转合式的结构章法使作文层次分明，条理清晰，结构完整。

二、例文引路

下面我们来研读一篇记叙文。

散步

①"孩子，快点儿吃，一会儿咱们出去转转。"妈妈一边洗碗，一边催促还坐在饭桌前细嚼慢咽的我。"哦！"我心不在焉地应道，突然意识到妈妈说要出去散步，这对于以"资深宅男"自居的我，可是个不小的挑战，"算了吧，吃过饭我还有作业要写呢！"

②"出去转转又耽误不了多长时间，你呀，再待在家里就发霉了。看你，

一点儿也不像个年轻人……”天呐，妈妈又开启了“唠叨模式”。

③ 我三口并作两口吃完了碗里的饭，然后大步走到妈妈面前，“妈，走吧，出去散步。”妈妈的唠叨戛然而止，她抬头怔怔地看着我，我冲她一笑，“走吧，去散步。”妈妈也笑了，接过我的碗，快速刷好后，擦擦手，便走到门口换鞋。

④ 和妈妈一起走上小街。

⑤ 街道两旁，都是商铺。夜幕的降临，给了商铺前的彩灯一展灿烂的机会。这些形态各异、光色不同的灯带将商铺打扮得花枝招展，也使得原本黑暗的夜晚变得璀璨。街上，行人三三两两，虽不算熙攘，倒也热闹。

⑥ 这样的景象让我觉得新奇，印象中，这条小街似乎要冷清许多，好像也有店铺，但到了晚上，很早就关门了；也有路灯，但不记得有这么晃眼的彩灯；也有行人，但似乎都是匆匆赶路的身影。我忍不住问妈妈：“这条街和我印象中的好像不一样。”妈妈“扑哧”一声笑了，“你印象中？你整天待在家里，对这条小街还有印象吗？”面对妈妈的揶揄，我也笑了。是啊，每天放学回到家，不是写作业，就是抱着手机看电影或者打游戏，真的很少出来。

⑦ 妈妈和我并肩走着，看到我若有所思的样子，她说：“孩子，不是妈妈唠叨，你整天待在家里，对你的成长并不好。手机里的世界很诱人，但现实生活更精彩……”妈妈说了很多，破天荒地，我这次没有嫌她唠叨，而是认真地想着她的话。是啊，妈妈说得不错，出来走走，不仅能锻炼身体，还能沾沾烟火气，增长见识，真是很有必要呢！

⑧ 好吧，我要以这个夜晚为界，开启我的“散步模式”。这样默默地想着，我快走几步，追上了妈妈。

——选自 APP“曹操讲作文”

展开分析：

这篇作文写的是晚饭过后，“我”不再宅在家里玩手机，而是接受了妈妈一起去散步的建议，从而发现了外面世界的美好。

这是一篇起承转合式的作文，根据起承转合式结构进行分析，文章共分成四个部分。

第一部分是文章的第①②③自然段，也就是起的部分，交代了事情发生的起因：妈妈叫“我”吃完饭后和她一起去散步。

第二部分是文章的第④⑤自然段，也就是承的部分，写了“我”接受了妈妈的建议，并与她走在热闹的街上，这部分实际上是为了给下文作铺垫。

第三部分是文章的第⑥⑦自然段，也就是转的部分，写的是小街上的热闹场景使“我”感到新奇，妈妈也趁机劝“我”多出来走走，不要沉浸在虚拟的世界中，这个部分主要写的是“我”心态的转变，原本不愿意出门到被外面的世界所吸引。

第四部分也就是最后一自然段——第⑧自然段，即合的部分，实际上就是结局，也就是“我”通过这件事情，决定以后不再宅在家里玩手机，而是开启“散步模式”。

三、“起承转合”在记叙文中的运用

1. 起：起是起点、发端、开头

在记叙文中，开篇要展现出情节的开端，感情是由何而触发，找准感情的触发点，使后文的感情有所依托，避免无病呻吟。

2. 承：承是承接，接开头加以论述，是推动情节发展的铺垫

在记叙文中，这部分主要是事件和感情的发展部分，梳理好事件和感情的发展脉络。

3. 转：转是转折，是全文的关键或高潮之处

转即转说开去，大致分两种情况：一种从另一面或反面说，讲不同的意见；另一种是采用推进一层的写法，转入深处。在记叙文中，事件突然向另外一方面变化，呈现出情节的跌宕起伏，出人意料，将感情推向高潮。

4. 合：合即归结、总结

也就是圆合全文，收束全文。在记叙文中，结尾要提升概括，彰显主旨，升华主题。

以这种结构写出来的文章，一是眉目清楚，即开头明豁妥帖，结尾警策合拍，使全文层次井然，衔接自然，前后呼应，浑然一体；二是可使内容意蕴深刻。

有时，叙事类的框架也可以省略“合”，从而形成“起—承—转”的结构，这样就使故事更具出人意料的效果，给读者留下想象的空间。

《散步》这个故事的核心，就是让我们不再沉浸在虚拟的世界，发现现实世界的美好。以此为基础，我们就可以构架出很多类似的起承转合式文章。

比如说，我们的起就写平时在家没事的话就整天玩游戏，与网友聊天，忽略了父母；承就写，爸爸妈妈带“我”一起去爬山；转就写，原本没有兴趣的“我”，看到父母爬山时，那种相互搀扶、相互拌嘴的场景，让“我”感受到了现实世界亲情的美好；合就写，“我”不再沉迷于网络游戏与网聊中，走进了现实世界，去感受现实世界的美好。

很显然，我们借鉴选材，并不是说要把整个作文给背下来，而是结合文章的结构，将选材的要点总结出来，根据这个结构与要点，发散思维，写出一篇类似，但是又不缺乏真情实感的文章。

我们再来研读一篇起承转合式结构的文章。

颓废之后再出发

① 打开一扇门，一扇窗，不同的人看到不同的景色，乐观者看到春机盎然，于是精神焕发；悲观者看到的只是一片废墟，满眼荒芜，于是萎靡不振。

② 路灯将我矮小的身影拉得越来越长，刚下过雨的路面湿漉漉的，空气中弥漫着发霉似的味道。原本不宽的道路被几个水坑占据了，泛着微微粼光。

③ 走在空无一人的街上，我被郁闷包围着，看着手里“不堪入目”的试卷，忧愁和烦闷占满了脑袋。我不敢回家，也不想回家。我是怕妈妈那失望的眼神，还是烦她那教科书般的啰唆？我不知道。

④ 拖着铅一般重的脚，我一步步缓慢地移动，坐在角落的椅凳上，一会儿呆呆地望望天，一会儿静静地看着地……

⑤ 倏地，一个小小的身影打断了我的思绪。啊，是一只狼狈地掉落在水中的蜜蜂，它肯定是因为贪玩而不幸掉到陷阱里，我心想。它浑身已被污水覆盖，振动着翅膀，躺在那发出“嗡嗡”的哀号。

⑥ 不一会儿，只见它鼓足了劲，奋力地振翅，想从泥水中飞起，可是最终还是因为精疲力竭而掉落泥水中，它躺在那儿，一动不动，似乎放弃了。“嗬，这么快就倒下了吗？”我心里嗤笑着。

⑦ 不料，一个优雅的身影腾空而起。是它！是那只蜜蜂，它居然飞了起来，而且逃离了那个坑，振翅向远方飞去！我被它的美丽身影深深地震撼了。

原来它掉进坑里并不是意味着放弃，而是在寻找出口，想要找到再出发的机会。终于，它在铆足了劲之后，等到了那振翅高飞的一刻，它成功了。

⑧ 我反思现在颓废的自己，因为失败，因为害怕责备而选择躲避，让自己心中的自信旗杆就这么没有价值地倒下，这还是曾经那个自信、坚强的我吗？

⑨ 雾霾已散的蓝天碧空如洗，不远处的路灯虽历经风雨但仍屹立在那里，照亮我前方的路。我还有什么理由不去努力，再出发呢？家在前方，成功便也在前方！

——选自 APP“曹操讲作文”

展开分析：

这篇作文写的是“我”因为考试没考好，失去了学习的信心，在回家的路上，看到一只不幸掉入水坑里的蜜蜂，它没有放弃自己，而是寻找到出路，铆足了劲之后，最终振翅高飞，“我”的心灵受到了震撼，重拾信心再出发。

这也是一篇起承转合式结构的文章，文章共分成四个部分：

第一部分是文章的第①②自然段，也就是起的部分，作者通过环境描写来从侧面烘托自己烦闷的心情。

第二部分是文章的第③④自然段，也就是承的部分，交代自己遇到的挑战，是因为考试考不好，失去了学习的信心。

第三部分是文章的第⑤⑥⑦自然段，也就是转的部分，“我”看到一只不幸掉入水坑里的蜜蜂，它没有放弃自己，而是寻找到出路，铆足了劲之后，最终振翅高飞，“我”的心灵受到了震撼。

第四部分也就是最后两段，即第⑧⑨自然段，即合的部分，这部分则是写了“我”反思自己，重拾信心再出发。

本文的前两个自然段使用环境描写来渲染自己内心的烦闷，接着引出自己心情烦闷的原因，这些描写自然不做作，很容易就把读者带入作者这种烦闷的情绪中了。文章的高潮部分是一个画面的描写，作者描写了水坑中蜜蜂一次一次地尝试，最终成功脱离水坑的画面，正是这个画面震撼了作者，使他改变了心态。在这里，作者使用了心理描写，观看蜜蜂出水坑的过程其实也是自己心理斗争的过程，最终蜜蜂成功了，作者心中也释然了。文章的结尾部分，作者表达了自己的感慨，重拾信心，继续出发。

我们生活中虽然接触的事情不多，选材方面思路也不够开阔，但是普通的素材，通过我们这样精巧的构思，细致的环境描写、心理描写也同样容易打动人。

同学们，在生活和学习中，肯定也有过令你灰心、伤心的经历，运用起承转合式结构来成文，是不是很容易？你学会了吗？

选材要恰当

每年中考，都有相当多考生的作文难获高分，究其原因，除了审题立意和语言表达等方面存在失误之外，选材不当，也是导致失分的一个很重要的因素。翻开历年的中考优秀作文，都可以看出这些作文的小作者均能够根据写作的目的和表达主题（中心思想）的需要，精心选取一些鲜活新颖、情趣健康、真实感人且具有生活气息和富有表现力的材料，用以突出中心、升华主题。他们在选材方面的独具匠心和丰富的生活积累，为他们能在紧张的考场氛围中，写出切合题意的内容充实、主题鲜明的优秀作文，奠定了坚实的基础。

如果说一个正确而鲜明的主题（中心思想）是一篇中考作文的灵魂，那么鲜活而切题的材料就是一篇中考作文的血肉，是主题赖以生存和升华的躯体。因此，能否选好材料决定了中考作文的品位与成败。

选材，就是根据主题的需要，有目的地选择恰当的材料来表现主题，使文章产生最好的效果。

一、材料从何来

1. 从生活中寻找（做生活的有心人）

校园、家庭、社会中的亲身经历或亲眼所见，亲耳所闻。

世界上没有完全相同的两片树叶，更没有完全相同的两个人。同学们的生活看似很相似，但是每个人都有着不同的家庭背景，不同的兴趣爱好，不同的成长历程，不同的生活圈子。因而，每个人的经历、每个人的发现、每个人的思想、每个人的情感都是独特的。所以，只要练眼练耳，细心发掘，认真思索，每个人都可以根据自己所要表达的主题（中心思想），找到自己的独特、新颖、鲜活的中考作文写作材料。

要将你的一双眼睛练就成一架灵敏度极高的摄像机，将生活中的精彩一一搜罗：春天，与白云齐翔的风筝；盛夏，踩着烈日匆匆前行的送水工；秋天，和秋风共舞的落叶；隆冬，冒着寒风在街角卖烤地瓜的老人等，都值得我们去“拍摄”，都应该留存在我们生活的底片上。当然，既然是“摄像”，还得“练耳”，做到“眼观四方，耳听八面”。有一位同学，在他的生活底片上，让我们看到了一位拉二胡的艺人，文章中有这样的文字：“大树遮掩的小巷里，传来一阵悠扬的二胡声。配合着冬日的那一缕阳光，声音优美，又觉得暖洋洋的……”我想，我们能在这位同学的文字里倾听到“悠扬的二胡声”，得感谢这位同学对生活的这份留存。勤于记录生活，“好记性不如烂笔头”是很有道理的。疏于记录的人，常常会陷入“见物而丢物”“经事而忘事”的尴尬境地。

建议同学们，不妨做一个生活的记录员，身边备一个“生活的记录单”，将那些有趣的、有味的、有情的事情作原生态记录。看到一点、听到一点、想到一点、写到一点，连缀起来，坚持做下去。正如俄国作家契诃夫所说：“十多年来，我一直在笔记本上记下我自己的一切见解和印象。铅笔字已经淡了，于是我决定用墨水将它重描一遍……”这样，长期地记录下去，你就会练就“慧眼”，拥有“聪耳”，就会发现生活中的材料原来如此丰富多彩。

日记是积累作文素材的极好的途径。写日记的习惯要循序渐进，开始可以写短些，从每天一两句到每天三五行，慢慢地提高增长。内容也不拘泥，什么都可以写，想象的、现实的、国内的、国外的，上至天文，下至地理，大到国家大事，小到鸡毛蒜皮，等等，要做到有闻必记、有为必记、有见必记、有感必记。但一定不能出现三天打鱼，两天晒网的现象，哪怕一两句也要写上，写得荒诞一点，不合常规也行，但必须要写下去，目的是为了习惯的养成，终止了，就前功尽弃了。坚持下去，一定能够大幅度地提高写作水平。

写作成功的秘诀在于写熟悉的事，写具体的事，写感动自己的事，写自己喜欢的事，写自己体验尝试实践过的事。建议那些苦于材料缺乏的同学，可以突出自己的兴趣或爱好。你如果喜欢体育，那你就像体育记者一样，写体育，议体育，只要切合题意就好；如果你喜欢听××的歌，看××的书……你就可以将自己这一方面的经历和感受与命题联系起来。那样就不愁内容贫乏、文思枯竭了。

2. 从阅读中挖掘（做阅读的有心人）

人这种动物是需要修炼的，而修炼的重要方式便是对图书的阅读。人这一辈子，无论怎样辛劳、勤勉，实际上只能在极小的范围内生活，体验人生。由于如此，人匆匆一生，对生活、对人生的理解也就一片苍白，乃至空洞。但一个读书人，虽然身居斗室，却从别人的文字里看到了沙漠驼影、雪山马迹、深宫秘事、坊间情趣……读书渐久，经验渐丰，你会一日又一日地发现，读书使你的心灵逐渐丰盈。阅读与不阅读，会形成两种截然不同的生活方式或人生方式。这中间是一道屏障、一道鸿沟，两边是完全不一样的气象。一面草长莺飞、繁花似锦，一面必定是一望无际的、令人窒息的荒凉和寂寥。“读书破万卷，下笔如有神”，阅读是写作的基础。多读名家之言，多欣赏名篇，做积累是根本。积累写作素材，要博览群书，尤其是中外名著，光靠课本上的几篇文章是远远不够的。

3. 从媒体中感悟（做媒体的有心人）

关注网络、电视、电台播放的人物及故事。“家事国事天下事，事事关心”，在紧张的学习空隙，要坚持浏览新闻，关注时事热点，甚至吃饭洗澡的时间都可以听电台广播，如《感动中国人物》《大国工匠》等节目，可以有效地帮助自己丰富积累、充实语料。当代中学生要关注时代发展，关注国家命运，将个人理想和民族发展有机结合，让自己的作文具有鲜明的时代特色。

二、选择作文材料的时候应该注意以下几点

1. 要选“点”，少写“面”

比较下面两篇文章：

甲：　　　　我是这样成长的

“哇”的一声，我来到了这个世界上。

我降生后，首先“被迫”认识了自己的父母，还“被迫”认了个姐姐。聪明的我，6个月就学会了说话，9个月大时就会走路了。

过了婴儿时期，就进入了童年，童年的生活过得“了无生趣”。4岁“被迫”进了幼儿园，认识了“陌生”的同学们，喊了自己根本不认识的老师，学了最基本的“火、土、水、木”和“1+1=2”……一切都在进行着。

读完了幼儿园，进入了小学，分别了熟悉的同学们和老师，又“被迫”认识了陌生的同学们和老师，成绩平平，没有一点起色，但当我懂事时，就一头扎进了书海中。安徒生的童话故事让我为海的女儿而哭泣，为玫瑰仙子的幸运

而赞叹，为白雪公主的美妙奇遇而陶醉。

六年级时，我的生活发生了改变。成绩如梦幻中那样上升到前几名。一切都发生得太快了。六年级，我们必须进行小升初的考试，面对人生的第一战，我放弃了自己的最爱———课外书，但同时也获得了令人喜悦的成绩。

升入初中后，我告别了自己低幼的童年，逐渐迎来成熟，同时又告别与自己相处六年的熟悉的同学和老师，又“被迫”认识了陌生的同学和老师。初中阶段比我想象中辛苦一些，并且有了较强的竞争意识，我全身心投入到学习中去，成绩自然提高了不少。

这就是我目前的成长历程，以后怎么样，我也不太清楚，不过，从这些成长历程中，我也懂得了许多道理，不信，自己去瞧瞧吧！

乙：点击成长

打开青春的电脑，点击成长的图标：

惊

“哇！怎么搞的，是不是我眼睛花了。”我揉了揉眼睛。

定眼一看，我鼻子下面的一丁点小绒毛在向我招手。

“怎么一惊一乍的。”妈妈走进屋里。

“妈，你瞧，”我指了指。

“唉哟，长胡子了，这有什么大不了的，你现在可14岁了！”

“好啊，多吃点饭，身体长得壮壮的，为咱们家又添一名男子汉。”爸爸附和着。

忧

一张画满“红灯笼”的试卷飘到我手里，居然这么差，真笨真蠢！我拧了一把大腿……“怎么搞的，饭白吃了，这么差。”

试卷被重重地摔在地上。我捡起来，迈着沉重的步子走进了我的小巢，真想哭，可又哭不出来，这是怎么回事呀？

拼

“你连续几次考试都不理想，真不知你这阵子在干什么。回去认真反思一下，好好抓一下学习。”

我带着班主任那恳切的教诲，灰着脸从办公室走了出来。回到教室，我重重地拍打着书——拼了，看谁与谁争锋。

埋头于题海书丛中……

乐

“哈！我就知道能行的，果然不出所料。”

我接过那画满红勾勾的试卷，一吐晦气，抬着头，向春光灿烂中走去……

成长的脚印一个个清晰可见，有惊，有奇，有忧，有喜……

我明白自己会走得更稳更坚定……

——选自“百度文库”网

甲乙比较：

两篇文章的语言功底都不错。可是因为选材的原因，甲文明显劣于乙文。

甲文：从出生落笔，婴儿幼儿小学初中全不放过，选材喜欢贪大求全，追求“面积”效应，忽略了小事的魅力。

“写面”，历时过长，用笔过粗，范围过广，看似面面俱到，其实面面不到，往往很难出彩。

乙文：撷取成长路上的几朵浪花，精彩呈现，选材时突出了几个“点”。

“选点”，选点小巧精致的素材，要“小中见大”。“小”，人少一点，时间短一点，场面小一点，情节简单一点，注重细节的描写。

2. 要选“熟”，不写“生”

中考作文选材的窍门说千道万，最为重要的还是要写出自己的真情实感。而只有那些自己熟悉的人、事、景、物、情、理，才容易触及自己的灵魂，拨动自己的心弦，让自己有话可说，有话要说，不吐不快。以这些融入了自己的生活体验和人生感悟的材料写成的中考作文，是从自己的“血管里流出来的血”，是发于自己心灵深处的声音，不管运用什么写法，都会因情真意切而感人。

特别提醒：对于自己不熟悉的材料，一定要慎重选用，最好不用。如果一定要在紧张的考场氛围中，在有限的写作时间里，挖空心思去写那些自己平时不熟悉的人、事、景、物、情、理，其结果一定是——要么不知所云，无从下手；要么下笔千言，破绽百出。这一类的考场作文，不但得不到高分，而且很容易“滑到”四五类作文的“深渊”里。

因此，回避陌生，选择熟悉，首选最能感动自己的，这对于绝大多数初中学生来说，是中考作文选择材料的首要原则。

佳作荐读

这里也有乐趣

泳池内，有那渐起波浪的池水，有那眯眼享受的脸庞，也有我畅快游动的身姿。过去的我曾一度枯燥于每周的游泳训练，但是最终，我在其中也找到了游泳的乐趣。（开篇点题，一目了然）

儿时的我新鲜于神秘的水世界，好奇于身边奇特的波浪，不论是打腿，还是练习吐泡泡，我都一一认真地学习着每一个姿势，完成着教练交给我的技能。然而“三分钟热度”很快过去，一到周末我便“死皮赖脸”地窝在家里，不愿去游泳馆，每一次都是被妈妈拖着拽着赶去游泳。（“死皮赖脸”生动诙谐地写出了人物不愿去游泳的神态，“被拖着、拽着”更让人感受到人物内心的不情愿）

我臭着一张脸，不耐烦地草草做好去游泳馆的准备，蜷缩着坐上妈妈喊来的出租车。等到下了车，我磨磨蹭蹭地拖着大包，一小步一小步地走向馆口。慢腾腾地换着泳装，直到教练恼火地冲进更衣室，我才“依依不舍”地跟随教练离开。（人物形象描写生动）

这一切都在初三这一年被打破。因为中考体育的缘故，我再也不敢轻视游泳，即使是有着十年游泳经验的我。我非常清楚身体的健康在初三这一年的重要性，于是我强迫自己去喜欢游泳，慢慢地，我才发现游泳中也有乐趣。

那一次的训练，我尽量抛去所有烦恼，专心投入水的怀抱，细细感受水世界中的乐趣。然而在一次自由泳的练习后，我竟无法自拔地喜欢上了自由泳。轻盈地打腿，大幅度地划手，快速地换气，这些已滚瓜烂熟的动作在我投入的游泳中，变得充满乐趣。（从细致的动作描写中可以看出游泳带给作者的乐趣）

我反反复复练习着自由泳，超过一位又一位的游泳者，享受着超越的乐趣。那种在水面上的漂浮之感，那种在水面上的轻松划行之感，那种滚翻后畅快出水时的自由之感，都令我“迷失”在自由泳的自由划行之中。（排比句增强感染力。）

在最后的中考考核中，我充满信心地踏上考场，流畅标准的姿势，令人满意的速度，漂亮熟练的滚翻，让我沉醉其中，感受着游泳的快乐，这些都为我中考获得满分打下了基础。

原来游泳中的乐趣，它存在于调皮的浪花中，存在于我舒展的划行中，也存在于我投入的游泳中。

这里也有乐趣，游泳中也有乐趣！

——选自“个人图书馆”网

亮点剖析：

小作者以自己的亲身经历，详略得当、栩栩如生地描述了学习游泳的“前世今生”：由当初“被妈妈拖着拽着赶去游泳”“磨磨蹭蹭地拖着大包，一小步一小步地走向馆口”“慢腾腾地换着泳装，直到教练恼火地冲进更衣室，我才‘依依不舍’地跟随教练离开”到“轻盈地打腿，大幅度地划手，快速地换气，这些已滚瓜烂熟的动作在我投入的游泳中，变得充满乐趣……”以致“我中考获得满分”，从这些文字中能够真切地感受到作者一开始对游泳的“无趣”到游泳给作者所带来的乐趣。如果不是亲身经历，又怎会叙事如此清楚、描写如此生动呢?

3. 要选“小”，不写“大”

伟大的题材并不等于伟大的作品。中考作文的选材，宜小不宜大，因为“小”材料，容易操作，在考场作文有限的篇幅和有限的写作时间条件下，容易写得具体生动、细腻感人；“大”材料，却因篇幅有限、时间有限，容易造成蜻蜓点水、泛泛而谈，缺乏细节，缺少深度，思想苍白，内容空洞，甚至难以完篇。

但“选材”小并不意味着“立意”小。选择了合适的“小”材料之后，就应有意识地恰当地运用“以小见大”的写法，来表现积极健康的主题。写作的终极目的是关注生活、认识生活、思考生活、表现生活，从而认识自我、提升自我。只有如此，中考作文的立意才能上档次，有品位。因而选择材料并非是“小”就好，还要注意材料的典型性、深刻性。所谓典型、深刻，是指所选择的材料是同类材料中最有特征、最有代表性的，既能有力地揭示事物的本质，又能集中地表现文章的主题。具有典型性、深刻性的材料，其最基本的功能是能唤醒大多数人的情感体验，使之产生思想情感上的共鸣。契诃夫的《变色龙》，就是用街头巷尾“狗咬人”这个司空见惯的小事，反映出“沙皇俄国法律的虚伪”这个重大的社会主题的。

扶贫工程、爱心帮扶、捐资助学是比较大的话题吧，请看小学课本中的两则日记是怎么以小见大的吧！

日记两则：

6月1日　　　星期五　　　阴

昨天晚上，我做了个梦。梦见我穿上了摆在商店橱窗里的那条裙子。那是一条镶着花边的百纱裙。我穿着它走进学校，同学们都投来羡慕的目光。今天是我的节日，妈妈一定会给我买那条裙子。

妈妈下班了，手里提着一大包东西。我迫不及待地打开包，里面有两条粉红色的布料连衣裙，两个红书包，两套《少年儿童百科全书》，就是没有我心爱的裙子。

妈妈把礼物分成两份，给我一份，留下一份，说那一份是给阿英妹妹的。

阿英妹妹是谁？她在哪里？妈妈明明知道我喜欢那条裙子，却不给我买，妈妈真小气！

7月20日　　　星期日　　　晴

阿英妹妹昨天到我家来了。

阿英是个苗族小姑娘，家在贵州山区。她告诉我，是妈妈一直寄钱帮助她读书，要不，她早就失学了。她还说，她穿的衣服和来我家的路费，也是我妈妈寄去的。阿英很勤快，她很好学，不是看书就是问问题。

昨天晚上，我又做了个梦，梦见妈妈带我去买那条裙子。我没让妈妈买。我说把钱省下来，可以买好多书。在梦里我和阿英一起去了苗家山寨，看到了许多苗家小姑娘。我从书包里拿出书送给她们，她们高兴得围着我跳起舞来。

——选自“人教版小学语文二年级上册24课”

4. 要选“新”，不写“旧”

社会在发展，生活在改变，新事物、新话题是层出不穷的，中考作文的思想内容理所当然也应具有时代感，中考作文的选材自然也要与时俱进。同学们只要平时关心时事新闻，关注社会热点，注意学习社会生活的新思想、新理念，就能为中考作文积累具有时代特征的丰富多彩的鲜活材料。我们不大可能从宏观上去表现这个时代的精神风貌，但是，我们完全可以通过日常生活中的凡人琐事来折射出这个时代的缤纷色彩。请看这位同学的选材。

佳作荐读

昨日重现

我不由得停住了脚步——

这是拆迁房的废墟，灰白的墙皮，破碎的瓦片，黑重的铁门碎片掺杂在一起，虚空着一道阴沉腐朽的屏障，压得人喘不过气来。还有一堵墙高立着，晚霞大片大片晕染到它身上，火红而光亮，似是，它以前的秀丽。

我抖一抖沉闷的心情，忽然昨日重现。

老家被划进了拆迁区，那天下午我们或者要永远地告别她。

东西早已搬走，偌大的家偌大的院，空空荡荡，了无生气。祖母在扫屋，她拿着弯弯的扫帚，弓起弯弯的背，一遍一遍地扫，搬家产生的灰尘被她轻轻抚去，石头地面又现出以前的晶亮颜色。祖母悄悄背过身去，我分明看见一滴明亮而浑浊的泪，从她脸上滚下，流过生着老茧的手，融到石头里。祖父在忙着挖那根老牡丹的根。牡丹，已在这里，守了二十三年，扎根深而固，祖父挖了许久，才看到那倔强虬曲的根曲，他缓缓地用手触到根须，祖父又放下铲子，舍不得把根截断。

我刚想像往常一样喊声：走了，下星期再来！喉咙却突然哽住了，心里一空，来？怎么来？家都没了！瞬间，一种漂泊无依的凄凉孤苦笼罩着我，我的心突然就慌了，那些珍珠般淹没在时光里的记忆，如潮水般涌来了。

——那架葡萄藤！夏天夜晚，屋顶摇椅，我们祖孙三人在藤下，看繁星闪烁，听蝉鸣蛙歌，讲故事，喝茶，吃葡萄，月明风清，我们的欢笑声总陪流星一起划过夜空，飘到很远很远的地方……

——还有那块小菜地！我和小伙伴比赛摘瓜的趣事被月季知晓；我们捉迷藏的身影，被牡丹捕捉；我们嬉闹的大笑被风带出好远。

——最不舍大槐树，它开玩笑，让毛毛虫玩蹦极掉到我头上，吓得我哇哇大叫，它最知我心，蒸煮花香，送到家中每个角落，它护我陪我，在大年夜，用手臂挂起鞭炮，让不敢点鞭炮的我在一次次的尝试中，收获勇气。

……

可是，这一切的一切将会永远成为过去，这里会建起工厂，这里会变成小学，这里会有一家医院……更多的人将会因此受益。昨日重现，带来的是惆怅与哀伤，带不走的是我们心中的永恒。昨日终究是昨日，明日一定会是更好的明日！

想到这儿，我的脚步不由得轻快起来。

学生：徐欣璐

怎么样，同学们，至此，你是否赞同此语了：生活中不是缺少材料，而是缺少发现材料的眼睛。

让你的作文充溢文化气息

一、文有诗书气自华

在《选材要恰当》一章中，谈到作文的材料从何而来，途径之一是从阅读中挖掘，诗词文赋，历史中著名的人物和事件，文学作品中典型的形象及经典的描写，报纸、杂志人物及故事等，都可以作为写作的材料。

从小到大，你一定也背了很多诗词吧？那么多的名句背下来，你都用它们做了什么？应付老师检查？完成听写测试？考试默写填空？如此而已，太对不起自己了，辛辛苦苦地背，兀兀穷年地诵，简直是极大的人力精力资源的浪费。从今天起，将其价值更大化，学会用在你的作文中，让你的作文也充溢着文化气息吧！

在考场作文中适时地使用诗词，具有三大优势：一是使行文具有意蕴，这是由诗词本身决定的，可以做到有文采；二是使行文摇曳多姿，在作文构思上能够做到新巧；三是可以体现考生的作文潜能，张扬考生炼字炼意的能力，在更多发展等级上获取优势。

二、怎样在文章中巧妙地使用诗词

1. 以诗句为目，画龙点睛

《一蓑风雨任平生》《不畏浮云遮望眼》《怎一个“情”字了得》。

2. 以诗句开篇，先声夺人

“只恐双溪舴艋舟，载不动许多愁”，这是李清照生命的颜色，灰暗、沉闷；“大江东去，浪淘尽”，这是苏轼生命的颜色，雄浑、超旷。那我的生命是什么颜色呢？

——选自《生命的色彩》

3. 以名句煞尾，升华主题

当然，在邪恶势力面前说“不”，如同文天祥在元朝招降“人生自古谁无死，留取丹心照汗青”的绝唱，在混浊世事面前说“不”，如屈原投江，如陶潜归隐，在挫折困难面前说“不”，如贝多芬“扼住命运咽喉”的呐喊，如千手观音创造的奇迹……这些，都是经过深思熟虑后对心灵的一方净土的坚守，对人间邪恶势力、残酷现实，不公命运的有力抗争。他们，才是真正的勇者。所以，请不要轻易说“不”。

——选自《不要轻易说“不”》

4. 用诗句写景，境界优美

唐人眼中的花，妩媚而浓烈。“日出江花红胜火，春来江水绿如蓝。”那里的落英缤纷，很美。宋人眼中的花，伊人憔悴，“泪眼问花花不语，乱红飞过秋千去。”那里的花烛照红妆，红瘦绿肥，很美。清人眼中的花，飘零流水，“花谢花飞花满天，红销香断有谁怜？”那里的花，游丝无力，楚楚动人，也很美。

——选自《今年花胜去年红》

5. 用诗句抒情，情感丰富

“慈母手中线，游子身上衣”是亲情的关爱；“海内存知己，天涯若比邻”是友情的牵挂；“何当共剪西窗烛，却话巴山夜雨时”是恋情的思念。每一个生命都走不出情感的射程，是那些情感，让人们好好生活，好好工作，好好珍惜属于自己的分分秒秒。珍视情感，让生命多些感动与回味。

——选自《张开双臂，选择博爱》

三、仿句训练

要让自己在考场上游刃有余地引用诗句，除了平时注意积累外，还要有意识地多多运用，有一个很有效的方法就是进行仿句训练。

如以“潇洒”为话题，引用古诗，写一组句子。

“采菊东篱下”是一种清静的潇洒。“胜似闲庭信步”是一种喜悦的潇洒。“明月松间照”是一种怡然的潇洒。“举杯邀明月”是一种孤寂的潇洒。“仰天大笑出门去”是一种自信的潇洒。“我自横刀向天笑”是一种无畏的潇洒。“留得残荷听雨声”是一种宽容的潇洒。“一日看尽长安花”是一种得意的潇洒。“醉卧沙场君莫笑”是一种豪迈的潇洒。

以“亲情”为话题，引用古诗，写一组句子。

亲情是朱自清文中父亲的背影，亲情是孟郊慈母手中的针线，亲情是王维

“独在异乡为异客，每逢佳节倍思亲”的感叹，亲情是苏轼“但愿人长久，千里共婵娟”的祝愿。

佳作荐读

感受诗的魅力

要问世间什么最难寻，是一颗懂得体会诗的魅力的心；要问世间什么最难得，是一颗懂得体会诗的魅力的心；要问世间什么最珍贵，是一颗懂得体会诗的魅力的心。

“望苍穹，茫茫中”一句苍老而有力的话传入双耳，想领略诗的魅力吗？那便化作一名诗人吧！哦，但是，我又该化作一名怎样的诗人呢？

我想化作一名像李白一样豁达豪迈的诗人，体会那“举头望明月，低头思故乡”的思乡之情，感受那“抽刀断水水更流，举杯消愁愁更愁”的惆怅与无奈，他四处游走，作诗无数，大唐的江山处处都有他的足迹，那诗的魅力像雾似的萦绕着，挥之不去。

我想化作一名像李清照一样忧郁的诗人，“只恐双溪舴艋舟，载不动许多愁”那似实物般的忧愁，厚实，沉重。可见这位纤纤女子背负着多少重担，又承载着多少希望、多少梦想。

我想化作一名像杜甫一样忧国忧民的诗人，那“大庇天下寒士俱欢颜，吾庐独破受冻死亦足”的豪情壮志，使他那颗关心国家、关心人民的心一览无余，他那忧国忧民的诗广为流传，在他被后人称赞的时候，那诗的魅力也随之漂流。

我想化作一名像龚自珍一样懂得奉献的诗人，那“落红不是无情物，化作春泥更护花”的句子不仅是对自然现象的诠释，更多的是对那种奉献精神的崇高赞扬，那诗的魅力似落红般撒入土地，腐烂，消失，但那朵花儿，却开得更加艳丽。

……

真的，正如那高月华所说：“我要抛弃，挣脱束缚，化作诗的灵魂，感受诗的魅力！”

——选自“作文库”网

精巧构思，优美语言。本文的小作者是一个热爱诗歌的考生，用灵动和富于想象的语言把一个个个性鲜明的古代诗人的魅力展现了出来。做个有心人，可以品味诗歌的魅力。考生以精巧的结构、优美的语言，有个性地表现出自己对诗的参悟。“腹有诗书气自华”，本文作者引用了许多古代诗人的名句入文，为文章增添了不少文采，语言流畅优美，意境如诗如画，可见小作者驾驭语言的能力很强。

“腹有诗书气自华”，写作文也是如此，同学们，快快唤醒你头脑中沉睡的诗文名句，让你的作文也充溢着文化气息吧！

用文化元素成文

一、文化元素

让我们先来品读一段文字：

读书是跨越时空的邂逅。在书中，你可以和李白一起攀登天姥山，采摘白云红霞；你可以和李清照共赏绿肥红瘦、梅子时语，和她在荷花丛中争渡；你可以和徐志摩在康桥上信步徜徉，共同采摘桥下河中的水草；你可以和海明威帮助老渔夫桑地亚哥抗拒鲨鱼的肆虐，感受“人可以被消灭，但不能被打败”这一伟大崇高的精神境界；你还可以和孔子、司马迁、曹雪芹、莎士比亚、雨果、托尔斯泰成为知心朋友，你的腰板也会挺得特别地直。

读着这段文字，你感受到了什么？是不是感觉作者博览全书，旁征博引，名言典故，信手拈来？这样的锦绣文章，是不是觉得很上档次、很有品位？可见这个作者很“有才”，是个文化人，字字珠玑，文化元素的光芒时现。

与其临渊羡鱼，不如退而结网，那么，怎么让你的作文也充溢着文化气息呢？上一章我们谈到了引用诗词的方法，这一章刘老师教给大家的是：用文化元素成文。文化元素，就是具有文化气息和味道的词语。文化元素其实是文化的沉淀物。你读过的书，了解的名人，走过的地方，所熟知的文化信息，都可以成为文化元素。

譬如有关“李白”的文化信息，我们在熟悉了李白生平的诗文后，便可概括提炼出以下文化元素：

骑驴高歌、遍访青山绿水、烟花三月下扬州、高力士脱靴磨墨、放白鹿于青崖之间。

“举杯邀明月，对影成三人”，“钟鼓馔玉不足贵，但愿长醉不复醒”。

酒入豪肠，七分酿成了月亮，剩下三分啸成了剑气，绣口一吐就是半个盛唐。

如果将这些文化元素点缀在语言之中，那么，我们的文章就能营造出一种文化意境。不妨读读下面的文字：

是黄沙漫天，北风吹雁中骑驴高歌的歌者么？是以霓为线，以虹为钩的海上钓鳌客么？是遍访青山绿水、且歌且行的游者么？在那个烟花三月的时代，人们对你的期望是歌功颂德，取悦帝王换取高官厚禄；而你，偏偏要独上高楼，在朝要高力士脱靴磨墨，在野要放白鹿于青崖之间。

于是你注定要孤独，“举杯邀明月，对影成三人”，然而你傲然，“钟鼓馔玉不足贵，但愿长醉不复醒”。

而当我们回望唐朝，站在盛唐中间的不是帝王，而是你啊！

酒入豪肠，七分酿成了月亮，剩下三分啸成了剑气，绣口一吐就是半个盛唐。

——选自“百度文库”网

同学们不要觉得此种写作方法神秘莫测、高不可攀，文化元素法其实是一种极容易学且极具力量的写作方法，一旦学会用好，你的作文将达到比较高的档次。

二、文化元素的种类

1. 人物文化元素

文段一：

就连鲁迅经过了坟前的彷徨和铁屋子里的呐喊之后，也会在柔柔的灯光下，点上一支烟，轻轻地朝花夕拾，让自己早已干涸的心田，在童年水乡的润泽中，在金黄圆月下的西瓜地里，在百草园，在社戏台，静静地安睡。

——冯泽立《漫游的心》

这段文字充满鲁迅的气息和味道。这气息和味道是从哪儿散发出来的呢？便是从一些暗示着鲁迅信息的词语中散发出来的。《呐喊》《彷徨》《野草》《朝花夕拾》《坟》，这是鲁迅先生小说集或散文集或杂文集的名字。“铁屋子”“水乡”“金黄圆月下的西瓜地”“百草园”“社戏台”，分别是鲁迅先生《〈呐喊〉自序》《故乡》《从百草园到三味书屋》《社戏》里的物象。正是这些物象的组合为读者构筑了一个鲁迅的世界。

文段二：

是拣尽寒枝终不肯栖的寒鸦么？是举杯邀明月的饮者么？是穿越了十年生

死痛苦一场的痴汉么？

在那个“群星荟萃”的时代，人们对你的期望本是韬光养晦、游戏笔墨罢了，而你偏偏要独上高楼，你的光芒刺痛了那些习惯于黑夜的眼睛，你注定要承受官场和文坛一齐泼来的污水。

而我只看见你青青的竹杖，脚上的芒鞋，被雨淋湿的脊背，你的笑容从容洒脱，你的眼中只有秋风绿水泛清波。

你坚守着自我，从而达到让后世永远仰望的高度。

——选自“百度文库”网

这段文字充满苏东坡的气息和味道。这气息和味道是从哪儿散发出来的呢？爱读书、爱背诗词的你，请从中找出暗示着苏轼信息的词语吧！

2. 地域文化元素

蒙古包、轱辘车、风吹草低见牛羊的大草原注定了是马头琴的摇篮，红高粱、信天游、大风起兮云飞扬的黄土高坡天生就是唢呐的世界，而杨柳岸、乌篷船、小桥流水绕人家的江南则永远是二胡生生不息的磁场。一方水土养一方人，一方风情孕育一方乐器的生长，只是我们不知那当初的当初，是江南选择了二胡，还是二胡选择了江南。这样的选择费思量，难端详。

——陈荣力《流浪的二胡》

这段文字分别用几个物象写出旷远的草原风情、苍凉的黄土文明，以及柔媚的江南情调。

由此，我们可以总结出营造文化意境的方法，那就是在文章中巧妙组合能传达一种文化气息和味道的词语。如果给这种词语命名，可以称之为文化元素。语言丰厚沉重是因为语言能传达大量的文化信息，而文化信息最终是以文化元素为载体的。为此，只要我们掌握一定量的包孕着文化信息的词语，也就是文化元素，并能娴熟地将其和谐地组合在文章中，我们的文章也就会有文化气息扑面而来，定能受阅卷教师青睐的。

同学们，想要做个文化人，就从让自己的文章变得“文绉绉”开始吧！

让构思有新意

据说，宋徽宗赵佶曾给前来应试的画师们出了个“深山藏古寺”的题目，画师们各显其能，或画绿树掩映下的一座寺庙，或画一残垣，或只画寺庙的一角……但这些画，宋徽宗一幅也没看中，要知道，宋徽宗虽然政治上无所作为，但在艺术上却有极高的造诣。后来，他终于发现了一幅堪称上乘的作品：在山中一飞流直下的清泉边，有一位老和尚正在打水。和尚打水，可以使人联想到寺庙就在山中不远处；和尚是位老和尚，足以说明这寺定是古寺了。画上无寺，但却能令人无处不联想到寺，紧扣题目中的“藏”字，真是绝妙极了。其他画师们的基本功，并不一定比这幅画的作者差，或许还强于这位画师，但不管他们的树、寺画得有多好，只因他们的构思平平，给人的感觉就只能是平淡无奇；相反，这后面的一幅能征服审美眼光极高的宋徽宗，就是因为其立意独创、构思巧妙。

写文章也和画画一样，最忌人云亦云，平淡无创见，尤其是应试作文，面对同一题目，考生们的水平几乎不相上下，要使自己的文章能够引人注目，非得独辟蹊径，写出新意不可。如何才能写出有新意的作文呢？我们不妨在以下方面做些探索：

一、立意新颖深刻

对于命题作文，同学们在审题时要注意挖掘文题的内涵，明确文题的含义。对于题目中含义比较复杂的词语，仅从字面上去考虑，审题就会显得平淡和直白，这种类型的命题作文，应扣住引申义、比喻义、象征义来写，才能凸显鲜明深刻的立意。

近年来类似的文题如“门其实开着”“翻过那座山”“我心中的一首歌”“生活在阳光下”“色彩”“我找到了春天”等。

二、选材新鲜大气

在同学们的考场作文中，选材往往千篇一律，文中材料如陈芝麻烂谷子，读来味同嚼蜡。社会在发展，新事物层出不穷，我们在选材时要力避陈俗，如半命题作文《______，请听我倾诉》，好多学生都不约而同地写成《妈妈，请听我倾诉》《爸爸，请听我倾诉》《老师，请听我倾诉》，这样选材，作文很难出新。有的考生在立意补题方面很有新意。如《孔子，请听我倾诉》，去俗取新辟蹊径，将两千多年前的孔子作为倾诉的对象，感谢孔子他那充满哲理意味的话语挽救了几近悬崖边的自己，题目醒，立意新，这样的作文自然会引起阅卷者的极大兴趣。还有的考生补了这样的题目：《温总理，请听我倾诉》，以当时国务院出台的"两免一补"为题材，对比了"两免一补"前后农家娃上学的境况反差，表达了人民群众对总理的感谢之情！立意新颖，标题高大，自然也能获得高分。中考复习时间再紧张，同学们也不能只是"两耳不闻窗外事"，要"家事国事天下事事事关心"，才能写出新鲜大气的作文。

另外，语文的综合性非常强，在备考过程中同学们背的时政要闻也可选择入文。但要注意，选材时不能片面追求"大气"，而导致文章空洞，要注意做到大处着眼，小处入手，以小见大，文章才能既大气又具体。

佳作荐读

春天来到我身边

今年的春天就像一个步履蹒跚的老人，步子迈得特别慢，转眼已过了"惊蛰"，天气却依然寒冷。对温暖的春天的期待，把我的心拉得很长很长，春天，你到底在哪里？

一

终于熬到了星期六，我和妈妈顶着吹面仍寒的风回到了姥姥家。

"注意了，注意了，大家注意了，请马上到村部办公室交身份证和户口本。"还没迈进家门，就听到村主任在村部喇叭里大声吆喝着。

"姥姥，姥姥，喇叭里又吆喝什么？交电费还用身份证和户口本吗？"我一边往屋里走，一边愣头愣脑地问姥姥。

“傻丫头，你就知道交电费！交身份证和户口本是给村镇居民办理养老保险。”

“噢，是这样。那你和姥爷也都办吗？”

“当然了，国家还有一项政策，对年满60岁的农村老人直接发放养老保险金。”

“太好了，那你和姥爷不是也可以每月领‘工资’了吗？”

姥姥没有回答，她正忙着给我和妈妈倒水喝，不过，我可以看到，姥姥的脸上写满微笑呢。

这个消息可真让我高兴！我没想到“老有所养”竟然这么快就惠及农村了。以前听妈妈说过，在我们当地农村已经施行了一系列的惠农政策：如农村医疗保险、粮食补贴、家电下乡、农机补贴……现在又在我们这儿推行农村养老保险，所有这些，对一辈子把辛勤的汗水洒在土地上的农民来说，是他们想都没想过的事。而党的一系列的惠农政策，已经使农民得到了实实在在的好处，当你看到一排排的居民楼拔地而起，当你满眼皆是来往不息的机动车辆时，你还能找到昔日农村的影子吗？老屋、炊烟、牧童、黄牛，已经成为历史，取而代之的是——繁华、富饶，还有……我脑子里努力地搜索着，对，应该是清新、自然，处处散发着勃勃生机和活力。这就是我们的社会主义新农村！

妈妈和姥姥的谈话还在继续，朴实的姥姥不会花言巧语，她只会用一句话表达自己的内心感动：“国家太好了，处处想着我们老百姓。”

三月的阳光晴好，透过宽大的玻璃窗子，阳光洒满了屋子。我打开窗户，一丝丝风吹到脸上，轻轻的，暖暖的，还真有了杨柳风的感觉呢，春天真的要来了！

二

“请同学们拿着物理课本和实验报告册，我们去做实验。”

班长话音未落，教室里“耶”声一片，大家欢呼雀跃，满心欢喜。这里面有一个人嚷得最欢，不用说，你也知道，那个人就是我。本来我就最喜欢学物理，何况又让我们自己动手，去探索、获得新知识呢！这种学习方式我乐此不疲。

离开教室，我们向实验室走去。暖暖的阳光肆意地洒满了我的后背，好舒服。

物理实验室在西楼，是由市政府投资建造的高水平的综合楼。它在我们当地可是一座醒目的建筑，高大、宏伟，和教学楼相互映衬，尤为壮观。而且，各单位对口援助，里面的实验器材一应俱全，在这样的环境里学习，我们真自豪。

今天的实验内容是《探究串联和并联电路的电压》，在老师的指导下，我们兴趣盎然，实验做得可谓“顺风顺水”。三十分钟左右，实验完毕。老师打开视频，让我们对相关问题进行思考。视频效果幽默、形象，伴随着一阵阵笑声，相关知识牢牢地刻在我们心里。老师表扬了几个表现出色的人，其中就有我，我心里像喝了蜜一样甜。

这又是一节值得向妈妈炫耀的课！对我们的实验课，妈妈总是羡慕不已。据她所说，她在初中时代所做的唯一的物理实验是用天平称量东西。所以，妈妈总是说：“你们遇上了一个好时代，一定要好好学习。”其实，我能读懂妈妈眼里神往的目光。确实这样，我们现在的学习环境比她们那个时代不知要好多少倍。我读小学五年级时，国家就开始减免我们当地义务教育阶段的学费、书费，而且还想尽办法促进农村地区义务教育的发展。像我们学校，虽然地处偏僻，可是各项教育、教学设施先进，图书室、阅览室、微机室、实验室……一应俱全，教学资源极大地丰富，学习条件优越，环境优美，学校已真正地成为我们学习知识和沉淀思想的好地方。尤其是近两年，国家加大了对农村地区的教育投资，一股强劲的春风，已经吹遍了家乡的每一个角落。

回教室的路上，被阳光沐浴过的春风调皮地抚弄着我的发丝，柔柔的，痒痒的。暖暖的阳光打开了我的心扉，使我分明感觉到——我苦苦寻找的春天，已经不可阻挡地来了！而且，它早已来到了我的家乡，早已走遍了我的校园，早已和我朝夕相伴！

国家的惠农政策：农村医疗保险、粮食补贴、家电下乡、农机补贴、农村养老保险……国家的教育政策：财政倾斜、教育均衡……通过姥姥领养老保险金、学校上实验课反映出来，这真是一篇以小见大的典范作文。同学，这篇例文的立意和选材对你有什么启示呢？

三、拟题反弹琵琶

半命题作文《我渴望______》，很多学生的思维都是从渴望美好的事物开始思考来补题，如《我渴望上学》《我渴望理解》等。但有的学生就补题为《我渴望苦难》，把经历苦难作为人生成长的必经之路和人生的一笔财富，来表达自己不畏苦难、积极向上的精神。此作文正是打破了人们的常规思维模式补题的，十分吸引人。对于学生来说，一下跳出了常规思维，仿佛到了另一个天地，会有许多想说的话，有许多想表述的想法，也有许多想经历而没有经历的事情，在想象中遭受苦难，新奇有趣，作者有了展示自我、体验苦难的广大空间。再如作文题《______给我带来欢乐》，有一位学生就补题为《失败给我带来了欢乐》，他的补题没有陷入“只有胜利才能给人带来欢乐，失败只能使人痛苦”的一般思维中，题目引人入胜，作文未写，却已成功一半。可谓是反弹琵琶，逆向立意，这样的作文自然高人一筹。

佳作荐读

晒出我的隐私

在同学们眼里，我是一个性格内向、不苟言笑、一本正经、循规守矩的“呆人”。因为在这三年的学习生活中，无论是在课内还是课外，大家都从来没有听到过我说一次笑话，讲一个故事，唱一句歌词，甚至没有听到过我哈哈大笑。“呆傻”就是我的代名词。（开篇构思巧妙，从自己的性格写起，吸引读者的阅读兴趣）

记得初二时班里搞元旦联欢，要求大家每个人出一个节目，形式不限。看着同学们激情飞扬地表演，我面无表情地坐在下面，等轮到我上场时，我绞尽脑汁冥思苦想可就是想不出要表演什么，见我迟迟不动，同学们等得有点儿不耐烦，纷纷催促我赶紧上台表演，越是这样，我越是紧张，心“噔噔”地跳得厉害，大脑一片空白，紧张得说不出一句话。最后，过来几个调皮的同学，硬是生拉乱拽把我从座位上抻到讲台前，我站在那儿，低着头，一声不吭，那样子就像被批斗似的。这时候，同学们在下面喊：“唱歌、跳舞、背诗什么都行，别傻站着了！”不管同学们怎么说，我就低着头，一声不吭。然后听有人喊："傻子，下去！"听到这儿，我赶紧就坡下驴，回到自己的座位上。（语言流畅，词汇丰富，增加了文章的感染力。善于从生活中撷取写作的素材，详细地记叙了小作者在班级元旦联欢晚会上的尴尬，充分凸显了"呆傻"的性格特点）

事后，大家把这件事当成了热议的话题，觉得我这个人真的不可思议。（独立成段，总结上文）

其实，我真的不是个不思可议的人，我曾经是个活泼开朗、爱说爱笑的人，之所以变成现在这样，这里面有一段隐情。（在行文结构上起承上启下的作用）

那是上小学四年级时，有一次下课，我正在教室里扯着嗓子唱着臧天朔的《朋友》，那声嘶力竭的声音在教室里回荡着，不知什么时候班里竟变得鸦雀无声，只有我自己得意扬扬的声音，我感觉有点儿不对头，等到转过身来，看见班主任竟然铁青着脸站在我身后，我赶紧低下头。就听老师冷嘲热讽地说："行啊，这歌唱得不错啊。"教室里一下子爆发出经久不息的哄笑声。"以后记着，别在那儿乱叫！"老师的话就像一盆冷水，泼在我身上，彻底浇灭了我爱说爱笑的热情之火。从此，每当我想说笑或唱歌时，老师的那番话就鬼使神差般地蹦到眼前，我的心就开始紧缩，便三缄其口。（语言幽默，富有感染力。详写了导致小作者性格由活泼开朗变成"呆傻"的直接原因。通过对比手法的运用，进而表现出"粗言秽语"给人造成的伤害之大，影响之深）

尽管这件事已经尘封在记忆里许多年了，今天拿出来晒给大家的目的，无意指责老师的无情，只是想提醒人们，为了避免给别人带来无端的伤害，我们一定要慎言。（交代本文的写作目的，深化了主旨，引人深思）

——选自"淘豆网"

"隐私"隐藏唯恐不严，小作者却大胆地将其"晒出"，是否很有感染力？

四、构思以物拟人

近年来，运用"以物拟人"法构思的考场作文，因其新颖独特，令人耳目一新，倍受阅卷老师的青睐。所谓"以物拟人"法就是把物当作人来描写，赋予物以人的思想感情，通过拟人化的描述来说明一个道理，或表达一种观点。那么如何写好这类文章呢？首先，文章想象要丰富大胆。写好这类文章，需要以现实为依据，进行丰富的、合理的想象，由此展开一个故事，然后用生动有趣的语言来描述这个故事。其次，构思时不要被现实生活所约束，要敢于突破现实的时间和空间，精骛八极，心游万仞，大胆地创造性地编写故事、描写环境、塑造形象、表达思维。

“拟人”化作文，不是指在文章中运用一两句拟人修辞手法的作文，而是指整篇文章都用拟人化手法来立意构思写成的作文。“拟人”化作文就是把“静”的、“死”的对象变“动”变“活”，使之具有人的思想情感，从而增强文章的生动性、形象性，使文章富有感染力。

佳作荐读

流泪的红莲花

我是一只貂，生活在冰天雪地里的貂。严寒冰冻没有使我冷酷无情，白雪晶莹赋予我善良的性情。然而，这种善良却被猎人利用，利用我对他付出的善良，夺去了我年轻的生命……

我才2岁的时候，爸爸、妈妈、哥哥接二连三地被善于伪装的猎人捕杀，我的眼在流泪，心在滴血，谁来安慰我的孤独和凄凉……狡猾的猎人总是利用我们善良的本性，佯装冻死，引诱我们上当。我们珍视生命，同情每一个遭遇厄运的生灵，为此不惜付出鲜血和生命。遇到躺在雪地里的猎人，我们总会用自己的身体去温暖他，于是猎人腾身而起，用一把尖刀刺进我们的心脏。猎人就是用这种卑劣的手段谋杀了我的三位亲人……

有一天，我和我死去的三位亲人一样看到一个冻倒在冰天雪地里的猎人。我知道，我离死亡只不过几步距离了。因为我知道自己一定会去救他，我不会也不能拒绝善良。他可能是装死，但他如果真是冻倒的，我不去救他，我是不会原谅自己的。

就这样，我一步步走近他，也一步步走向死亡。当我用自己的温热去温暖他冰凉的身体时，我多么希望温热的不仅仅是他的身体，还有他的灵魂，我闭上了眼睛，等待他灵魂的苏醒……也等待着死亡的降临……

突然，我感到心口一阵绞疼，睁开眼睛，血从我的胸中往外涌流，流到洁白的雪地上，就像一朵盛开的红莲花，在白雪的映衬下，那么耀眼，那么刺目……我丝毫没有挣扎，我知道挣扎是徒劳的，我在迷茫中听见了猎人的笑声，“哈哈哈……傻瓜，又一个傻瓜……”是呀，我真是一个傻瓜!

在我临死那会儿，我也没有想清楚到底谁是凶手。是人类的残忍狡诈，还是我的善良仁慈?

秋天的大街上，一位贵夫人身穿一件貂皮大衣，你听见她身上发出的呜呜悲鸣了吗？那是我的心在哭泣！朋友，请你仔细听听，或许你就会想到雪地里那朵盛开的红莲花——流着泪的红莲花。

——选自“豆丁网”

五、行文尺水兴波

古人说：“文似看山不喜平。”安排文章结构，最忌平铺直叙。文章若一味平铺直叙，没有一点起伏变化，就像流水账，单调、乏味，很难获得读者喜欢的。因此，文章在情节的展开和场面的刻画上有些变化，写得波澜起伏、摇曳多姿，能激起读者强烈的阅读兴趣。而这种一波三折、曲折多姿、引人入胜的写法就是我们通常所说的“波澜”。我国古代的章回小说，在回与回之间巧妙地利用情节张弛起伏的变化，从而紧扣读者和观众的心弦，使之欲罢不能。

例如，《三国演义》第五回中“温酒斩华雄”的情节，当时十八路诸侯讨伐董卓，进逼沂水关。董卓手下的大将华雄，十分骁勇。十八路诸侯一方的将军鲍忠、祖茂、俞涉、潘凤等先后被华雄所杀，众皆失色。这时有一个人立于帐前讨战，袁绍问是何人，公孙瓒介绍：“此刘玄德之弟关羽也。”袁绍问关羽现居何职，公孙瓒说随玄德充马弓手。袁术听后大为不满，说：“量一弓手，安敢乱言！与我乱棒打出。”曹操急忙劝阻，说如果他不能取胜，诛之未迟。可袁绍说：“不然。使一弓手出战，必被华雄耻笑。”曹操忙答：华雄怎么会知道他是弓手呢？这时，关羽立下军令状：“如不胜，请斩我头。”曹操立即叫人温酒，给关羽壮行。关羽说：“酒且斟下，某去便来。”他提刀上马，不一刻，提着华雄之头掷于地上，此时“其酒尚温”。如果作者一开始就让关羽与华雄交锋，即使杀了华雄，也难显关羽的武艺高强、英勇善战。而小说先叙华雄连斩四将，众诸侯束手无策。这是第一层铺垫。关羽出场请战，可其地位低下，被袁术、袁绍瞧不起。这是第二层铺垫。接着又用“温酒”的细节，垫衬关羽斩华雄之迅速。这是第三层铺垫。由于作者用了一系列铺垫，才使关羽的骁勇一下被凸显了出来。

如果说，考场作文深刻的思想会让阅卷老师的心灵为之一振，浓烈的文情会让阅卷老师为之动容，那么新颖的构思则会让阅卷老师眼前为之一亮。让我们在立意、选材、拟题、构思、行文等方面慧心独具，雕琢出让人眼前一亮的新意作文。

同学们，写出有新意的作文，当然离不开你的苦心经营，但老师介绍的这几招也挺好用的，试试吧！

让文章充满真情

一、作文解读

悬崖缝中的花

世界上的花争芳斗艳，可在悬崖石缝间的花是最美的、最艳的。只因它超越了同类，超越了自己！

一、青崖间的“花”

青莲居士——李白，吟着“我欲因之梦吴越，一夜飞度镜湖月”的诗句，浪漫地、舒缓地走来。他，有“且放白鹿青崖间，须行即骑访名山”的豪情，还有“安能摧眉折腰事权贵”的狂妄。

青莲居士，出身不俗的满腹才情，才高八斗的他，一生坎坷不平，人生不如意。

他的诗句“蜀道难，难于上青天！”仿佛预示了他的人生一样的艰难。

青莲居士，有着“直挂云帆济沧海”的豪情壮志，有着为国效力的志愿。初被玄宗赏识时，他壮怀激烈，本想实现自己满怀的远大的抱负，却不想世事总是不尽人意，他的志向难以实现。玄宗看到的是他的才情。狂放不羁的本性使他有了“贵妃捧砚，力士脱靴”的千古美谈，也印证了他狂妄的作风。

他的诗歌浪漫飘逸，他的性格狂放不羁，他的个性使他无法忍受世俗的约束，却成就了他的千古奇谈。

李白，他超越了世俗，超越了自我，犹如开在青崖间的“花”，在中国诗歌史上巍然盛开，千古不衰！

二、田园的“花”

……

李白、陶渊明是开在悬崖石缝间的花。他们超越了一切，是最美、最艳、最耀眼的！

请你来点评：你的点评和下面哪种观点基本吻合呢？

观点一：

（1）该文在题材上能纵横捭阖地谈论古人，在语言上能够丰厚自如地引用诗句，文化底蕴较为深厚。

（2）该文在结构上采用了“开头+两个文化名人的例子+结尾点题”的模式，行文思路清晰。

观点二：

该文是一篇堆砌古人事迹、滥引古诗名句、写法程式八股、没有真情实感、脱离现实生活、缺乏时代元素的套话作文。

如果你的观点倾向于后者，那为你点赞，因为你真实、诚实、实在，这并非危言耸听，因为“作文如做人，文品见人品”之言不虚啊！

对，这是一篇看似华丽实则空洞的套话作文。

二、套话作文

（1）题意标签化。

（2）题材烂熟。

（3）主题平面。

（4）结构模式化。

（5）语言浮华。

（6）自我缺位化。

（7）时代元素缺失。

三、作文呼唤真情

中学生应该追求的是一种自然质朴的文风，清新、自然、富有情趣的文字往往会有力透纸背的力量。不少考场作文流于形式，给人以工于包装、东拼西凑的感觉；堆砌辞藻，语言浮华，无真情实感。

需要强调的是，初中生要自觉地积累词句，而且要善于把积累的好词好句运用到自己的写作中去，让自己的语言靓丽起来。但是很多学生作文片面地追求语言用词造句的华丽，在辞藻的堆砌、句段的铺排中，无法找寻到作者真实情感的流动，无法捕捉到文脉所在，自然难以感人、难以让阅卷老师垂青了。

真情实感应该是健康的、积极的、美丽的，应该是一种负责任的表达，是一种叩问灵魂心智的抒写。表达真情实感已经成为许多地区中考作文试题的明确要求，不少同学却因感情失真而屡屡失分。如生搬硬套、假话连篇，或写自己并不存在的凄惨身世、不幸遭遇，或写勇救落水儿童，或写抓小偷……因为没有亲身经历，所以写起来要么让人感到矫情做作，要么就是给人虚假不真实的感觉，得分自然很低。

古人说："感人心者，莫先乎情。"一篇优秀的作文，往往以浓浓的真情拨动读者的心弦，引发读者的共鸣。亲情、师生情是学生考场作文最常见的选材方向。可是，很少有学生在写自己的母亲时，眼前坐着的是自己的母亲；写自己的老师的，眼前浮现的是自己的老师……没有了"我"与"我"的母亲，"我"与"我"的老师心的交流，情的融合，"我"的母亲都打动不了"我"，"我"的老师都无法与"我"对话，编出来的文章又怎能唤起别人的情感共鸣呢？背离了"我"自己的"生活圈"和"情感场"，哪会有真情实感呢？

四、专家解读

（一）近几年济南市中考作文题目的价值取向

抒写"自我"对生活的体验和感悟。

触摸学生的心灵世界。

捕捉生活的美丽瞬间。

（二）济南市中考作文题目的发展轨迹

我们先来回望一下近些年的济南市中考作文题：

2012年济南中考作文题目：咀嚼生活的真味。

2013年济南中考作文题目：定格在记忆里的画面。

2014年济南中考作文题目：一个夏日的早晨。

2015年济南中考作文题目：那声音常在心田。

2016年济南中考作文题目：共度好时光。

2017年济南中考作文题目：醒来。

2018年济南中考作文题目：从未止步。

2019年济南中考作文题目：走向深处。

从命题形式上看，以全命题或半命题为主：命题更凸显情境，引导学生抒写具体情境下生活的体验和感悟：加大题目限制，尽量避免考场“套写”现象；更加关注对文章整体构建能力的考察。

文以载道，文章是思想的载体，作为有感情的个人，都喜欢阅读饱含真情的文章，批卷老师也不例外。至此，相信同学们都已经在心里暗下决心跟“套话作文”“虚假作文”说再见了吧。

五、怎样写出真情

1. 述亲身经历

语言是心灵的声音，要想写出感情真挚的作文，务必要用心去感受生活，体味生活中的酸甜苦辣，认真地去感受生活中所遇到的林林总总的事，体会其间的甜蜜与痛苦、悲伤与兴奋、高兴与沮丧、期盼与失落等各种各样的情感。要善于寻找生活中的感动，可以选择一些特别熟悉的事件作为突破口，慢慢释放自己的情感。有了这样的想法，当提起笔来的时候，靠的是情感的驱动，而不是完成字数的任务，作文就容易写出感情了。

例文1

谁在为我的生活伴奏

快要中考了，一股硝烟味笼罩着我。每天放学回家，父母早已等候在家门前的大路旁，翘首以待。回到家，母亲拿出拖鞋，递上温热的毛巾让我擦汗解乏，父亲则忙着把烧好的菜一一摆在桌子上，五颜六色，香味扑鼻，诱惑无比，那都是我最喜欢吃的。“吃这个，这个有营养。”“吃这个，这个能补充维生素”……饭毕，走进书房，书桌上的“黄金搭档”映入眼帘。

写作需要生活，越是亲身经历、体验过的生活，写在文章中往往就越真实、越感动人。在构思过程中，我们要尽量从自己经历的生活中筛选素材。作为中学生，生活经历也许并不丰富，但只要认真回忆和筛选，再进行适当的加工和组合，就一定能找到具体的材料，写出充满真情实感的作文。

2. 写真实细节

要想把微妙的情感和丰富的素材运用得更好，运用好细节是不二的法门。举个例子，《背影》一文中，朱自清仅仅用了一个“买橘子”的细节，就展现了满满的、淋漓尽致的父爱。《背影》之所以成为经典，和细节关系很大。建议大家向优秀的文章学习细节。真情实感离不开生动的、典型的细节，因为真实的细节是最感人的。同时，在作文过程中，要尽量写清楚时间、地点和相关的人事要素。

例文2

内心的感觉

有一次给家里通电话，其余的话已忘，只记得父亲问我的身体状况，我说有一点喉咙痛。当时并没有在意，不料父亲晚上就来到了学校，我问他有什么事，他说没什么，就从包中拿出一盒“小柴胡冲剂”递给我，他说：“你早上不是说喉咙痛吗？自己要小心一点。”我说：“知道了，你有没有吃饭？”他说：“没有。”我们就去了学校附近的一个小餐馆吃了点东西，当我拿着那盒冲剂时，有一种说不出的感觉。

这段文字文从字顺，叙事清楚，但缺乏感情，读来索然无味。作者应当具体抒写“拿着那盒冲剂时”的内心感受，以体现“内心的感觉”的题意，但这位同学却只用一句“有一种说不出的感觉”来虚晃一枪，草草收场，自然不能给读者以感染。

例文3

奶奶八十了，但眼不花耳不聋，还能眯着眼睛在屋里做针线。大她三岁的爷爷便不行了，不愿走动，总是坐在藤椅上迎着微风晒太阳。

相隔不到几米，奶奶过几分钟便会放下活儿，“老头子！”奶奶这么叫爷爷。

爷爷不应，奶奶便急，迈着碎碎的步子到跟前。爷爷好好的呢，在藤椅上睡熟了。于是，奶奶转身回屋抱来薄毯，轻轻地给爷爷盖上，还一边孩子般笑着嗔怪：“这个死老头子，人家喊了也不睬。”

这样的事在微风中的初夏总会天天发生。……算了，我破釜沉舟。“奶奶，你总这么喊来喊去做什么？也不嫌烦？”

奶奶看看我，宽容地笑了："丫头，你不懂得，知道他好好的，我才心安。"

情感不是空洞的，它常常借助具体的场景和细节来抒发。令人感动的深情凝聚在奶奶叫爷爷和给爷爷盖薄毯的细节中，文中人物的一举一动、一颦一笑都透露出浓浓的情感，是来自生活的，这样的情感是自然而真挚的。

再如下面这一段：

真正感受母亲深深的爱，是在医院醒来的那个深夜。那天夜里，我睁开涩涩的眼睛，看着陌生而令人心悸的惨白的环境（环境描写），心里满是慌张。我知道，这里是医院。可是，我怎么会在医院呢？转过头，母亲侧趴在床边，脸上写满疲惫与沧桑，眉间隐约流露着内心的焦灼与担忧。（神态描写）凌乱的头发，苍灰中夹着根根白丝，随着母亲的呼吸微微抖动。（肖像描写）那双长满了老茧的手紧紧地握着我细白的手。（动作描写）心头一阵酸楚，我悄悄地转过头，眼泪流下来了。

例文4

父亲闻讯赶来，一瘸一拐的，他二话没说就脱鞋挽裤，用棍敲探着冰面光脚下河来，冰水刺骨，他一步步蹚到这边岸上，在我面前一蹲说趴背上，见我不肯，又见我挽裤准备脱鞋，他吼一句："干什么啊？冻病了咋上学？"便不由分说背起我就下河。

父亲光着脚伸进冰水和冰碴里，一步一步探寻着能撑住人的冰面，小心翼翼抖抖地走着，踩得碎冰碴嘎吱嘎吱响，尖利的冰碴刺破他的脚，鲜红的血流进水里，如蚯蚓般扭舞，发在寒水里，他那双脚如煮透的虾般通红。我强忍着泪水。越过冰河，父亲喘着气，脸色蜡黄，蹲下去搓搓冻僵的双脚。

以上哪些语句打动了你？为什么？

那么，怎样运用细节描写使写人记事记叙文"感情真挚"呢？

（1）选择典型细节。

细节最能够鲜明地凸现人物的特点，不是似是而非、可有可无的，要能发挥以一当十的作用；所选的细节要能表现文章主题，能切实为文章中心服务。

（2）拉长细节。

① 细化动作、延长过程。将某个动作分成若干个小动作，依次进行描述，精心锤炼词语，主要用好动词和形容词。

例如：他抓住李军的衣领，质问道：你我往日无怨，近日无仇，为何要这样陷害我？

这句话中“抓住”的过程，可以分解为以下小动作：上前一步、抬起右手、叉开五指、揪住衣领四个小动作。这样，抓住对方这个情节就变得更加细腻了：

他上前一步，抬起右手，叉开五指，一把揪住李军的衣领，质问道：你我往日无怨，近日无仇，为何要这样陷害我？

② 围绕某个动作展开，多角度突出动作的特点。动作的自身特点包括：速度、力度、方向、声音、效果、气势、状态等。有时候细节描写就是抓住某个动作，从不同的角度，全面刻画这个动作的特点。

例如：班长拍了一下桌子，出去了。

着眼“拍”这个动作，抓住不同特点进行细节描写，这个情节就变成了细节描写。

班长气势汹汹地冲到她的面前，像一只被激怒的雄狮，抡起拳头，照着她面前的桌子，一掌拍了下去，这一掌，使足了力道，疾似流星，快如闪电，仿佛要把桌子砸出个大窟窿。耳畔间只听“咚”的一声闷响，桌子上的茶杯随即弹了起来，翻倒在地。他随即一溜烟地冲出了屋子。

③ 围绕某个动作展开，描绘与动作相伴随的外貌、小动作、语言、神态、心理。

例如：班长拍了一下桌子，出去了。

自问：班长在拍桌子时，外貌什么样，神态什么样，说了哪些话，是怎样的心理，捎带着做了哪些小动作，将这些内容全部写出来，原来的情节描写就变成了细节描写。

一股无名的怒火瞬间涌上班长的心头，他挪动着矮小肥胖的身子，径直冲到牛莉的跟前，两只眼睛瞪得滚圆，眼神像刀子一样，直逼牛莉胆怯的眼睛，嘴唇剧烈地抖动着：你……你……你……这个混蛋，你怎么能能做出这么缺德的事？他抡圆了手臂，一掌拍在桌子上，恨不能将她撕碎，揉烂，绞成粉末。

④ 针对某个动作，加上侧面描写。所谓加上侧面描写，就是刻画动作以后，在后面描绘当时在现场的人的反应、物的反应、环境带给人的感受。

例如：班长拍了一下桌子，出去了。

加入侧面描写后，则变成了细节描写。

班长拍了一下桌子，出去了。同学们吓了一跳，你看看我，我看看你，不知道发生了什么，也不知道该怎么做。敲击桌子产生的回声，震得教室嗡嗡地响。教室里的空气仿佛突然凝固了，压得人喘不过气来，静得让人心慌。

以上四种方法任意组合运用。

3. 调动多种感官

如朱自清的《春》就抓住春风这一景物特征，调动了多种感官进行描绘。

（1）触觉："'吹面不寒杨柳风'，不错的，像母亲的手抚摸着你。"是"引用"与"比喻"修辞手法的套用，描述了触觉带来的春风的感受。

（2）嗅觉："风里带来些新翻的泥土的气息，混着青草味儿，还有各种花的香，都在微微润湿的空气里酝酿。"将春风以嗅觉的形式展现给人们，带来轻松欢乐而又有生机的感受。

（3）听觉："鸟儿将窠巢安在繁花嫩叶当中，高兴起来了，呼朋引伴地卖弄清脆的喉咙，唱出宛转的曲子，与轻风流水应和着。"作者以"鸟唱"等鸟儿欢快的表现，给人以愉悦的听觉感受，衬托出人们愉悦的心情，反映出春天给人们、鸟儿、大地上的一切生灵带来了欢愉。

4. 借书本材料

从小学到初中，我们学了十几本语文书、几百篇课文，还读了大量的课外书籍，如果把书本上的叙述变成自己的话说出来，而且能够把材料合理地作为你的材料用在自己的文章里，就可能会成为加分点。

例文5

因先生而自豪，是从他讲课开始的。先生讲课，幽默风趣中不乏严肃，旁征博引时略带调侃。引经据典，汪洋恣肆，学古通今，才贯中西。比诸沧海不足以成其大，比诸泰山不足以称其博。每每想起这些，一股自豪之情便油然而生：试想，有哪位名师可以在课堂上随口背诵《管锥篇》，下课谈笑间剖析《逍遥游》；又有哪位教授会用"男儿何不带吴钩，收取关山五十州"来激励后进生；面对中考，面对重点高中，可以带领学生振臂高呼“冲天香阵透长安，满城尽带黄金甲”！何等有气魄，何等豪迈，热血沸腾之中，我着实为有这样一位先生感到由衷的自豪！

小作者借用课本材料，如先生谈笑间运用的文篇诗词，凸显了先生的博学，表达因先生而自豪之情，试想，小作者只是说“先生太有才了，讲课讲得好极了”，赞不绝口，即使崇拜得五体投地，我们也不能真正地感知到先生的“才气”所在。

5. 发挥类比联想

类比联想是由所写的人、事物，联想到与之同类的人、事、物。

例文6

我们的语文老师讲课有一个习惯性动作，讲着讲着，他就会将眼睛向上看，令人忍俊不禁。

当他沉浸在他描述的文学世界里的时候，他的眼光就会一点点远离我们，开始望向天花板，那是什么样的眼神啊！我曾在鲁迅的《从百草园到三味书屋》里见过，那启蒙先生的眼神是对古代文化的陶醉和沉迷；我曾在都德的《最后一课》里见过，韩麦尔先生的眼神是对法兰西语言的热爱和崇敬；我曾在《时间简史》的扉页上见过，霍金先生的眼神是对科学王国的探索和追求……

类比联想法的实施方式又是多种多样、丰富多变的，常见的有以下几种：

（1）形似联想法：利用事物之间色彩、形态、声音等方面的相似而产生的联想，譬如由红领巾、红杜鹃联想到革命烈士流血牺牲等。

（2）神似联想法：利用事物之间神态、气质、情韵之间的相似而产生的联想，譬如，袁鹰《井冈翠竹》以井冈山的竹子象征井冈山人和中国人民的革命精神。

（3）利用事物之间的本质相同或相似而产生的联想：严阵的《水仙》由水仙的素洁、静雅之形写到水仙不索取、不畏寒而“把芳香留给人间”的本质特点，进而以此联想比喻归国教授诸葛英热爱祖国、忠心不变的精神。

（4）相关联想法：利用事物相关性而产生的联想，香港作家黄河浪《茉莉花》描写他得到故乡捎来的上等的茉莉花茶后，浮想翩翩：由茉莉花想到故乡的茉莉花园；想到去摘采茉莉花茶的妇女；想到爱在茉莉花园里唱“好一朵茉莉花”的柳家三妹；还想到他的两位姐姐及其命运等，此种联想法一环扣一环，环环延伸，最后揭底，看似离题，却又处处扣着茉莉花。

以上方法两种或多种兼而有之。

相关联想法，可以更深切地开拓文意，增添诗美，增加文章感人的力量。

6. 用生活语言

文章《我喜欢童年的竹林》中用了不少拟声词，用得非常准确，如用“哗哗”形容摇竹的声音；用“簌簌”形容雪花飘落的声音；用“咯咯”表示我们童年快乐时的笑声；用“沙沙沙”表示风吹竹林时的响声……作者把生活中的声音准确地搬进了文章之中，让人读后自然就觉得亲切感人。作文是用语言记录生活。作文虽然要对生活进行加工和改造，但必须力求保持生活的原汁原味，尽量有生活气息。用生活语言，就是要正确和准确地反映生活，生活是怎样的就写成怎样的，不要走样，不要变味。用生活语言，还要特别注意人物语言，什么样的人物说什么样的话，如老年人有老年人的语言结构和常用词汇，语言要符合人物身份，要根据人物的身份、年龄、文化程度和性格特点等来写，尽量写出个性。

7. 借物抒情

氤氲的夜色浸染着紫色的窗棂，一个如水的夜晚，梦里似乎又闻到了牵牛花那淡淡的幽香。梦似一道澄净的柔波。妈妈，那迷惘的水就是我眼中的泪！你又走进我的梦中，再现的依然是你不变的容颜。

牵牛花又开了，它伸出的每一寸茎蔓都牵扯出我无尽的回忆、无穷的思念和淡淡的忧伤。

文中，作者借助“牵牛花”这一“物”来表达母亲对自己的爱，抒发浓郁的亲情。整篇文章因为有“牵牛花”这一物的支撑，情感更充沛了，情境也更温馨了。

例文7

母爱蒲扇

蒲扇既是一把普通的扇子，又是一个没有结尾的故事。

乡村的夏夜是青蛙和长脚蚊的世界。母亲总要在我睡觉之前，轻轻摇着蒲扇，讲述一个个遥远的故事：《白蛇传》的每一个细节，都是我入睡后的梦；《水浒》中的每一个人物，都是我梦醒后的怀想；大观园有刘姥姥和龙头拐杖，贾宝玉有梅花指和香手绢，黛玉在凄风苦雨中葬花低吟；还有关于人鬼情节的聊斋，总使我在被窝里瑟瑟缩缩，然后听话地入睡……

蒲扇的故事好像永远不会结束，母亲一个晚上便扇出一个章回；边沿残破的时候，季节也轮换了，在季节的更替中，我慢慢长大。

深沉的母爱，借助于“蒲扇”，是不是更加真切感人了呢？

在文中出现的这一小物，或许在你的生活中也出现过，于是，寄情于物，借物抒情，就让飘忽空洞的感情有了寄托，有了支撑，有了载体，就更容易抒发真情真爱。我们再写母爱，可否借一盆鲜花、一把花伞、一杯牛奶……

佳作荐读

流淌在岁月里的真情

爷爷对我的慈爱之情，在我成长的岁月里，一直在流淌。

小时候，我和爷爷最爱去的地方就是那条小街。爷爷有辆小三轮车，通体锃亮，漆得红红的，晃人的眼。爷爷常常笑呵呵地把我放在三轮车的小凳上，自己再麻利地爬上座位，嘴里边说着：“丫头，坐好了，开车喽！”边用力一蹬，三轮车就轻盈地驶出了小巷。我和爷爷边走边聊，爷爷爽朗的笑声，我稚嫩的歌声，三轮车动听的沙沙声，混合成一首动听的交响乐，萦绕在清晨的小路上。到了小街，爷爷总会跑到苹果摊前，称上几斤苹果，然后挑一个最大最红的，乐呵呵地递到我手中，“你最爱吃的红富士，吃吧！”看着我大口大口地啃着苹果，爷爷脸上乐开了花。

岁月荏苒，在我上初中的时候，爷爷生了一场大病，病重时连话也说不了，医生说得动手术，还说不能抱太大希望。平日不苟言笑的父亲哭得眼睛红肿，爷爷却一副若无其事的样子，对爸爸说：“别跟丫头说我的病，别吓着孩子，好了我还得和丫头到小街玩去呢！”熬过了漫长的四个小时，医生终于走出了手术室，对翘首苦等的爸妈说手术很成功。手术后两个月，爷爷终于可以下床了。

正好是假期，我回来陪他，他却嚷着要和我到小街走走。只见他蹒跚地走到三轮车前，两手使劲地攥住车把，弓着腰，往前推动，显出很吃力的样子，但是那辆三轮车却只是在原地晃了晃，并没有挪动。爷爷叹了口气，慢慢松开了车把，满脸落寞的神色。我索性架出车子，一手扶着他，一手推着车子出了小巷。我们边走边聊走到小街上，来到以前常光顾的苹果摊前，以往十几分钟就走完的路程，今天却走了一个多小时。爷爷在苹果摊前艰难地弯下腰，又缓缓地直起身，手中多了几个红通通的大苹果，他依然乐呵呵地塞给我。凝视着大病初愈、瘦弱衰老的爷爷，抚摸着颜色斑驳、伴我长大的三轮车，我鼻子一酸，眼泪不由自主地溢满了眼眶。

三轮车会老去，爷爷会老去，但爷爷对我的慈爱之情，却在我成长的岁月里，一直在不停地流淌着……

学生：穆艺馨

本文对比手法运用得当，细节描写具体生动，寄情于物，情感真挚，值得借鉴。

同学们，学习了刘老师在本章中的作文指导，你一定暗下决心，以后坚决不写套话文、空洞文了吧？

让文章具体充实

文学有一个很重要的作用，它能让我们的感觉非常细腻，让我们感觉世界的方式不是那么粗糙和简略，而是悄悄地进入一种沉浸状态。我们说划火柴的动作，只会说，“某人划了一根火柴”，但张爱玲描写起来，完全就是另外一种方式。她写道：“黑暗中他划燃了一根火柴，这橙红色的三角小旗缓缓地摇荡在它自己的风里，渐渐地它燃尽了自己的旗杆，归于寂灭。”

这就是文学和我们日常语言最不一样的地方，少用概括性句子，多采用描述性语言。优秀的文学作品，实际上是在拯救我们的感觉，拯救我们被日常琐碎的事物磨损的那些非常迟钝非常简陋的感觉。经过文学不断地滋养和打磨，我们的感觉就会变得十分敏锐，能够从哪怕十分简单的事情上找到一种深刻的乐趣。文学不是一个专业，而是一个人精神健康的基本营养品。如果长期缺乏这方面的滋养，我们在精神上可能会营养不良。语文学不好的人，往往感觉迟钝麻木，为人刻板没有情趣。平时作文时，不少同学的作文内容空洞，记叙不具体，描写不充分，导致文章干涩，欠缺表现力，做人要直，作文要曲。那么怎样让自己的文章做到记叙具体、内容充实呢？就从锻炼我们的感觉入手吧。

一、应用“看、听、感、想、做”五种方法

（一）应用“看、听、感、想、做”五种方法，能将抽象概括的情绪写得具体充实

例文1

我害怕

爸妈常在晚上出门，我一个人待在家里，非常害怕。晚上看家，实在可

怕，非常非常得可怕。这种可怕是文章所写不出来的。啊！晚上看家，太可怕了，是世界上最可怕的事。可怕，可怕，真是可怕。

害怕、高兴、惭愧和伤心等情绪，都是看不到、摸不着的，是抽象的。写抽象情绪的文章，要写得具体化，那就要应用“看、听、感、想、做”等五种方法。

我们以“晚上怕看家”为例子来练习：

那时候我的眼睛看到了什么？

我的耳朵听到了什么？

我的心里感到了什么？

我的脑子里想到了什么？

我有没有动作？

应用看、听、感、想、做这五个方法，就像神仙那点石成金的五根手指头一样，可以把抽象的意思，生动地描写出来。

爸、妈上街去了，我一个人待在家里。当我看到行人从窗外走过的黑影（看），或是听到厨房里传来“砰砰”的声音（听），我便以为小偷来了，吓得我说不出话来（感）。假如小偷来了，他会把我绑起来，用毛巾把我的嘴塞住，不让我喊叫，然后偷我家的钱，搬走我家的电视机（想）。我不敢捉小偷，所以跑进卧室里，锁起了房门，躲在被窝里（做），在被窝里，我一直祈祷：爸、妈，赶快回来吧（想）！

再来看个描写。

例文2

我恐惧

天上既没有星星，又没有月亮，只有黑黑的幕布笼罩着大地，而我要一个人回家。四周黑乎乎的，安静得几乎只能听见我自己心跳的声音。我怕极了，贴着胡同的墙慢慢地挪。脚下的土路坑坑洼洼，我一脚深一脚浅地向前摸索。孤零零的几根电线杆上悬着几盏昏黄的灯，射出幽幽的光，使得平房的影子映在墙上明明暗暗，吓人得很。偶尔的一个声音都吓得我直冒冷汗，白天觉得很近的路，如今看起来漫无边际，我受不了了，再这样下去我就快被吓死了，我睁大眼努力看了一眼前面的路，闭上眼，大叫一声“我回来了”，便向家的方向飞奔而去。

怎么样，是不是描写得很具体细致呢？

例文3

我伤心

我拿着满是红叉的卷子，愣住了。这居然是我的卷子？我使劲挤眼睛，怕是看花了眼吧？在无数次徒劳后，我抬头努力不让眼泪流出来，我感到天昏地暗——天不再蓝，草不再绿，花不再艳，而这些全都变成了一个个张牙舞爪的魔鬼，张着血盆大口向我扑来。这是什么？这就是我一个个无眠之夜挑灯夜读，一次次努力奋斗换来的果实吗？我的眼泪还是不争气地流下来了，心里像千万只蚂蚁在同时啃着，我彻底被击败了，我不会再是好学生，不会再让老师信任，不会再让同学们喜欢我了！想到这里，我终于忍不住哭出声来。

例文4

我惭愧

我惭愧。我站在老师跟前，耷拉着脑袋，脸火烧火燎的。两只手没处放了，只是无意识地拧着衣角。两脚无力地支撑着身体；心里好像打翻了五味瓶，酸甜苦辣咸……什么滋味都有，同学信任我，选我当中队干部，我却做出这丢人现眼的事儿，我对得起谁？是家里的父母，还是学校里的老师？我的目光在地面上搜寻着，如果有个缝儿的话，我一定会钻进去躲躲。

那么，是否每一个抽象材料的描写，看、听、感、想、做这五种方法，全都运用上呢？

那要从文章的需要和运用上看是否妥当来决定。假如我们对某个抽象材料要详细地写，则看、听、感、想、做五种方法都应用上了，内容便会比较充实；如果打算简略地写，则运用其中的一种或两种去描写即可，其他方法可以不必用上，因为用上了，会令人感到冗长、不妥。

例如，我们到外婆家，看到原本胖嘟嘟的小狗瘦了许多，我们只采用

“看”的方法写：

到了外婆家，我发现小白狗那本来圆圆的肚子凹了进去，胸部的骨，一根一根地可以数出来。

这是采用简略的写法，其他的听、感、想、做都省略了。

再如，要写一个人怕吃辣椒：

他咬了一口辣椒，只见他把脖子一缩，脸部肌肉皱成一团，张大嘴巴，喊了一声：“妈呀！”舌头伸在外面，半天缩不进去。

你只是客观地运用看听的方法，把他咬到辣椒的表情写出来，不去引起你的感、想、做也可以。

运用这种方法，要注意：服从文章主题的需要。当细则细，当简则简；或用墨如泼，或惜墨如金。

（二）发挥想象

用“看、听、感、想、做”的方法，能将写人叙事变得具体充实。

请看这个句子：

我看见一个小姑娘，年龄不大，长得很瘦，穿得也很差。

根据这个句子，你问自己：

（1）这个小姑娘“小”到什么程度？

（2）怎么个“瘦法”？

（3）穿得有多“差”？

再做如此修改：

我看见一个小姑娘，只有八九岁光景，瘦瘦的苍白的脸，冻得发紫的嘴唇，头发很短，穿一身很破旧的衣裤，光脚穿一双草鞋。

这样我们就把一句笼统空洞的句子，变得具体充实起来。

由此，我们发现了一种让写人叙事变得具体生动的很有效的方法，那就是发挥想象，用上“看、听、感、想、做”的方法，即恰当地添加肖像描写、场景描写、神态描写（看），语言描写（听），心理描写（想），动作描写（做），适当地运用议论和抒情（感）。

让我们来做个小训练，请将下面这句话的内容充实起来。

她骂他混蛋。

添加语言描写：她骂他道：“你真是一个混蛋！”

添加动作描写：她用手指着他的鼻子骂道："你真是一个混蛋！"

添加肖像描写：她早已被气得浑身颤抖，脸色铁青，于是怒睁杏目，用手指着他的鼻子骂道："你真是一个混蛋！"

添加心理描写：她早已被气得浑身颤抖，脸色铁青，但她还是在不断地告诫自己：不要生气！不要失态！不要骂人！最终她实在是忍不住了，于是怒睁杏目，用手指着他的鼻子骂道："你真是一个混蛋！"

添加场景描写：

真是冤家路窄，刚好在操场上俩人不期而遇，由于上次她发现他抄别人的作业，便报告了老师，结果他被老师狠狠地批评了一顿。今天，当着这么多同学的面，他竟然嬉皮笑脸地拦住她，一个劲地说她是小报告、克格勃、小内奸……她对他的挖苦、讽刺装作漫不经心的样子。其实，她早已被气得浑身颤抖，脸色铁青，但她还是在不断地告诫自己：不要生气！不要失态！不要骂人！最终她实在是忍不住了，于是怒睁杏目，用手指着他的鼻子骂道："你真是一个混蛋！"

（三）抓住环境的特点

用上"看、听、感、想、做"的方法，直接描写和间接描写相结合，让概括性的环境变得具体充实。

我们来看下面几个关于环境描写的例子：

1. 天气真热

三伏天的一个中午，天上没有一点云，地上没有一丝风，太阳像一盆火烤着大地，柏油马路晒出了油，花儿耷拉着脑袋，树叶也蔫了，知了在树上一个劲地喊："渴啊，渴啊……"大黄狗躺在树荫底下直喘粗气。

2. 雪大极了

雪下了整整一夜。早晨起来，连门都推不开了。地上的积雪已有两尺多厚，门口的三层台阶已分不出是哪一层了。房屋、楼顶、公路……到处都盖上了一层厚厚的白棉被，天地间白茫茫一片。往日的自行车流不见了，甚至连一辆自行车的影子也没有。汽车喘着粗气向前缓缓地爬行。鹅毛般的雪还在不停地下着，行人都成了雪人，我走出家门不远也成雪人了，艰难地向学校走去。

3. 风真大

突然，一阵狂风刮起，飞沙走石，尘土飞扬。树干“呜呜”的响，电线“呜呜”的叫，可怜的小树被风刮得东倒西歪，有的还被拦腰吹断了。墙角的垃圾、纸屑被风卷到空中，像断了线的风筝，飘飘摇摇、上下翻飞。整个天空就像长时间没有换水的鱼缸被搅动了一番，杂物飘忽不定，一片浑浊。

通过研读，我们发现了一种让概括性的环境变得具体形象的方法，那就是——抓住环境的特点，用上“看、听、感、想、做”的方法，直接描写和间接描写相结合。

二、抓住特征举出例子

“我的妹妹是个很顽皮的孩子”，作者就举出了这样一个例子：

我的橡皮泥用完了，叫妹妹帮我拿一下。“小妹，帮我把楼下的橡皮泥拿上来。”却传来妹妹这样的回答：“啊，什么呀？”“帮我把楼下的橡皮泥拿来。”“啊，你说什么呀？我还没听清楚。”“帮我——把橡皮泥——拿来——”“啊。什么呀？你再说一遍——”我知道妹妹不肯给我拿了，只好自己去拿了。

你看这调皮的妹妹多么形象逼真。

我们要写一把刀锋利，有的同学就写“他的刀很锋利”，这样写就不具体，锋利到什么程度呢？在这种情况下，就可以举些例子来说明了：

只见他拿刀去砍碗口粗的大树，大树应声而下；他又拿刀去斩筷子粗的铁丝，顿时铁丝一分为二。再看看刀刃，完好无损。

这当中没有出现“锋利”这个词，但是谁看了这些句子，都知道这刀锋利，文章也就显得具体了。

表现自己平凡没有任何特长，有位同学是这么写的：

别人在跑道上飞快地跑，我只能在下面喊“加油”；别人在台上唱歌，我只能在台下鼓掌；别人展示他的绘画作品，我只能在旁边欣赏；别人在台上跳舞，我只能在自己的位子上观看；口才好的同学在演讲比赛上口若悬河，我只能做一个默默的观众；写字好的同学可以把黑板当作画布各展其才，我只能看他们的劳动成果。

你看，小作者的“没有任何特长”表现得非常具体，字里行间流露出了淡淡的遗憾。

再如：我的性格很内向，不愿和伙伴们一同玩耍，所以我便自己与自己玩。玩什么呢？自己玩扑克，自己下象棋，自己玩角色游戏，甚至我能用两只手来打架玩，还把铅笔当武器。我还常用土块或土渣去把蚂蚁、潮虫、瓢虫等埋上，让它们自己爬出来，再埋上它们，这样一次又一次，乐此不疲。

三、分解动作，写出层次，具体写出动作的过程

我们往往觉得生活中的动作是一下子完成的，因而一句话就带过了，比如插队：他真讨厌，一下子插在了那个小同学前面。

如果我们分析一下就会发现，这个动作是可以分解，写出层次的。

其实这种写法类似于电影中的“慢镜头”，我们把这个动作分成一些小动作，按时间先后写下来，使这个动作完整地展示在读者面前，我们的文章自然就具体生动了。

请看下面的文字：

你看，那边来了一个大个子，刚来便径直跨到队伍前面，好似一只饥肠辘辘的老虎在那儿虎视眈眈地等待时机。此时他那时髦的服装和俏丽的虚荣的外表再也容纳不下那颗丑陋的心灵了——因为我们都已经用自己明亮的双眼清楚地看到了他的丑恶。迫不及待的他终于发动了猛烈的进攻——瞧：他左腿向上一跨，右腿一蹬，便将一个小个子学生挤到了后面，紧接着左手将饭卡往插卡器上一插，右手的饭盒往上一递，一张丑陋的嘴巴大声喊道：“师傅，要一份鱼香肉丝、两个馒头，一份汤……”那似乎很是有礼貌的语气，不禁让我悻悻作呕。

我们可以看出，后文比前文生动多了。这是因为生活中有些动作是可以分解成几个小动作的，把每个小动作都写具体了，那么问题就迎刃而解了。武松打虎中，老虎的动作被分解成一扑、一掀、一剪，武松的动作被分解成一闪、一闪，又一闪，还有抡、劈、跳、退、揪住、按、踢、打。如写两个同学打乒乓球，就可以把他们的动作分开来写，各自的动作又可以分成几个步骤。这样“打”这个动作就被分解成很多的小动作了。

请看鲁迅《故乡》中的一个文段：

那天，他在雪地里罩住了一只小鸟。

他扫开一块雪，露出地面，用一枝短棒支起一面大的竹筛来，下面撒些秕谷，棒上系一条长绳，人远远地牵着，看鸟雀下来啄食，走到竹筛底下的时候，将绳子一拉，便罩住了。

让我们再看下面的例子：

我鼓起了勇气，站在起跑线上，眼睛紧紧地盯着踏板，深深地吸了口气，定了定神，攥紧拳头，像离弦的箭冲向前方，右脚猛地一蹬踏板，双脚并拢一跃，身子腾空而起，像青蛙跳水一样落在沙坑里。我回头一看，我及格了！“哗——”掌声响起来，同学们为我的成功而祝贺。

连续动作该怎么描写？那就应该突出动作的连续性，要注意关联词语的运用。

那一夜，我没有入睡。同平常一样，您很晚才回来——那台嘶哑了的闹钟给我暗示，十点了。您轻轻地走进房间，我知道，您不愿把我惊醒。爸爸，您可知道，我怎会入睡。您坐在椅子上，轻轻点钱——5角的，2角的，1角的。1元的少得那样可怜。“当……”似乎什么东西落在地上，我半闭着眼，您在地上前后左右摸着什么，我早已看见一枚一角的硬币在地上，但我没有勇气去告诉您，我怕您为自己的苍老而……过了好长时间，您找到了。我分明看见您脸上淌着汗珠，但您却笑了。

第二天，我要起程，您说：“家里不用操心，将来考个好大学……”我没有回头，走了——因为我怕一回头，眼泪不争气，让您担心！

四、运用修辞，画其神韵

可我能感觉妈妈并没有出去，反而好像到了我的床前。我微微睁开眼，妈妈果然站在我的床边，愣愣地看着我。

那是什么样的眼神啊！那是第一缕晨曦对娇花的抚弄，那是三月里的春风对碧水的温柔，那是夏日晚霞对嫩柳的辉映，那是秋夜月光对修竹的依恋，那是冬日里的朝阳与小草的交谈！

五、变换角度，增加层次

可我能感觉妈妈并没有出去，反而好像到了我的床前。我微微睁开眼，妈妈果然站在我的床边，愣愣地看着我。

那是什么样的眼神啊！我在这眼神的普照下，顿时有种异样的感觉：我好像变成了一个襁褓中的婴儿，酣然入眠，感动得母亲满脸都是幸福；一会儿，我好像又变成了一朵俏丽的月季花，激动得母亲绽开了笑颜；一会儿，我好像又变成了一幅五彩的画，陶醉得母亲在那儿欣赏又欣赏！

六、类比联想，添其内涵

可我能感觉妈妈并没有出去，反而好像到了我的床前。我微微睁开眼，妈妈果然站在我的床边，呆呆地看着我。

那是什么样的眼神啊！我曾在史铁生的《我与地坛》里见过，那母亲的眼神是一种无言的祝福；我曾在屠格涅夫的《呱……呱……》里见过，那母亲的眼神是一种幸福的安详；我曾在毕淑敏的《我的五样》中见过，那母亲的眼神是一种不能割舍的珍爱！

原文

心灵的距离

吃过早饭儿子又因为接到一个电话就出去了。这一切让母亲感到不安。

过了一会儿，母亲来到儿子的房间——已经很少进入的一间房。房间的摆设还是老样子。母亲不安地打开了抽屉，抽屉里没有什么东西，一个笔记本，几封信，几张女孩的照片。信是从全国各地寄来的，多是笔友的信。她看到有一本日记本，就打开了。里面记的都是小事，她就合上了日记本。

儿子回来了，进屋后又气冲冲地走了出来，盯着母亲，母亲没有说话。儿子转身进了自己房间。

几天后，儿子又出去了，母亲再次走进了儿子的房间。她看到儿子的抽屉上了把锁。她想退出去，但是一想起那些电话，她还是拉开了抽屉，抽屉没上锁，但抽屉里什么也没有。

母亲的心顿时空空如也。

升格作文

心灵的距离

吃过早饭后，儿子接到一个电话后便一声不响地出去了。

“这孩子是怎么了？”母亲望着儿子的背影，疑惑地想。这些日子她觉得儿子怪怪的，常接到一些莫名其妙的电话，然后就往外跑，“莫非是发生……”母亲的心头掠过一片不安的阴云。

禁不住疑惑的驱使，母亲轻轻地进了儿子的房间——自从儿子长大后她就很少进来了。房间里没有多余的摆设，只有一张床、一个书架、一张桌子和一把椅子。母亲轻轻地走到桌前，打开没有上锁的抽屉。抽屉里摆着一本精致的日记本、一沓信和几张照片。母亲先拿起照片和信，几乎每张照片上都有一个可爱的女孩，信则是从全国各地寄来的，多是笔友的信。母亲叹了口气，放好了信和照片，又将手伸向了日记本。在手指与封面接触的一瞬间，母亲像被烫着似的缩了缩手。她本不该看儿子的日记，可是当想起与自己交流越来越少的儿子，她咬了咬牙，便打开了日记本。

日记只记了几页，多是学校里发生的事。母亲匆匆忙忙地看了几页后，就慌忙放好日记本，逃也似的出了房间。傍晚，儿子回来了，进房后不久便急步冲出来，盯着母亲，眼睛几乎要冒出火来了。母亲低着头，转身做着其他事，竭力躲避着那道目光。儿子转身进了房间，“砰”的一声重重地关上了房门，母亲被震得一惊。

那天，儿子没有出来吃饭。

过了几天，儿子又出去了。他刚出门，母亲便悄悄地走进儿子的房间，远远地就看到抽屉上新装了一把锁。她顿时冷冷地呆立在那里。刹那间，母亲觉得一股强烈的电流通过全身，将她的心击穿。她苦涩地感到锁住的不是抽屉，而是一扇门——门里是儿子，门外是自己。母亲心里生出一丝莫名的惆怅，想退出去，但当她想到了电话、照片……他毕竟是孩子啊！于是她伸手试着拉抽屉。突然她听到冷冷地一声“哼！”她惊得跳了起来，回头一看，儿子斜靠在门上，不满地望着她。母亲只觉得背后凉飕飕的，脸上却有点发热。她慌乱地低下头，喃喃地说；“我想来……我想来……帮你收拾……房间……”儿子打断了她的话：“我只是回来拿一下东西。”说完便转身走了。母亲一下子瘫倒在椅子上。

又过了几天，母亲在确信儿子已经走后，再次走进儿子的房间。抽屉上的锁还在，但却没有锁上。母亲屏住呼吸，用略微颤抖的手打开了抽屉——里面什么都没有，一片空白，连一张小纸条也没留下。

母亲的心顿时如同抽屉一样变得空荡荡的。

——选自“豆丁网”

读了原文与修改稿后，请你说说第二篇文章中你欣赏的精彩句子和段落，并说明理由。

写作中展开联想和想象

学生作文，最常见的毛病就是内容贫乏，无事可写，无话可说。这种现象，有人往往归结为词汇缺乏，遣词造句能力不足。其实，这主要还是因为这些同学不会在现有生活的基础上，发挥联想和想象。

一、联想

（一）联想的特点

联想是写作中一种重要的构思方式。它的特点是：从某一事物想到与之有一定联系的别的事物。这其中要注意两个要素：

（1）有一定联系。

（2）别的事物。

郭沫若《天上的街市》中的“远远的街灯明了，好像闪着无数的明星。天上的明星现了，好像点着无数的街灯”，就运用了联想，联想到的是客观实际，是从此及彼的过程。

（二）联想的作用

把联想运用到写作中，可使文章内容丰富、充实，表达生动、形象。会写文章的人往往有感而发，“浮想联翩”。“浮想”就是“联想”，“联翩”就是一个接一个地“联想”。由所写的人、事、物联想到许多与之有关的人、事、物及其所含的道理。所以，善于联想不但有助于解决作文的材料问题，还有助于提炼和深化主题，有助于运用托物言志、比喻论证和类比论证、借景抒情等构思和表达技巧。

世上万事万物之间都有许许多多联系，关键是要找到恰当的联系点，这就需要了解并掌握一些联想的方法。

（三）联想的方法

1. 相关联想

一提到蓝天，往往想到白云；一提到秋天，往往想到果实累累。它们为什么会被联系在一起呢？时空往往相伴，令人不由自地主将它们联系在一起是主要原因，这就是相关联想。

2. 相似联想

比如，“祖国的花朵”是对小朋友常见的比喻，为什么不想到棉花、荷叶、南瓜，而是祖国的花朵呢？因为花朵鲜艳、娇嫩、充满生机、惹人喜爱，和小朋友一样。这就是相似联想。

3. 类比联想

类比联想是由所写的人、事物，联想到与之同类的人、事、物。

如郭沫若《天上的街市》，抓住街灯和明星的相似之处，由街灯联想到天上的明星，再从明星写到街灯，通过牛郎织女的幸福生活，寄托了作者反抗传统观念、追求幸福生活的强烈愿望。这样的类比联想使抽象的道理具体形象，增强了文章的感染力。

4. 对比联想

对比联想是由所写的人、事、物联想到与之相反的人、事、物。事物总是有它的对立面的，而且截然相反的事物会给人留下强烈鲜明的印象，所以对比联想的思维方法，可以使我们看到各种事物之间的差异，从而把握事物的本质。杜甫的“朱门酒肉臭，路有冻死骨”就是运用了对比联想。

5. 象征联想

象征联想的特点是用所写的具体事物代替某种人或某种精神。这种联想是一种“半透明式的反映”，外层与所联想到的内层同时显现。茅盾的《白杨礼赞》，抓住白杨树干、枝、叶、皮及顽强的生命力，采用象征手法，由此及彼，自然而然地联想到和白杨树一样具有顽强生命力的北方农民。

6. 事理联想

事理联想即由事到理的联想。作者对事物做简要介绍之后，由此联想到其中包含的道理并将其直接引发出来。这种联想多数是在读（观）后感一类文章中出现。

（四）联想离不开观察与思考

秦牧曾说：“联想的构成，在某一点上如同电路，有了电路，电才能通过。知识贫乏，线路就不能很畅通了。”联想很像串联的灯，电通灯亮。一亮一串，形成一条链。联想是在所见所闻的基础上展开的。如果观察不全面、不细致，联想就难以展开；如果见闻写得不具体、不切实，联想就会失去基础。这就要求我们平时要勤于观察、善于观察，逐步积累生活经验，不断汲取知识养料，养成勤于思考、善于联想的好习惯。这样，我们就能在写作文时，一边写，一边想，积极开动大脑，写出联想的内容，好文章自然就会写出来了。

二、想象

写作时想象和联想往往结合起来运用。

（一）想象的特点

所谓想象，是人们在原有感性形象的基础上，创造出新形象的思维过程。

如郭沫若《天上的街市》，“我想那缥缈的空中，定然有美丽的街市。街市上陈列的一些物品，定然是世上没有的珍奇”，就运用了想象。想象是人脑主观创造出来的，是从无到有的过程。

想象的基本方式：再造想象和创造想象。

再造想象是根据现成的语言或其他手段（如图片、画面）的描绘在头脑中再造出相应的新形象的过程。所谓“再造”，一方面指这些形象不是自己创造出来的，而是根据别人的描述或示意再造出来的。另一方面，再造想象并不只是对于作品所描绘的形象的简单接受和原封不动的“克隆”，而是通过自己的大脑，在词的作用下，用自己已有的生活经验、知识积累、形象记忆去领会和体验。

创造想象是根据预定的目的，不依据现成的描述而独立地创造出新形象的过程。

（二）想象的作用

善于想象能把抽象的事物形象化，化空为实，在不违背常理的前提下可大胆虚构、超越时空、突破现实。

原文

在日新月异的今天，谁还会每天按时看日出呢？谁不想早点出门去奋斗，为自己搏个好前程呢？于是，福楼拜成了大家不理解的对象！一个世界级的大文豪，一个视时间为生命的人，每天惦记着日出，把再平常不过的景象当作一门必修课来面对。他的朋友笑他不懂得把握时代的命脉，他不语，只是坚持着这个习惯。**每天坚持看日出，这不比一清早睁开眼就投入到繁忙的工作中更令人愉悦吗？然而，总有人嘲笑他，他们永不知道福楼拜的快乐，那种与自然共生共息的快乐。**

升格作文

在日新月异的今天，谁还会每天按时看日出呢？谁不想早点出门去奋斗，为自己搏个好前程呢？于是，福楼拜成了大家不理解的对象！一个世界级的大文豪，一个视时间为生命的人，每天惦记着日出，把再平常不过的景象当作一门必修课来面对。他的朋友笑他不懂得把握时代的命脉，他不语，只是坚持着这个习惯。**我曾经想象过那是一幅怎样的画面：天空刚被染红，树木刚刚苏醒……一个人站在窗前，见证着新一天的到来。他与残月挥手告别，与新日问候早安。他享受着与自然共生共息的快乐，这不比一清早睁开眼就投入到繁忙的工作中更令人愉悦吗？**

请注意研读两段文段中的粗体字。适度合理的想象，能给读者带来更多温暖与感动，能激发读者的无限情思和遐想，从而增加文章的感染力和思想容量。

（三）常用的想象作文构思方法

1. 时空转换法

时空转换法，即跨越时空的限制，突破现实与环境的局限，上下五千年，纵横八万里，让时光倒流或“预支”，让天地浓缩或扩展。

2. 角色错位法

人生大舞台上，场合不同，各人扮演的角色也不同，如“改换”其身份、地位等，让他变成与原来完全相反的另外一个人，甚至是其他生物。

3. 梦幻造境法

梦幻造境法，通过梦幻的方式，虚拟出美妙的境界，用来寄托自己或他人的向往与憧憬、追求与志向，来拓宽作品反映的生活和精神境界。当然，前提是为主题服务。

4. 编创法

编创法，即编制故事情节。一般记叙文要求真人真事，不需要编。如果写童话、科幻故事或想象作文等就得编了。文艺创作中把编故事叫作虚构，它不受真人真事的限制，不受时空的约束。尤其是童话、科幻故事、想象作文，故事主角可上天入地、探奥搜奇；和草木交往，与鸟兽倾谈；可历洪荒远古、访古人来者。真可谓无所不有，无所不能。但同学们应该明白，无论想象的内容多么奥妙神奇，都不能是无源之水、无本之木。这个源和本便是生活。

（四）运用想象要注意

1. 想象要合情合理

同学们在写想象作文时，常常出现不合情理的想象。如有的同学在《浪漫的李白》想象文章中，写李白在皇宫畅饮之后，又去“卡拉OK”厅唱歌，这样的想象就让人捧腹了。想象必须源于生活。如果说想象是空中美丽多姿的风筝，那么现实生活就是手中的线。因而，我们在写想象作文时，表现过去和现在，一定要注意结合当时的时代背景、生活水平、风俗人情、语言服饰等，不可以以今代古，亦不可以古代今。

另外，在展望未来的时候，更要清楚地了解当今社会的发展情况，特别是科学技术的发展，要科学地描写未来的发展趋势，不要一味追求“大胆”而虚幻得“天花乱坠”，不可理解，更不应出现前后矛盾，甚至知识性方面的谬误。

2. 想象要丰富多彩

怎样使你的想象丰富呢？一是用多点辐射，拓展想象的广度。即以写作的中心为圆点，向四周辐射，要放开思绪，让思绪的线条纷纷延伸。如写“雨中我想起了……”这个文题时，可想到“第一次淋成落汤鸡的情形”，想到某种感伤，想到雨中的一次抢险，想到抗旱时的一场及时雨，想到雨中电视上某个激动人心的画面……二是用纵横勾连挖掘想象的深度。就是对一个材料、文题、图片或话题进行纵向的畅想，可以上下几千年、纵横几万里地去畅想，可以古今中外，神思飞越地去畅想。只有这样打开思路，才能写出丰富多彩的想象佳作。

3. 想象要新颖神奇

想象也需要创新。开始写想象作文，我们往往“抄袭”别人的想象，喜欢“人想亦想”，如一看到星星就会想到是眼睛在眨呀眨，一看到月亮还是写它像弯弯的小船，这样的想象作文既不新颖，更不神奇。如何新颖神奇呢？首先要在丰富的想象内容上精选与众不同的“点”来表现生活的“面”。那些独具匠心的创想，更是想象作文青睐的金点子。如一篇表现母爱的中考佳作《想起娘亲》中，有位考生写道：“袅袅的炊烟，是娘亲温柔的手，琢磨出的生活醇香。”用“炊烟”的轻柔来想象母爱的温柔，多好！

三、实战演练

根据下句的话题，合理想象，展开列举，分别组成100字左右的语段。

（1）夏天和冬天，各有各的情趣。

（2）翻开古诗文，你可以一一品味历代文人深切的思想感情。

例文1

答案参考：夏天和冬天，各有各的情趣——夏有夏的草绿花香，冬有冬的琼枝玉叶。夏天百川灌河，漫江碧透，雨后泛舟，总能让人心旷神怡，流连忘返；冬天千里冰封，万里雪飘，湖面滑冰，一样使人逸兴神飞、意趣盎然。

例文2

答案参考：翻开古诗文，你可以一一品味历代文人深切的思想感情。读杜少陵、白居易，你懂得了什么是忧民情结；读辛弃疾、陆放翁，你明白了什么是爱国情怀。李太白的傲骨让你钦佩，苏东坡的豪放让你叹服，文天祥的忠心让你扼腕……读着，品着，你已然和诗人们融为一体，共同承担了历史赋予的神圣使命。

佳作荐读

给自己一些勒痕

漫步在幽静的院落里，夏日的清风徐徐从耳际拂过，碧绿的黄瓜叶也随之轻轻地跳跃着，隐约露出身下肥嫩水灵的黄瓜。突然间，我惊诧于如此肥硕的瓜果，何以悬于如此纤弱的藤蔓之上，还能如此茁壮地成长？

走近了，我看到了盘结在瓜身上的坚韧的青藤，还有瓜身上一道道被青藤勒出的伤痕。我感叹瓜果如此亏待自己的同时，恻隐之心油然而生。我伸手一根根地拨开青藤，当最后一根青藤离开瓜身时，我听到的却是瓜坠地的一声闷响。我愣住了：原来以为青藤是瓜们成长的束缚，却不知它是瓜们生命的支柱；原本以为那是无知的自虐，却不料那才是它们对自己的善待。

我常常反感生活中的种种规矩、原则，以为它们是追求自由的桎梏，是扼杀创造力的元凶。事实上，一旦离开它们，生活真会那么美好吗？恐怕不尽然。果然如此的话，我们很容易会从放松滑向放纵，最初的欣喜将会被岁月渐次累积的茫然所取代；徘徊于人生的岔路口时，我们仍然会希望找回曾经的那些规矩和原则。如此扭曲自己的人生，难道是对自己的善待吗？

瓜果尚且知道为了成长宁愿被青藤勒住，我们这些自命有超群智慧的人类又该如何呢？我想，善待自己不是简单地抛却原则，而是适当地坚持原则，寻找一些有助于自身成长的“青藤”。这些“青藤”能让我们在面临种种不良的诱惑时，及时地悬崖勒马；能让我们在风雨飘摇中，坚定自己的理想信念；能让我们在茫然无措时，拥有强大的精神后盾……这些“青藤”，可以是你的处世原则，可以是你生活中的道德准则，也可以是你不懈追求的理想。

当然，被“青藤”勒住，难免会感到痛苦，有时甚至会留下永不磨灭的伤痕，但为了成长，付出这些代价又何妨呢？毕竟善待自己不是为了追求一时的轻松，而是为了得到永远的快乐。我走向瓜藤边，从松软的泥土上拾起那依旧水灵却失去生命光泽的黄瓜，不觉竟有些为自己的顿悟而欣喜。

善待自己，就让自己被青藤勒着成长，那道道被勒出的伤痕绝不是你晦暗的痛苦记录，而是你光辉的青春舞步。

——选自“作文库”网

简评：

本文是借联想展开全文的经典篇章！瓜果身上有坚韧的青藤，成长中需适度的原则，“勒痕”正是二者的高度相似点，也是本文类比联想的连接点。文章对所见之物展开反思，阐明对生活的感悟，处理得恰到好处。另外，本文语言也很精当，写景、叙事、说理，都恰到好处。

同学们，学习完本章作文指导，你是否也开始浮想联翩、奇思妙想了呢？

学会点题，突出中心

一、点题法

在中考作文的写作中，切合题意并突出中心是得分的关键，因而“扣题而作，突出中心”是写好中考作文的最基本要求。

要做到“扣题而作，突出中心”，首先要过好审题关。

审题，就是揣摩命题者的意图，推敲题目的含义和要求，明确应写成什么文体、该确定怎样的中心、可选用哪些材料、怎样安排详略，等等。审题是作文的第一步，也是决定作文成败的重要环节。在写中考作文时，只有认真审题，准确把握题意，才能写出好的文章来。若审题不准就会出现偏题、跑题的现象，影响作文成绩，严重者只能被判为四类文或五类文。关于审题指导，前文已有具体的介绍，此处不再赘述。要落实“扣题而作，突出中心”，就要在作文中恰到好处地运用“点题”法。

点题指的就是点主题、点标题，也叫破题，是指在文章的关键地方，用简明扼要的语句交代、提示或点明文章的中心思想，以便评卷老师迅速准确地把握你所写的文章的中心，了解你写此文的意图。

语文教育家何永康教授说，应考作文，要多一点“二锅头”，少一点“碧螺春”！何谓“二锅头”？它是我国北方的一种烈性酒，一口下去，两眼冒火，浑身发热。何谓“碧螺春”？此茶需要慢慢地品味，快喝猛喝是喝不出滋味来的。就是说，应考作文必须要有很强的‘视觉冲击力’，以便让阅卷老师在瞬间被它吸引，被它打动。“犹抱琵琶半遮面”，太曲折，太含蓄，是考试作文的大忌。点题，是获取“保险”分的“奠基石”；点题，不仅是写作水平一般的同学的法宝，而且也是想要获取高分的考生的妙招；点题，是挽救离题作文的“救命草”。有一位阅卷老师这样说：“考场作文的立意不仅要准确，而且还应该在行文时将其显明地展现出来，在作文中要不断提到文题，点明你的行文和文题的关系，引领读者随你的思维而去。”

中考作文点题的方式多种多样，按表达方式的不同，大体可分四类：通过抒情点题，通过议论点题，通过描写点题，通过叙述点题。

在中考作文具体的写作过程中，可以灵活运用多种表达方式，在行文中不失时机地点明题旨，回扣题意，以加深评卷老师对作文“思路清晰”与“中心突出”的印象。

二、作文点题方法点拨

（一）要不断点题扣题

要不断出现文题词语（命题作文则主要点标题或主题），文中点题扣题的字眼宜多不宜少，至少在文中出现三次以上。

（二）要学会在关键处或醒目处点题

何谓关键处或醒目处？标题自然是，开头结尾肯定不能忘，中间几段最好能在段首或在段尾分别点题。必要之时，要把点题的句子单独成段。

按行文中间点题文字出现的位置，常用的中考作文点题方式有：

1. 篇首点题

开头是作文的重头戏，开宗明义，为全文定下基调。一般来说，记叙文的开头要开门见山，见人见事；议论文的开头要亮明观点，单刀直入，一针见血。

例文1

罗丹说：生活中不是缺少美，而是缺少发现美的眼睛。同样，生活中也不是缺少爱，而是缺少体验，透过我的视线，我发现，爱就在我的身边。

——满分作文《爱就在我身边》的开头

2. 中间醒目处点题

在中间的关键处、醒目处适当地写上几个点题的句子，常常可以起到纲举目张、突出主旨的作用。文章关键处、醒目处可以是段首段尾，也可以独立成段。

（1）点题句独立成段。点题的几个语句以独立成段的形式表达，这应该是最醒目的点题方式。

……

忘记历史，意味着背叛。

……

忘记名利，铭记奉献。

……

忘记痛苦，铭记快乐。

——《忘记和铭记》

（2）点题句小标题式。

……

希望之火被点燃

……

希望之火燃烧得很旺

……

希望之火永不熄灭

——《让希望之火燃烧得更旺》

3. 篇末点题

在充分叙述、说明或议论的基础上，水到渠成，卒章显志。好的结尾犹如豹尾，短促有力，自然新颖，能收到总结全文、深化主题、发人深省、耐人寻味的艺术效果。

例文2

纪念是内心情感的涌动，但又不是感情的无节制挥霍；纪念需要行动来升华，但又需要理性的引导。真正的纪念是心灵的回响，是历史的回音；它审视过去，启迪未来……

——满分作文《让纪念闪耀理性光芒》的结尾

4. 首尾呼应点题

首尾呼应点题能使文章前呼后应，主题贯穿始终，既能让文章中心更加突出鲜明，又能使文章结构更为完整严谨。

特别要提醒的是，无论采用什么样的方式在什么位置点题，都要与具体事件的记叙、具体场景的描述、具体人物的描写、具体事例的分析、具体道理的阐述紧密结合，以使双方相辅相成、相得益彰；决不能喊口号，唱高调，说套话。既不能乱点题，也不能滥点题，否则就会弄巧成拙。

你能给下面这篇文章点题吗？请参阅括号内评改点题的内容。

妈妈，我一生的感动

我有一位特殊的老师，她既不用教科书上课，也不用粉笔写字，但她却教给我好多好多东西，诸如孝顺、守信、坚强……（开头处加上点题句：妈妈，是个普普通通的妇女，但她有好多东西让我感动）

我没有像学英语那样死记硬背，她教给我的东西，却在一次又一次的实践中，在一件又一件的事例中，学到了……

孝顺，这是我首先学到的，也学会了。（段首中心句修改为：妈妈的孝顺，让我感动）当奶奶还在世的时候，妈妈常买大包小包的东西，带着我去探望奶奶。每当奶奶看到妈妈时，都会用小脚颤巍巍地跑上来，眼睛也因为兴奋而眯成一条缝，微笑绽放在满是皱纹的脸上，是那么甜蜜、那么欣慰。

妈妈伺候奶奶的一举一动，我都看在眼里，记在心上。我暗下决心，我也要尽一份孝心。偶然一次，我发现奶奶很喜欢看书，而且特别快，用“一目十行”来形容还嫌不足。奶奶猜透了我的心思，说：“傻孩子，我是在看图画呢！”噢，我明白了。于是每当我去奶奶家时，都会画一两幅幼稚的画给奶奶看，使奶奶不会寂寞，奶奶总是对我说：“这孩子，真孝顺！”后来，奶奶不幸去世，妈妈常常暗自流泪。于是我记住了孝顺。

守信，这是妈妈最大的亮点。（段首中心句修改为：妈妈的守信，让我感动）一次，我看到一本精品作文书，但没带钱不能买。后来，妈妈说等星期天一定给我买，结果，天公不作美，星期天大雨倾盆，老天不停地“哭”，我想妈妈一定不会给我买了。可是妈妈回来时手里却拿着我喜欢的那本书。

啊！我明白了，妈妈怕“爱书如命”的我等急了，所以才冒雨买回来。我既高兴又生气地问妈妈：“书又不会长翅膀飞了，您为什么不等雨停了再去买呢？”妈妈说：“书当然不会飞，但信用就飞了。人活一世，最重要的是守信，如果不守信，以后谁还会相信你？”这一席话又使我对妈妈有了新认识，妈妈真是位好“老师”。

坚强，是妈妈最突出的特点。（段首中心句修改为：妈妈的坚强，让我感动）上初中后，妈妈开始给我讲述她的故事。她小时候很苦，家里穷，外公、外婆身体不好，她每天放学回家后，先做家务，然后再写作业；年轻时，爸爸在城里工作，妈妈在乡下，耕田、播种、收割，全靠妈妈一人操劳。别说烈日炎炎的夏天，就是凉风习习的秋天，妈妈擦汗的毛巾都能拧出水来。现在回想起来，真不相信那么艰苦的日子，妈妈居然都能挺过来。我要学习妈妈的坚强，敢于面对任何困难。

当然，妈妈教给我的还有很多——宽容、忍让、自信、体贴……（文章关键处的总结句修改为：当然，妈妈让我感动的，还有很多——宽容、自信、体贴……）

妈妈——老师！（结尾修改为深化主题的句子：妈妈，我一生的感动！）

——选自“作文库”网

三、实战演练

开端是（事情的）开头。春天，是一年四季的开端；清晨，是一日生活的开端。万事皆有开端；开端蕴含着希望……

请你结合自己的亲身经历或感受，以“开端”为题，写一篇文章。

要求：

（1）不限文体（诗歌除外）。

（2）不少于600字。

（3）作文中不要出现所在学校的校名和师生姓名。

佳作荐读

开端

在那成功的背后，必有一个苦涩的开端。（简评：开门见山提出自己的感受，审题准确，入题简洁明快）

我从小就梦想着成为一名芭蕾舞明星。穿上漂亮的公主裙，系上粉红色的芭蕾舞鞋，然后，站在我梦寐以求的舞台上，用脚尖轻轻地点着大地，慢慢地旋转，旋转……

终于这美好的机会眷顾了我，凭着我的潜质和热情，我被允许插班到芭蕾舞三级表演班。我的明星旅程由此开始。（简评：“由此开始”，紧扣题意）

这是我第一天来到这个硕大无朋的练习房。推开练功房的门，一看：四周全是镜子，好美！半开着的玻璃窗，阳光从外面洒进来，金灿灿的，仿佛是我的梦想在灿烂地闪耀。我换好我心爱的舞鞋，进入了这个“梦想”的练功房。

“下腰！下腰！你怎么总比别人高出一截？”老师的又一声呵斥使我明白，一切都是从零开始，万事都会有开端，只不过我的开端很苦。（简评：细节描写，紧扣题意）

“往下压，坚持住！”为了让我压好腿，老师干脆坐在我的腿上，把我的腿使劲往下压，他又扳正了我的身体，使我面向前腿，我与撕裂般的疼痛抗衡着。我忍住泪不哭，因为我明白，万事皆有开端。不经历风雨，怎么能见彩虹？（简评：细节描写，紧扣题意；心理描写，点明题旨）

经过我不懈的努力，终于，在一个晴朗的上午，老师欣慰地告诉我：“你可以立脚尖了。”我终于换上了那粉粉的脚尖鞋。顿时，心里一阵激动，但这激动很快又被失落替代，一条布满荆棘的路，铺在了我面前。

我镇定地握住了把杆，挺胸，收腹，提气；我慢慢地拱出脚背，立起脚尖，好痛！我明白这只是一个开始。（简评：“这只是一个开始”，再扣题意）

一个小时过去了，我一直重复着这个枯燥的动作；两个小时过去了，我依旧在练。终于，我忍不住了，“疼！”我叫了出来。此时，我早已汗流浃背，感到全身的毛孔都胀大了，额头上的汗珠更是不停地往外冒，脸上早已分不清哪是汗水、哪是泪水了，只觉得它们都在争先恐后地往外冒。我知道，我的脚长得很不符合跳芭蕾舞的要求，但我会付出比别人多一倍的努力。因为我坚信，开端的痛苦一定会换来成功的甜美！（简评：抒发感情，再次点明题旨）

经过我不懈的努力，我终于被“伯乐”发现，成为芭蕾独舞表演的最佳人选。

为了练好舞，我每天都会挤出时间。每次练完后，我可以把腿放到别人放不到的地方去，那种舒展的感觉是旁人难以感受到的。

舞台上，美丽的七彩灯光汇聚在我一个人身上，我快乐地舞着，我是一个用脚尖舞不停的小公主。最后一个漂亮的谢幕，博得了全场观众最热烈的掌声。我，成功了！

成功的背后，总是有一个苦涩的开端。只要拥有一种坚持、一种信念、永远都不放弃的精神，那苦涩的开始也蕴藏着一种甜美……

——选自“作文库”网

（简评：首尾照应，一唱三叹；篇末点题，画龙点睛。在文章收尾时照应开头，再次点题，不仅能起到深化主题的作用，还能给评卷老师以紧扣文题、一目了然之感）

简评：

“开端”对考生来说是一个既熟悉又陌生的命题，因此，有内容可写。但要想写得好，也并非易事。因为就“开端”写“开端”没有意义，关键是要在文中表达出考生自己对“开端”的独到认识，这就是命题者设计此题的初衷。“请你结合自己的亲身经历或感受，以‘开端’为题，写一篇文章”，则是对写作内容的要求及提示。这些题意，是考生在审题时应该明白的，也是在行文扣题时要予以落实的。

本文小作者采用记叙文的写法，通过叙述自己芭蕾舞训练的过程，得出了自己的独到认识，即“成功的背后，总是有一个苦涩的开端。只要拥有一种坚持，一种信念，永远都不放弃的精神，那苦涩的开始也蕴藏着一种甜美……”审题准确，入题简洁明快，文章开头扣题，中间点题，末尾化题，一环紧扣一环，前后呼应，首尾圆合，层次清楚，结构严谨。

如何做到“扣题而作，突出中心”，这篇中考优秀作文为大家提供了一个成功的范例。

让文章有亮点

一、何谓亮点

何谓亮点？亮点就是让读者觉得精彩、动情的东西。可以是吸引人眼球的标题、一锤定音的开头、回头一笑百媚生的结尾；可以是新颖独特的见解，深邃丰厚的哲思，奇特瑰丽的想象；也可以是描写精彩的一个眼神、一句话语、一个动作、一处景物、一种修辞、一番感受……作文是否有亮点，是区分作文优秀与否的重要标志。

二、如何让作文有亮点

（一）吸引人眼球的标题

"文题善，佳篇成一半。"要想得作文的高分，拟定一个靓丽夺目的标题显得十分重要。考生要在下笔之前，多动脑筋，斟酌探索拟题技巧，拟出高质量的标题，打造文章第一得分亮点。

经典考题：

社会的喧嚣，应试的压力，功利的追求，心态的浮躁，现今的中学生很难进入到大师们所营造的氛围，取而代之的是快餐式或短平快式的浏览。很难想象，这样的浏览能品出屈原的孤独、陶渊明的淡泊、李白的豪放、杜甫的沉郁、苏轼的旷达、辛弃疾的悲壮、曹雪芹的伤感。虽说现代社会信息高速化，资源多样化，人们要了解外面的世界，并不局限于阅读，但毫无疑问，在这精神家园逐渐沙漠化的时代，我们的中学生更需要荡涤灵魂污垢的黄钟大吕，用来为我们的终身发展铺上绚丽的底子。请以"阅读"（读书）为话题，拟一则标题，要求运用一定的修辞手法（或化用法），避免一般化，拟出新意来。

让我们一起动脑拟题吧？

例如："叩响天堂的大门""擦拭心灵""寻找心灵的一片净土""心灵之箫""与圣人共舞的舞台""和大师对话""擦亮你的第三只眼""书香

抚胃更胜食”“多少蓬莱书中现”“一书一世界”“忘忧草”“梦开始的地方”“书籍·阅读·阳光”“‘家书’抵万金”“三更有梦书当枕”“问世间书为何物，直教人生死相许”“万紫千红总是书”“千‘书’万‘书’梨花开”“身无彩凤双飞翼，心有灵犀在书中”“风中有朵书做的云”“非‘读’勿扰”“爱书才会赢”“阅读深深深几许”“将阅读进行到底”“书声依旧”“无‘读’不丈夫”……

（二）一锤定音的开头

你需要选一个好的切入点。你可直接切入对往事的回忆，也可以缓缓抒情，深情切入，采用触景生情的写法，设置与往事相似或有某种联系的情境，引出对往事的回忆。如看别人一家大小在夕阳下散步的情景，勾起你自己其乐融融的回忆；看年轻的母亲逗小孩的情景引起你对周岁第一张照片的回忆。你也可以采用先声夺人的手法，以一声吆喝切入文章……总之，要精心经营文章的开头，力求让读者一看开头就要情不自禁地想读下去。

（三）浓墨重彩绘片段

紧扣“定格”，精心选择那些曾经打动过你的镜头或片段，将欢乐或悲伤、喜爱和憎恨等感情集中到某一点上，并着力描画好这个“动情点”。这个动情点，可以是瞬间的场面、感人的语言、难忘的动作、揪心的眼神、细腻的心理描写，等等。要写得感人，就要不惜笔墨，细腻地刻画人物的神情，着力刻画人物心理，让人物走上前台对话，让人物自己上台表演……当然，你可以为这个“动情点”做好铺垫，并用工笔细描，一一刻画出令人震撼的细节，使文章弥漫着令人心动的真情。

（四）仔细刻画情节

“文似看山不喜平。”写“珍藏”一类回忆的话题，宜采用倒叙的手法，增加文章的悬念，在文章中间可以插入与主要事件相关的故事情节，以突出文章的主题，还可以写事情的由来，为下文作铺垫，这样既丰富了文章的内容，又可以让文章情节曲折生姿，或者巧妙地将人物前后的不同表现一一对比，还可以增加一些景物描写，“一切景语皆情语”！

（五）回头一笑百媚生的结尾

不知道大家看电影的时候，会不会有一个共鸣，那就是，电影的结尾实在太重要了，如果前面一般但是结尾好，剧情在最精彩的部分戛然而止，大家就会沉浸在结尾中，忽略前面的一些不好。但是，前面好而结尾糟糕的电影则被称为烂尾，就像一个人先做了九十九件好事，最后却做了一件坏事，那他也会被称为坏人。应试作文也是如此，判卷老师对你作文的印象往往会停留在你的结尾，结尾很重要。

阅卷经验告诉我，单纯的抒情议论式的结尾不如含有比喻等修辞手法的结尾。因为抒情议论不容易控制好度，考生经常会自我感觉良好，觉得自己作文的结尾好美、好有哲理，但其实跟文章内容是脱节的，甚至是为了抒情而抒情，为了议论而议论，显得呆板机械、矫揉造作。最好修辞手法与抒情议论兼而有之。

其实宁静就是那么简单，一个浅浅的微笑，一句贴心的话语，一颗能包含一切的心灵，足以使一张紧绷的脸松弛开来，让笑容在人们脸上轻轻地绽开，那笑容就如徜徉在天边的云朵，轻轻地点缀着那片蔚蓝的天，清新而自然。

——选自广州中考满分文《从天空想到的》

运用排比、比喻修辞手法，以优美的文字抒发内心的真实情感，并配以适当的议论，使文章结尾气势不凡、强劲有力。

阅卷经验还告诉我，单纯的抒情议论式的结尾不如景物烘托、情景合一的结尾。例如：

风停了，暴雨也结束了，太阳重新露出了笑容，两代人的那扇玻璃也被那片残阳熔化了。太阳在远处逐渐隐去，消失在一片晚霞中，两者混为一体，没有距离。

——选自广州中考满分文《雨中品读》

小作者通过对雨后景物的描写暗示了两代人之间情感隔阂的消失，情与景有机地结合在了一起，含蓄隽永，余味无穷。

（六）锤炼语言有文采

“言之无文，行而不远！”丰美的词语，飞扬的文采，灵动的语言，读起来如风行水上，给文章增添了无穷的魅力。

1. 巧用句式，让文章灵活多变

整句与散句，长句与短句，各有所长，各有其妙。最关键的是，我们如何根据文章主旨和行文的需要，灵活运用，让整句散句、长句短句，各扬其长，各尽其妙！

（1）整散结合，舒卷自如。所谓整句是指字数相近、结构相似、内容相关的一组句子；而散句是相对于整句而言，它不太注重句子的整齐对称，长短自由，结构多样，灵活诗意。整中有散，语气舒缓；散中有整，诗意灵动。

请欣赏片段：

有种美丽叫飞雪

记得有一种思念，叫作魂牵梦绕；

记得有一种关怀，叫作无微不至；

记得有一种分别，叫作刻骨铭心；

又是一个寒冬，雪儿落了，从灰蒙蒙的苍穹，透过刺鼻的寒气，和着西风，卷起一股白茫茫的擎天柱。轻轻抬头仰望飞雪，我仿佛在迷乱的雪花中看到了母亲。

三个排比式整句，不仅在视觉上给人以赏心悦目之感，而且诗意灵动中又增加了厚实，而后面的散句，语句舒缓，颇有韵味。整散对比，灵动中给人厚实的底蕴，让人爱不释手。

（2）长短交替，错落有致。长句的特点是句子长，字数多，结构复杂，信息丰富；短句的特点是字少，句短，生动活泼。长句悠扬，余音袅袅；短句铿锵，珠落玉盘，将长句和短句交替使用，可使句子错落有致，在视觉上表现出参差美。

请欣赏片段：

雨过之后是天晴

阴雨。长途颠簸，终于到站。雨细而密，极像我的心情。老妈牵着我的手，兴致勃勃，雷厉风行，刚跨过门槛就急着去买香，置我于不顾。我于是无目的地晃荡着闲逛。这应该属于寺庙吧，低矮的房子，古朴素雅。寺内游人络绎不绝。环顾四周，有一尊笑得极开怀的佛像，人们不停地去摸它的身子，希望得到保佑。

你看，一连串的短句，清新活泼，读起来铿锵悦耳，韵味十足，而后面的长句，读起来舒缓有致，长句和短句交替使用，可使句子错落有致，在视觉上表现出参差美。

2. 善用修辞手法，让文章语言灵动飞扬

修辞是语言中的盐，语言有了修辞，语言才鲜活，才有生命力。中考作文，如果你善用修辞，就能化腐朽为神奇，化静为动，使你的语言鲜活灵动、魅力四射，从而产生巨大的感染力。

（1）巧用比喻，生动形象。当代著名作家秦牧说：“精彩的比喻像是童话中的魔棒，碰到哪儿，哪儿就发生神奇的变化。”比喻能化平淡为生动，化深奥为浅显，化抽象为具体，化冗长为简洁，因此，人们把比喻誉为“艺术中的艺术”。在中考作文中，善用比喻，能让你的文章生动形象，满文生辉。

请欣赏片段：

春天的雨，是少女，正值豆蔻年华。她文静、温柔、清新、羞涩。于人不觉间，她轻轻悄悄地走来，“随风潜入夜，润物细无声”。她如纱如雾，如情似梦，沾衣不湿，拂面不寒。她的裙袂飘过处，天地万物从沉沉昏睡中苏醒过来，种子发出嫩芽，竹林长出春笋，杨柳抽出新枝，睡了一冬的小生灵也伸伸懒腰，走出深深的地穴。

春天的雨，又是一个爱美的姑娘，一个极擅丹青的画师。她手执神奇的画笔，挥洒出一个美丽的天地。“梨花一枝春带雨”，何等脱俗；“杏花春雨江南”，何等淡雅；而“小楼一夜听春雨，深巷明朝卖杏花”，又是怎样的清幽。这全是春雨的手笔啊。

怎么样？比喻、拟人加上精彩的引用，给文章营造了一种朦胧、一种诗意、一种灵动。这样的语言，阅卷老师怎能不打高分呢？

（2）善用排比，增强气势。将字数相等、句式相同、意思相关的三个或三个以上的句子组合在一起，就构成了排比句。排比句节奏分明，便于叙事，长于抒情，无疑会使文章大为增色。排比句显然是将有魅力的句子集中，创造出作文亮点的璀璨，有人称排比句是句子的“集束炸弹”，中考作文中排比句无疑会给阅卷老师以惊喜。

请欣赏片段：

诗意的温暖

一束束鲜艳欲滴的鲜花，一封封感人肺腑的长信，一句句表示鼓励的笑语，一张张饱含希望的笑脸……这些都能够让他在与病魔做斗争时充满了勇气和坚定。一个长长的拥抱，皮肤摩擦间传来的温暖，后颈上感觉到温润，一句在耳边轻轻响起的“爸爸，我爱你”足以让他——一位从不因病痛掉泪的真汉子热泪盈眶，他们彼此相拥，温暖传递着。

排比句抒写了对这位英雄的感激、赞美之情，同时也巧妙地展示了小作者深厚的文字功底。

3. 巧借诗文，包装思想，让文章充满诗意韵味

语言的书卷气指作者的文化底蕴。而恰当地引用名人名言、诗句、成语，可以使文章增色，使语言添彩，也从另一个角度巧妙地展现了作者的知识面和文化修养。

引用的技巧或引用的境界有以下两点：

（1）直接引用，映日荷花别样红。直接引用，就是直接抄录诗文。它是最常见、最通用的引用形式，最实用的技巧就是借用一组排比句，然后在排比句中巧妙镶嵌你要引用的古诗名句。这种方法明快、显豁，只要积累到一定程度，你就可以大胆模仿，易于见效。它可以使文章摇曳多姿，也可以使句子更有书卷气、更有诗意，以展示作者丰富的文化底蕴。例如：

读惯了李清照“寻寻觅觅”的婉约窈窕，“才下眉头，却上心头”的儿女情长，那么，“生当作人杰，死亦为鬼雄”的豪迈诗句，是不是如琴丝轻奏转成黄钟大吕般出人意料呢？追本溯源，却是那乱离之世，家国之恨，才使这位柔肠百转的女词人对着滚滚湘江、一弯残月，把浅唱低吟换作了仰天长啸。

选用人们所熟知的诗句，却翻出了新意，阐明了一个观点：李清照诗词风格的迥异源于那“乱离之世，家国之恨”，阐释合情合理，令人叹服。同时语言也显得鲜活优美，充满了灵动之气。

（2）灵活化用，她在丛中笑。灵活化用，引用时不是照录原文，而是对原诗原文巧妙化用，将古代诗词名句中的只言片语巧妙地融入自己的语言中，使之和自己的叙述语言融为一体。它对作者审美眼光和变通语言的能力要求较高，既要援引前人词句，保留原有的汁味，同时又要旧瓶装新酒，演绎翻新，为己所用。由于兼容古今，思接千载，语言典雅，意境悠远，常能产生“青出于蓝而胜于蓝”的表达效果。

例如：读书真好！她使足不出户的我不出门便可以欣赏到大漠孤烟，长河落日；欣赏高山流水，小桥人家。读书真好！她让我穿越历史隧道：走马塞上，看楚汉交兵，金戈铁马；看火烧赤壁，笑关羽败走麦城。读书真好！她让我徜徉于想象的时空，和李白举杯邀明月，与李商隐共剪西窗烛……

此语段灵活化用了杜甫、王维、马致远、辛弃疾等人的诗句，当然，我们会发现这种引用比前面更巧妙，更上升了一个台阶。读者会惊叹于作者阅读面之广之宽，同时，引用自然贴切，不露斧痕，又增加了文采。

4. 运用凝练典雅的词、句，多用书面语

也许是现代都市的楼太高，遮住秋风往来的路径。城市人越来越多，树越来越少，那些作为城市风景的行道树多是长年不凋的树种。踯躅在繁华都市，想拾取一片落叶跟想在都市的喧嚣中找一点诗意是一样难。雁字回时，月满西楼。大雁大概只栖息在唐宋诗词的枝丫上，西楼有霓虹灯、白炽灯和各种彩灯，却挤不进一片昏黄的月光。晴空一鹤排云上，可鹤都住在供观赏的动物园里，要引的诗情碰到冰凉的铁栅栏便铩羽了。

——选自王清铭《剪得秋光入卷来》

细细品读这段文字，我们能感受到其语言的典雅，尤其在“雅”字上表现得很成功。这种成功则取决于以下三个方面：

（1）运用了“踯躅、栖息、枝丫、铩羽”等书面语，书卷气浓了。试想，如果我们将其依次改为：“游走、停留、树枝、失败”等，套回原文中去读，效果就大不相同了。

（2）“雁字回时，月满西楼。”“晴空一鹤排云去”“要引的诗情”，直接套用或化用了古典诗句，语句自然就诗意盎然了。

（3）文中的“落叶、雁、鹤、昏黄的月光”等放在一般的语境下，可能只是作为一种描写对象来写。但在这段文字中，由于它们源于前面的诗句，所以它们就是一些诗歌意象，沉淀着古典诗歌中固有的意蕴，其表现力也就增强了。

凝练典雅的词句需要坚持不懈的积累，做摘记是一种很好的方法。做摘记还能跟练字完美融合，要知道，一个课业繁重的应试考生，是没有太多闲情雅致练字的，摘记可以一边品味一边练字，一举两得，有意地去记忆一些熟脸的难词，然后把它们自然地用到文章中。别人用“暴食”，你就用“饕餮”，别人用“嫉妒”，你就用“觊觎”……这些字词都是熟脸，但不是每个人都能信手拈来，如果你能准确无误地把字写对，定会有所增色。不过，如果你写了一堆“欔、欙、欃、欝、欟”之类几乎没人认识的字，就会聪明反被聪明误的，切记，熟脸难词不等于生僻字词。

三、请找出下面这篇文章的亮点吧

吾爱吾师

刘 峰

鲁迅曾说过：“人生得一知己足矣。”我却说：“人生得一良师也足矣。”张虹老师便是这样一位良师。

师范的第一堂文选课，我们都在焦急地等待着老师的到来。“张虹，听名字大概是位女教师吧！”我正想着，门开了，一位五十多岁的老者健步走了进来。他，苍白的脸颊，瘦削的身材，矍铄的神采，一身蓝色中山服，衣服干净笔挺，一尘不染，举手投足间流露出一派地道的学者风度。这就是张虹老师留给我的最初印象。

张老师的课，令人百听不厌。课堂上，他的嘴简直成了长江的源头，源源不断，滔滔不绝，旁征博引，融会贯通，引导着我们在知识的海洋里遨游，使我们如沐春风，乐而忘返。尤其是一些名家绝唱，张老师声情并茂的讲解，使我们如醉如痴。到现在，我还记得张老师给我们上司马迁的《报任安书》的情景。他先给我们介绍了司马迁的生平，然后充满深情地介绍了“史家之绝唱，无韵之离骚”的《史记》，接着就以激愤的心情讲起了《报任安书》。当讲到“所以隐忍苟活，幽于粪土之中而不辞者，恨私心有所不尽，鄙陋没世，而文采不表于后也”时，张老师哽咽了，我们也屏息聆听，心情沉重；尤其是讲到“虽累百世，垢弥甚而！是以肠一日而九回，居则忽忽若有所亡，出则不知其所往。每念斯耻，汗未尝不发背沾衣也”时张老师已是声泪俱下，泣不成声。我们也被司马迁“隐忍苟法”发奋著书的气节深深地感染与震撼了，教室内一片唏嘘声……张老师的每一节课，都使我们视野大开，精神得到洗涤和升华。我们最愿意上文选课，甚至觉得一天一节文选课实在太少了。

表面上，张老师清高孤傲，不易接近，实际上，他和蔼可亲，平易近人。他虽然德高望重，却从不以长者自居。和年轻教师，甚至和我们这些“准教师”的少年，也像朋友般对待。80年代末90年代初时，教师的社会地位很低，我们这些师范生，尤其是男同学，厌教心理很普遍，动辄就把“我们这些‘臭老九’挂在嘴上”，说着“家有三斗粮，不当孩子王”，忙着“跳了农门，再跳教门”。张老师经常不厌其烦地给我们做思想工作，比古论今，由此及彼，由荀子的“国将兴，必贵师而重教”到徐特立的“教书是一种很愉快的职业，”由世俗偏见到教师职业的崇高，娓娓道来，常常使我们颔首叹服，从而正确地认识到了自身价值，对未来的职业、前途充满了信心。毕业时，其他班的同学都在忙着“跳槽”，而我们班的同学却处之泰然，安心期盼着做一名人民教师，这与张老师的谆谆教诲是分不开的。

毕业时，我怀着依依不舍的心情再次拜访了张老师。张老师热情的眸子里闪着殷切的光芒：“刘峰，你是个很有个性的女孩子，我相信你一定会成为一名出色的人民教师的。”敬爱的老师的鼓励，令我全身热血奔涌。直到现在，一想起张老师的这番话，我总是无法平静。在近十年来的从教生涯中，我虽然热爱教坛，辛勤耕耘，工作也小有成绩，但总觉得与老师的期盼相距甚远，为自己辜负了老师的勉励而惶惑不安。

最后一次见到张老师，竟然是在济南中心医院的病房里。乍见老师，我简直不敢相信自己的眼睛：病床上的他，已消瘦得不成样子，眼窝深陷，脸颊枯干，原来神采飞扬、浑身溢满了青春活力的老师，已病入膏肓。张老师见到我，无神的眼睛里闪过一丝光亮，他吃力地伸出手，示意我坐下。看着最敬爱的老师已被疾病折磨成这个样子，我目不忍睹，泣不成声。当时，张老师的胃癌、食道癌已到了晚期，死神正一步步向他逼近。可是我敬爱的老师，您还有许多事没有做完，还有许多话设有叮咛完，您是多么眷恋这个世界！多么眷恋奉献了一生的讲台啊！……一会儿，张老师闭上了眼睛，若有所思，可能在想牛棚中度过的艰难岁月，也可能在想自己讲过的每一堂课……我将精心挑选的鲜花放在他的床头，无声地退了出来。掩门的一刹那，我不禁又一次深深地凝视着敬爱的老师。他那苍白的、如大理石雕塑般的面容深深地印在我的脑海里，挥之不去。我知道，这可能是我与张老师的诀别。

噩耗传来时，是一个阴雨霏霏的秋日。我眼含热泪，一遍又一遍地读着张老师曾给我的回信：“当前教育形势不是很好，但这种现象不会长久，尊师重教必将蔚然成风，教师一定会真正成为太阳底下神圣的职业。”老师啊，您的话正在逐步应验，九泉之下的您，请安息吧！

不知为什么，一想起张虹老师，我就联想到鲁迅、郭沫若，当然我知道，我的老师不可能与这些文豪巨匠同日而语，但他刚直不阿、倔强不屈的个性似鲁迅，热情奔放、青春洋溢的气质似郭沫若，永远为我，我们——他的学生们所爱戴敬仰。

四、考场作文荐读

推荐理由：用词讲究，句式交错生辉，亮点鲜明。

墨香的魅力

我徜徉于黑白相间的世界里，独享翰墨飘香的魅力。

这还得从爷爷说起。他的一笔好行书，飘若浮云，矫若惊龙。看爷爷写字，是一种难得的享受。他虽年已七十，但精神矍铄；五指握管，轻轻展纸濡毫，落笔藏锋，运笔牵丝，收笔出勾，一气呵成。每一招，每一式，都恰如演练张三丰的太极拳，行云流水，出神入化，心意俱在其中……从那时起，一个梦想便在我心中启航了。

七岁时，手捧颜真卿的《多宝塔碑》，我用幼小的手握住了粗粗的笔杆。别看毛笔没多重，柔弱的笔尖却像一个无法捕捉的精灵，肌肉绷得紧紧的，手臂时常酸痛不已。渐渐地，那些横竖撇捺在我的眼里活起来。点画圆整，端庄秀丽；一撇一捺，静动交融。我爱上了书法，将心中的向往寄托于笔尖，凝神专注，写得秀丽而不柔靡，回锋时刚劲有力。

我的秉性和心境，开始融入到跃动的墨迹中。横，似流水，折射着舒缓的旋律；竖，似青山，昭示着无限的尊严；撇，似夏花，散发着绽放的芬芳；捺，似秋实，收获着璀璨的金黄……那些字，栖居在黑白的世界中，眼前或如蛟龙盘旋，或如银蛇舞动，或如春水泱泱，或如秋山辽阔，执笔流转间，似乎我在挥洒着绝美的传奇，顺锋如高山流水，逆锋如老树虬枝……陪在一旁的爷爷，也禁不住夸我“孺子可教”。

如今，书法成了我生活的一部分。闲暇时，最喜欢于桌前点一滴清水，在砚台边轻轻研墨；最爱铺一张宣纸，于纸上挥毫泼墨。任笔尖跌宕起伏，或轻或重，或缓或急，矫若游龙，一气呵成……一切杂念抛于脑后，只倾心于波澜不惊的境界。那一刻，我似乎穿越到了墨池边，与书圣神交，提笔一挥，豪迈之情自萦绕身边。

墨香飘逸，陪我走过日日夜夜，带给我心灵的慰藉。徜徉于黑白世界，浸身于墨香，我愿用书写诠释人生，让那浓浓的墨汁流入我的生命。

——选自“作文”网

技巧借鉴：

写作，是需要扬长避短的。正像这位考生，由于他选择了书法这一熟悉的话题，于是那散发着墨香的文字也便扑面而来了。考生非凡的遣词造句能力，将书法的魅力展示得光彩四溢。这种能力，或表现为四字词语的自然运用，或表现为长短句的交错出现，或表现为修辞手法的巧妙运用。纵观全文，像“飘若浮云”“行云流水”“老树虬枝”之类的四字成语或短语，信手拈来，美不胜收；像“或轻或重，或缓或急”之类的句子，笔墨整齐，音韵和谐；像“横，似流水，折射着舒缓的旋律；竖，似青山，昭示着无限的尊严”之类的句子，长短交错，对应生辉。考场作文的用词如此精妙，获取满分也就不足为奇了。

同学们，作文要有亮点才能吸引人。作文必须要有“光辉”：没有“太阳”，总得有个“月亮”；没有“月亮”，总得有个“星星”；没有“星星”，总得有个“萤火虫”！

学写观后感

俗话说，好的开始是成功的一半，每学期的“开学第一课”也是老师们最重视的教学内容之一。相信每一位孩子、每一位家长在看完节目后都心潮澎湃、百感交集吧，可重点来了，面对学校要求的观后感这个作业，该怎么下笔呢？

一、什么是观后感

观后感，即观看完电视、电影、视频、戏剧等文艺或文化作品之后的感想、感悟、启发、联想、决心……

1. 观是基础，重点是感

所谓“感”，可以是从作品中领悟出来的道理或精湛的思想，可以是受作品中的内容启发而引起的思考与联想，可以是因观看而激发的决心和理想。

2. 典型错误

（1）将“观”的内容写得很长，总爱把故事情节从头到尾加以介绍。

（2）只是在开头提一下“观了某部影片后，大有启发”等字样，以后就脱离了原片。

应该抓住观看内容中心进行描述，以“感”为主，联系实际，写深写透。

二、观后感的一般结构是什么

观后感的写法其实非常自由灵活，表达方式有夹杂记叙、描写、议论、抒情等，但一般情况下离不开以下这几部分内容：

1. 时间+事件+心情+核心感受

可简单记叙你在什么时间观看了什么节目，节目主题、形式是什么，你观看后心情如何，最深刻的感受是什么（一句话概况你的感受）。

例如：今天，我看了以“中华骄傲”为主题的《开学第一课》，在短短一个半小时里边，节目呈现了中华文化的丰富底蕴。那些为中华文化的传承和发扬而奋斗终生的前辈，他们带来的那一个个感人肺腑、启迪心扉的奋斗故事，让我观后心情久久不能平静。

2. 简要概括节目主要内容

简单叙述《开学第一课》的主要内容，节目分为几个篇章，有哪些节目形式（写一段话即可，简单叙述即可，无须具体的描写）。

例如：节目由“字以溯源”“武以振魂”“文以载道”“棋以明智”“丝绸新路”等五个部分组成。五个部分实则是五节大课。第一节的“字以溯源”，主持人撒贝宁带着一个仿制的甲骨上台，讲述了中国汉字强大的生命力；第二节的“武以振魂”，使我们领略到中华武术的奥秘和魅力，体味到武者那势如破竹的气势和浩然正气的风骨；第三节的……

3. 选取你印象最深刻的内容进行描写和议论，注意结合自身的实际

用相对比较浓重的笔墨叙述、描写给你留下印象深刻的一两个情节，如来自巴基斯坦第一个本土汉语教师米斯巴分享了她一辈子从教的感人故事，这个情节如果你很有感触，就可以借助讲述人的语言进行具体的描写。

你还可以联系其他你在书中阅读到的类似的故事进行讲述和描写，注意写出你当时读这些故事情节时的心情。

紧接着，你要结合生活实际发表你的评价、感想。这是观后感的最重要的部分，千万不要言不由衷，空喊口号。杜绝内容空洞的方法有：

（1）将故事中、影片中的人物与自己做比较，看看你们之间的差距在哪里，自己有哪些不足之处，谦虚而客观地表达出来即可。

（2）如果不想跟自己比，那就跟身边你熟悉的人比，阐发你自己的观点。

（3）如果你怕“得罪”自己熟悉的人，那就干脆将故事中或影片中的人跟社会上的人和现象做比较，从正反两方面谈感受。

4. 升华+扣题

佳作荐读

让自己拥有令“中华骄傲”的纯真灵魂

——观《开学第一课》有感

九月一日晚上九点，央视一套一年一度的《开学第一课》如约而至，也开

启了我进入九年级新学期的第一课。（凤头、扣题）

今年《开学第一课》的主题是“中华骄傲”，分为“字以溯源”“武以振魂”“棋以明志”“文以载道”“丝绸新路”五个部分。这节“第一课”，精彩看点纷呈，令人目不暇接，看时激情洋溢，看后心潮澎湃。主持人撒贝宁、董卿，才华横溢、字字珠玑，主持风格堪称完美；著名钢琴家郎朗与来自意大利的机器人TEO现场精湛的合奏，令人叹为观止；和“阿尔法狗”进行围棋对战的世界围棋冠军柯洁的精彩讲述，扣人心弦；“巴基斯坦汉语之母”米斯巴深情地讲述了传播中华传统文化的故事，令人动容……（整体略写）

其中，最让我感兴趣的是96岁的北京大学教授许渊冲对翻译事业的热爱和坚守，他有着长达60余年的翻译生涯，从少年才俊、崭露头角，历经坎坷、忍辱负重，到诗译英法，舍我其谁，可谓名副其实的“中华骄傲”。（议）

你看，屏幕上那位坐在椅子上、须发皆白、口齿有些不利落的耄耋老人，却腰杆笔挺、精神矍铄、神采奕奕，自豪之情溢于言表。他的30首译诗被国外的大学选作教材，使西方世界领略到中国诗词独特的魅力。听他将“白日依山尽，黄河入海流”译为“The sun beyond the mountain glows; The Yellow River seawards flows.”在他的笔下，太阳就像一个人，由依靠着山峦到渐渐消逝的依依不舍，妙不可言的唯美意境展现在眼前，让读者如身临其境，将中国传统诗词的形式美、声韵美、意境美在与外语的结合中展现得淋漓尽致。（联）

据董卿介绍，1999年，中国著名高校人文学院的10位教授，联合提名许渊冲为诺贝尔文学奖的候选人；2014年8月，许渊冲荣获国际翻译界最高奖项之一的“北极光”杰出文学翻译奖，系首位获此殊荣的亚洲翻译家。许老自己说，他的一本书曾被翻译四次，六十多年来，此记录无人打破，他被誉为“诗译英法唯一人”，真是实至名归。当被问及他为何如此执着地坚守时，他说：“从事汉语、英语和法语文学翻译对我而言是种享受。”“我一生最大的乐趣，就是和喜欢的东西在一起做喜欢的事，把一个国家创造的美转化为全世界的美。”（联）

许渊冲老人，笔耕不辍、著作等身的勤勉和执着，令人仰视；对翻译事业的热爱沉迷、沉醉享受，更让我们看到了他纯真的赤子灵魂。

然而，许老这样的译坛泰斗，生活却简朴至极，他在北大畅春园一幢老楼房里一住就是三十年，房间狭小简陋，家具简单老旧，可谓“陋室”。但他却

淡然超然，每天只睡几个小时，每天坚持翻译至凌晨三四点，许老说：只要能让我工作，就算条件再艰苦，也没有关系。（联）

誉满天下，却身居斗室，“吃的是草，挤出来的是奶”，以许老为代表的一代知识分子，他们的那份纯真，他们的家国情怀，那种抛弃小我的风骨，深深地震撼了我，令我荡气回肠。

观看完《开学第一课》，我领悟了很多，也思考了很多，我深深地知道，我应该如何开启我的九年级学习之旅了。（豹尾结）

学生：刘骏成

同学们，通过本章的作文指导，你会写观后感了吗？观后感会写了，写作读后感也就会写了，这两个是同一个道理。

谈谈常见的应用文

应用文写作备受师生冷落，这是不争的事实。但从实用的角度看，掌握了应用文写作就等于掌握了一门很好的工具，就能服务于生活，服务于工作，服务于社会。掌握了应用文的格式，在考场作文中运用成文，也是不错的构思。

应用文为特定需要服务，有着明确的写作目的、专门的阅读对象、一定的使用场合等，因此，行文要注重得体：既要准确表达意思，又要适合对方的心理情感，适应特定的人际关系，适应传递信息的环境条件和其他条件。遣词造句既要说得“明”，又要说得“雅”，因此，要学会正确使用一些习惯用语和少量惯用文言词语。

特别要注意的是，应用文较之一般记叙文、说明文和议论文，与生活、社会联系更紧密，格式、行文习惯更有规矩。我们无论使用哪种应用文，都必须按其规范化、约定俗成的格式来写，不能随意杜撰。

强化常见应用文的格式训练，包括书写要求、行款式样、结构形式、习惯用语、称谓和签署等，是应用文写作训练的重点。

常见的应用文有：日常书信、请柬、通知、启事、申请书、聘请书、倡议书；请假条、留言条、便条、借条、收条、欠条；电报、新闻、广播稿、日记等。

一、书信

一般书信（包括请柬）包括五个部分：

（1）称呼。信纸第一行顶格写，后面加冒号。

（2）正文。第二行空两格写起，转行顶格。可有若干段落。

（3）结尾。正文写完，如果正文最后一行空格比较多，可以接着写“此致”“祝”等词语，否则，另起一行空两格或四格写“此致”“祝”等词语。然后另起一行顶格写“敬礼”“进步”等祝颂语。

（4）署名。一般写在祝颂词下行的后半行。

（5）日期。写在署名下一行，靠右边写上年月日。

书信格式：

×××（称呼得体顶格写）：

您（你们）好！（空两格）

××××××（正文内容空两格）××××××××××××××××。

此致（或祝）（空两格）

敬礼（身体健康）（顶格写）

（身份）：×××（署名）

请柬除具有书信的特点外，还要特别写明出席的具体时间、地点。用语要客气有礼貌。

请　柬

××电视台：

兹定于五月四日晚八时整，在××中学礼堂举行“五四”青年诗歌朗诵会，届时恭请贵台派记者光临。

××中学团委会

五月二日

另外，还要注意信封的写法。要写清收信方的邮政编码和详细地址。收信人的姓名、称呼位置居中。称呼是邮递员对收信人的称呼，不宜写“父母大人”“姐姐”等称呼。发信人的详细地址及邮编要写清楚。如果是挂号信，还要写清发信人的姓名。

信封的格式：

□□□□□□　贴邮票

××××××（收信人详细地址）

×　×　×（先生、女士）收/启

××××××寄（寄信人详细地址及姓名）

□□□□□□

中考阅卷中，阅卷老师阅读千人一面的文章样式后，如果能看到一篇形式新颖、情感真挚、表达活泼的书信体佳作，一定会眼前一亮，顿生清风拂面的感觉。

书信体优秀作文：

你是我的太阳

亲爱的东坡先生：

您好！

对您敬慕已久，今天借这次作文机会，吐露我对您的敬意。

昨夜梦中与您邂逅，似乎看到您正身披蓑衣，手拄竹杖，脚踏芒鞋，顶着料峭的春风，悠然地行走着。同行者都被那不期而至的雨骤风狂捉弄得狼狈不堪，而您却淡定自若，那穿林打叶的雨声似在天边，您一边吟咏着“一蓑烟雨任平生”，一边超然前行。

醒来后，心情久久不能平静。这梦就像对您殷殷相迎的那抹山头初晴的斜阳，温暖了我的心房。上初二以来，不知为何，我心甚忧，心头总像有一座大山压着似的，很久了，也不能释怀。您的旷达超逸的胸襟，令我耳目为之一新，心胸为之舒阔。我对自己说：“我应该像您一样，以清旷豪放之气，笑对人生中的风风雨雨。”

中秋佳节，因极度思念七年未得一见的弟弟苏辙，您愁饮达旦，大醉。手足情深的您转朱阁，低绮户，一夜无眠。您惆怅地把酒问青天“明月几时有”，您伤感地举头问明月“何事长向别时圆”。但是，您毕竟是旷达乐观的苏轼啊，“但愿人长久，千里共婵娟”是您的心声，被贬密州的您由对亲人的绵绵思念升华成对天下离别之人的美好祝愿，您的胸襟和深情是何等开阔豁达啊！

吟诵您的这首词时，正值朝夕相伴的祖母有要紧事将要回老家去，我阻挠不得。凝望着祖母伛偻的背影和在风中摇曳的白发，心中充溢着不舍，盈盈欲泪。此时想到您的“人有悲欢离合，月有阴晴圆缺，此事古难全”，心头一动，止泪喊道：“奶奶，您忙完了，可早点回来看我。”奶奶回转身，脸上的皱纹舒展开来，如同盛开的菊花，“知道了，乖孙女，一定会的啊。”我在心中默念："奶奶，您保重啊，我只要您健康长寿。我们祖孙的离别是为了更好的团聚。"

有朋友去拜访您，等了很久，您才至，朋友好奇地问道："您在忙什么？""我在抄《汉书》。"您将《汉书》抄了三遍，背得滚瓜烂熟。朋友惊讶不已，回家便对儿子说："比我们优秀得多的人都这样勤勉，我们又有什么资格懒散呢？"

您的这一故事再次点醒了我。每当有点小成绩，我便沾沾自喜、自鸣得意；比我更优秀的同学却本着初心，一如既往地努力，自己退步了却浑然不觉，直到有一天，低到尘埃里的成绩才让我如梦初醒。是啊，作为文人中的"极品"，您的天赋自不必说，但正如您所说"古今之成大事业大学问者，不唯有超世之才，亦必有坚韧不拔之志"。我今后一定牢记您的故事和教诲，戒骄戒躁，锲而不舍地努力下去。

窗外，阳光正好，太阳静静地散发着自己的光芒，温暖着我的心。

东坡先生，再次感谢您，您就像那轮太阳，给我温暖和力量。

此致

敬礼！

一个敬爱您的孩子

2019年3月25日

这篇书信体的考场佳作，形式新颖，因为是倾诉型的书信体，所以感情自然真挚。

二、通知

通知的一般格式是：第一行居中写"通知"二字。第二行顶格写被通知方的名称，加冒号（如果正文已明确了通知的对象，被通知方的名称也可略去）。下行空两格起写正文，如果正文内容较多，可分条写，以便读者把握内容要点。署名和日期分两行写在正文的右下方。

小练习：

请以学校教导处的名义，通知全体任课教师在5月16日下午 4 点到会议室参加教学工作会议。

格式：

通　知

全体任课教师：

今天下午4点在会议室召开教学工作会议，望准时参加。

教导处

5月16日

三、启事

启事的格式是：第一行正中写启事的名称，如“征文启事”。第二行空两格起，写启事内容。末尾右下方分两行写署名、日期。启事的有些内容要十分具体明确，如地址、时间、联系办法等。有些内容就不应写得具体明确，如“寻物启事”中有关失物的详情，以防冒领。注意：“寻物启事”要写明丢失物及丢失的原因、时间和具体地点，交代清楚发文者的具体联系方式，除写些表示谢意的话外，还可以写明给予拾到者必要的酬金之类的话。

《国庆特刊》征稿启事

为了欢庆中华人民共和国××华诞，班委会讨论决定，我班出一期“国庆特刊”。希望全班同学踊跃投稿。具体要求：

1. 内容能表达我们年轻一代对祖国对党的无限热爱之情，体裁不拘。

2. 500字左右，要用稿纸誊写清楚。

3 稿件请于9月25日前交给宣传委员×××同学。

初二（10）班班委会

9月20日

寻物启事格式：

寻物启事

本人不慎于元月二十五日乘7路公共汽车时，将部队复员证、驾驶证、复员介绍信遗失。有拾到者请与××厂机修车间×××联系，必有重谢。

电话：×××

启事人：×××

×××年×月×日

四、申请书

写申请书的目的是通过向上级或有关主管部门提出自己明确而具体的某种要求并申明理由，以期得到批准。申请书的一般格式是：第一行正中写“申请书”；顶格写接受申请书的组织名称或有关负责人的姓名；正文写清申请的内容和理由；署名；日期。写申请书，事项要明确，态度要积极，言辞要恳切，理由要充分。

申　请　书

校总务处：

升入初三以后，学习十分紧张，时间对我尤为宝贵。而我家住东山小区，距学校30多里，路上需转三次车，每天往返要花2个多小时。为了节省时间，集中精力学习，我申请在学校住宿。请批准！

此致

敬礼

初三（10）班×××

2019年5月1日

五、聘请书

聘请书的格式为：正中写“聘书”或“聘请书”字样；被聘者姓名写在开头或正文中；正文写清聘请谁、做什么或担任什么工作，有时需写清聘期；署名，单位名称后盖章；日期。

聘请书例文：

聘　请　书

兹聘请东风派出所周建国同志为我校法制教育辅导员，聘期为一年。

章丘区实验中学（盖章）

2019年5月

六、倡议书

倡议书的格式为：第一行正中写倡议书标题；顶格写接受倡议者的称呼；正文写清发出倡议的原因和目的；分条写出倡议的内容；用富有鼓动性的语言

结尾；署名：发出倡议的集体名称或个人；倡议的日期。

下面的倡议书有五处错误，请指出来。

鸟是人类的好朋友。在我国辽阔的土地上，有一支庞大的义务灭虫队伍，这就是常年守卫在森林、果园和田野之中的食虫鸟类。它们为捕捉各种害虫而奔波，是一些称职的“天兵天将”，为保护庄稼和森林做出了很大的贡献。

目前，春回大地，正是百鸟做窝的季节。喜鹊、燕子和山雀等许多鸟都要在树上或屋檐下做窝、下蛋、孵小鸟。为此，我们向全县小朋友们发出以下倡议：

1. 不掏鸟窝，不摸鸟蛋，不捕捉益鸟。

2. 多栽树，多种草，为鸟类创造生活繁殖的良好环境。

3. 向人们宣传保护益鸟的重要意义。

4. 认真观察和研究鸟类的生活习性，学习保护益鸟的知识。

少年朋友们！让我们立即行动起来，保护益鸟，为四化建设出力！

此致

敬礼

××县××中学

初三年级全体同学

五处错误是：

（1）缺标题。

（2）缺称谓。

（3）缺有关“目的”的内容。

（4）“此致敬礼”可删去。

（5）缺日期。

七、请假条、留言条、便条

上方正中写“×条”字样；顶格写对方称呼，并加冒号；另起一行空两格写正文，写明事件的原因、时间等内容；（另起一行空两格写“此致”，转行顶格写“敬礼”。）右下角署名、日期。

小练习：

今天下午第二节课是体育课，但刘成昨天不慎摔倒弄伤了右脚，医生说一周都不能参加剧烈运动。请你帮刘成写一张请假条向体育老师孙老师请假。

请　假　条

孙老师：

因我的右脚受伤，医生说不能参加剧烈运动，特此向您请假不上体育课，恳请批准。

初一（10）班刘成

5月14日

八、借条（收条、欠条）

“借条”二字居中。正文开头空两格，写明向何人何部门借何物，写清用途、数量，钱数末尾加个“整”字。钱数需大写。另起一行空两格写“此据”字样。右下方写借款人姓名（盖章），并写上日期。

大写数字：壹贰叁肆伍陆柒捌玖拾佰仟万。

小练习：

为了以实际行动美化环境，九（10）班参加了植树活动。班级向学校总务处借了36把铁锹，8个水桶。请你以班委会的名义给学校总务处写一张借条。

借　条

今借到校总务处铁锹叁拾陆把，水桶捌个。

此据。

初三（10）班班委会

×年×月×日

分值：有“今借到”“借到”等字样，1分；写清向校总务处借物品的种类、数量，1分；涉及物品的数字大写正确，1分；正文开头空两格、右下方有署名和日期，1分。

九、新闻

新闻的样式很多，下面简介一下简讯的格式：

（1）标题：概括简讯的主要内容。

（2）导语：导语是简讯开头的一段话，要求用极简明的话概括简讯的最基本内容。

（3）主体：主体是简讯的主要部分，要求具体清楚、内容翔实、层次分明。

（4）结语：是对简讯内容的小结。有些简讯可无结语。

十、广播稿

广播稿的格式和一般报刊用稿的格式没有什么区别。但要注意收听效果，语言要通俗口语化（书面语改为口头语，文言改为白话），避免因音同字不同造成误解。

十一、日记

日记，顾名思义就是一日一记。常以第一人称记录当天生活中的所见、所闻、所做或所想的事情。日记也不是只能写当天的事，也可以写以前的事，如果当天无事可写，或是以前发生的事未及时去写，都可以在以后的时间里，经过回忆思考写下来。虽然日记不一定只写当天的事，但还是当天的事当天写好。

日记的格式是：

（1）先在第一行中间写上某月某日、星期几，有的还要写上当天的天气情况。

（2）第二行空两格开始写正文，转行要顶格。

正文一般用记叙文的形式写，有时也可以用议论文的形式来写。不管用什么形式来写，都要正确反映当天遇到的有意义的事情，反映这一天自己的思想感情。

另外，日记的内容要真实。诚实，是一种美德，自己怎样想，就怎样写，不要说假话。正文的篇幅可长可短，长的可以写千字，短的可以只写一两句话，只要把该记的写清楚就可以了。

如每年的中高考作文都会出现日记形式的作文，所以经常写日记，对写作很有帮助。

日记体优秀作文：

我养成了一个好习惯

某月某日　　星期一　　阴

老师又要求我们记日记了。我真不明白老师的用心，越是怕写作越是逼我们，难道记记日记就能把作文写好？

要不是害怕老师的严厉，我才不会在这个日记本上写下这几行字。

某月某日　　星期三　　多云

老师说，日记就是要记下自己所见到的有感触的事物。我想，今天见到的这件事应该记下来。

那是一个父亲，他手里的食品袋中装着几个烧饼。他站在教学楼前，一定在等他的孩子。日光很烈，整个上午，他一直站在那灼热的日光里。放学后，我在校园的一角，见到那个父亲的儿子，他正在抱怨父亲：“你的衣服那么破旧，在楼前让我怎么认你呢？”

唉！这真是一个混账儿子！

某月某日　　星期五　　晴

星期五是一个让我胆战心惊的日子，因为今天下午是作文课。而我，是最怕写作文啊。

作文题目要求以“亲情”为话题写作。我写什么呢？我一时间抓耳挠腮，不知如何动笔。我突然发现我的同桌拿出他的日记，在里面寻找材料呢。难道日记真的能帮助我渡过作文难关吗？

我也拿出我的日记本，开始一页一页地翻看。我突然发现前天记下的那个给儿子送烧饼的父亲。哈哈，有了，我就写那个父亲，题目叫作“阳光下的父亲”。

某月某日　　星期五　　晴

又是星期五了。今天下午老师评讲上一次的作文。让我惊喜的是，我的《阳光下的父亲》竟然被老师当作优秀范文在班里念了。经过老师的评说，我才发现我的作文写得真不错。

感谢那篇日记，它帮了我的大忙啊。

某月某日　　星期一　　晴

真快，一个日记本竟然在不知不觉中记满了。今天，我买了一本新的日记本。呵呵，我在不知不觉中已经爱上了日记。

这是新的日记本的第一页，在这一页上，我一定得欢呼：我养成了记日记的好习惯了！

十二、演讲稿

演讲稿又叫演说词，它是在大会上或其他公开场合发表个人的观点、见解和主张的文稿。

演讲稿的特点：

（1）观点鲜明。

（2）内容有针对性。

（3）表达有技巧。

演讲稿类型：情境式演讲；主题式演讲。

情境式演讲稿的格式，如以竞选类情境演讲为例，格式有以下几点：

（1）开头：称呼，致辞，自我介绍，演讲意图等。

（2）主体：如包括自己的特长、如何发挥这些特长、几点承诺。

（3）结尾：号召、感谢。一般篇幅较短。

情境式演讲稿例文：

竞选宣传委员演讲稿

尊敬的老师、亲爱的同学们：

大家好！

感谢大家给我这个机会！今天，我要竞选连任咱们班的宣传委员。

我认为自己具备三方面特长，适合继续担任宣传委员。

首先，我写作能力比较强，我的作文经常被印成范文在年级“发行”。

其次，我性格活泼，善于沟通，有较强的组织协调能力。

而且，我还有美术和音乐特长。我的美术作品曾多次获奖，我的钢琴演奏达到了业余八级水平。

以上特长，让我有信心胜任宣传委员的工作。

如果大家选我继续当宣传委员，我会充分发挥自己的才能，搞好咱们班的文娱宣传活动。第一，我要发挥我的写作特长，协助班主任老师策划、编印班刊，让班刊的版面更漂亮、内容更丰富，让我们的班刊走出年级，走向全校！第二，我要发挥我的美术特长，让每一期板报都给大家带来美的惊喜。第三，我要发挥我的音乐特长，率领同学们练好合唱，赢得初中最后一年的“五月鲜花”歌唱节奖杯。第四，我要发挥组织协调的才能，与同学们通力合作，精心策划，办好咱们班最后一个初中“新年联欢晚会”。

我十分珍惜初三这一年和同学们共同学习的美好时光，我希望继续担任宣传委员。

我将虚心接受同学们的批评和建议，搞好各项文娱宣传活动，让这些活动成为我们初中生活中最美好、最温馨的记忆！

请老师和各位同学将信任的一票投给我！

如果我当选，我将认真履行自己的承诺！

谢谢老师和同学们！

主题式演讲指有明确中心的演讲，较情境式演讲稿篇幅长。

主题式演讲稿格式：

（1）开头：要迅速引起听众兴趣。可以运用开门见山法，直切正题，如《敬业与乐业》；迂回带入法，如列举一些引发共鸣的数据、事实，或讲一个新奇的小故事，然后话锋一转，进入主题；要点提问法：如“雾霾是什么？它从哪儿来？我们该怎么办？”以尖锐的问题直击社会热点，引发人们关注。

（2）主体内容：既要主题明确，又要层次分明。可以采用明显的语言标志。如直接点明“我今天演讲的主题是……”；也可在行文中用设问法，强调每一部分的观点；也可用标志词加以区分：首先、其次、然后，或者第一、第二、第三等；可用重复性的语句，强调每一部分的要义；要综合运用多种表达方式。

（3）结尾：言简意赅，情感饱满，让听众精神振奋，促使听众思考、回味。

以演讲稿的形式构思考场作文，也是比较新颖的。

演讲稿优秀作文：

勿忘母爱，敬仰母亲

世界上有很多的爱，但只有一种是无私的、伟大的，只有给予，不求回报，那就是——母爱。母爱像天空般无边无际，如大海般广阔无垠，沐浴着爱的阳光，洋溢着无言的亲情。因为有了母爱，我们才是快乐的，才是幸福的。

看过这样一篇真实的报道，是报纸上登载的一篇文章。一辆进山观光旅游的缆车上坐着一家人，其中妈妈的怀里抱着她不满周岁的孩子。突然，行驶的缆车出了事故坠落山涧。就在即将重重摔落到地上的一刹那，母亲急中生智，把自己怀中的孩子高高举起！等到救援的人员赶到时，母亲早已死去，可她举起的双臂却僵直地伸向天空，双手仍举着她的孩子。孩子在妈妈的双手上安然地睡着觉，微笑挂在她甜甜的小脸上！在生死一瞬，母亲想到的却是自己的孩子！

多么刻骨铭心的心路历程啊！这母爱深入骨髓，融入血脉，牵动着每一根神经。真挚深切的母爱散播在空气中，令人心碎。母爱的深，母爱的醇，母爱的浓，母爱的长久，令其他任何一种情感都逊色三分。

母爱是人类永恒的话题，即使是在重男轻女的古代，这个词也以其不灭的光芒吸引着文人的笔墨。“临行密密缝，意恐迟迟归”是母爱，“儿行千里母担忧”是母爱，“孟母三迁，择邻而处”还是母爱，于是这种感情被古人推向了神圣的极致。同学们，然而今天，对我们来说，母爱的地位何在呀？各位在座的，当我们一回家就吃上可口饭菜的时候，当房间总是被默默整理的时候，当我们穿着干净的衣服上学的时候，我们是否像习惯于阳光的沐浴一样习惯了母爱的滋润呢？在心安理得地接受的同时，又有多少人想到应该去回应那一份亲情呢？没想到今日的母爱，地位竟如此尴尬。这正是因为我们的目光都聚焦于校园，聚焦于游戏，聚焦于娱乐圈，以致忘记了报答近在身边的母爱。但是，我相信你们一定没忘吧！

也许，朋友们和我一样，有一个很普通的妈妈，她没有骄人的面孔，没有华丽的外衣，没有出色的工作和事业；也许，她闲下来就会整日唠唠叨叨地让你好好学习，让你好不心烦；也许你会觉得，她的卑微有时会让你在同学面前抬不起头来。但是，我要说，母爱不分贵贱！

亲爱的妈妈，我的生命是您给的，您含辛茹苦，风霜雪雨中交织着你不知疲倦的身影。请让我，为您按摩您劳累的双肩，为您洗刷饭后的碗筷，为您洗净换洗的衣服，让您轻松轻松；让我为您舒展您皱起的眉头，为您摘掉鬓边的白发，让您的笑容永远绽放在我的心中；让我轻执您的双手，和您享受一次我们的春天吧！

亲爱的同学们，让我们一起珍惜父母在身边的日子吧！因为在我们心中母亲应该都是我们的奇迹！不要等到我们失去他们的那一天才发现我们不曾做的还有很多很多……让我们从现在开始学会感恩吧。真心地为母亲做些事情，哪怕捶捶肩、洗洗碗，哪怕陪她们散散步聊聊天，哪怕给她们唱段曲子、讲个笑话！让我们一起将这份感恩之心延续，这样，妈妈的冬天将不再寒冷，黑夜将不再漫长，幸福快乐将常常陪在母亲身旁！

2019年5月6日

——选自“无忧无虑中学语文网”

同学们，掌握了应用文的格式，不但可以运用于生活学习和以后的工作中，还可以将其和写作结合，写出形式新颖、令人眼前一亮的考场作文，但是在运用这种文体时，一定要注意其格式。

我看章丘历年推荐生考试作文

章丘的九年级推荐生考试，自2013年开始至今，其间2018年未招考。现结合历年来作文命题，帮助同学们进一步解密推荐生考试考场作文。

一、2013年推荐生作文

请你以“天堂是一座图书馆”为题，写一篇700字左右的文章，文体不限，题目自拟。

命题解读：

天堂的释义：某些宗教指正直者死后其灵魂居住的美好的地方，美好的生活环境。

图书馆释义：搜集、整理、收藏图书资料供人阅览、参考的机构。

阿根廷作家博尔赫斯有句名言：“上天给了我浩瀚的书海和一双看不见的眼睛，即便如此，我依然暗暗设想，天堂应该是图书馆的模样。”

在《选材要恰当》一章中我曾经如是说过：人这种动物是需要通过修炼的，而修炼的重要方式便是对图书的阅读，喜爱阅读与不爱阅读的人的生活方式或人生方式是截然不同的；图书馆的出现，使人类从凡尘步入天堂成为可能。由成千上万的书——那些充满智慧和让人灵魂飞扬的书所组成的图书馆，是一个神秘的地方。任何一本书，只要被打开，我们便立即进入了一个与凡尘不一样的世界。那个世界所展示的，是我们梦中的天堂出现的情景：空气里充满芬芳，草长莺飞，繁花似锦，果树遍地，累累果实压弯了枝头……

基于以上解读，作文立意为：读书，能使你置身于美好的世界。

写作建议：叙写一次或几次这样的读书经历：在图书馆与书中某个人或某些人的美丽邂逅，从而带给你的美妙感受。

佳作荐读

天堂是一座图书馆

南宋朱熹在他的绝句《观书有感》中写道："半亩方塘一鉴开，天光云影共徘徊。"这两句诗以方塘作比喻，形象地表达了一种微妙难言的读书感受。诗中所表现的读书有悟、有得时的那种灵气流动、思路明畅、精神清新活泼而自得自在的境界，正是作者作为一位大学问家的切身的读书感受。

此种由书中得到的美妙感受，我亦有之啊！

每个周末的早晨，我总会骑着心爱的电动车，飞到文博图书馆，与我期待已久的她约会。

看，她来了，踏着轻快的舞步来了。她是个可爱的人。她也是随和却带一点倔强的人。在时空的隧道中，每一个伟大的灵魂都与她进行交融，在她身上留下了各自的痕迹。她坚持着自己的想法，独特却到位的想法，青春的靓丽可爱与成熟的妩媚多姿造就了她的韵味。

她每次都会与我讲起，那傲慢多疑的于连，为了真爱而牺牲的罗密欧和朱丽叶，纯真而无私的简·爱，那个有着如大海般胸怀的汤姆叔叔，善良却遭人遗弃的羊脂球，那些人物的一举手、一投足被她描写得淋漓尽致，中间夹杂着一个引人深思的矛盾。

她固执，她真实，她用勇气将世界的残酷尽现眼前，她告诉我，奥勃洛摩夫蜷缩在墙角苟活着，骆驼祥子从年轻的热情变得消极冷漠的过程，欧也妮·葛朗台对爱情的付出却等不到回报的悲剧，安娜·卡列尼娜从优雅变得疯狂，茶花女勇敢地孤注一掷，是那么深刻，将人性最真实的一面展露出来，触动我心灵的深处。她从来不会理会任何人的看法，倔强得像一个孩子似的直说出自己要说的话。

她天真，她烂漫，天真纯洁的故事总是从她的唇间吐出，美丽的睡美人，善良的灰姑娘，不幸的美人鱼，狡猾的裁缝骗子，残酷却美丽的童话揭露了世界的罪恶和善良。

她告诫我，世界是善与恶的交接点，每个事物都有它独特的一面，无论美丽与否，丑陋与否，我们都不应该去做任何的评价，任何人都没有去评价的权利。大自然将人制造出来，就是让他们证明自己的宏大和美丽，也让他们自己去制造更多矛盾，理解这个世界是多么残酷。美丽不一定是完美的，丑陋也不一定是完全的丑恶。

那些伟大的灵魂正是借着这一点，用手中的笔描绘出自己心中的美丽世界，也用它描绘出真实的残酷。将自己经历过的每一片记忆幻化成手中的文字，将它们一遍一遍滚烫过心尖，寂寞地游走于笔尖，慢慢地浮于脑中。那些记忆如同肥皂泡一样，变成朵朵繁花如七彩织锦般绽放，在炫目地燃烧着生命，但是光华转瞬即逝，弹指间，刹那的芬芳，世界便转回黑与白的颓败荒芜。他们将心中的忧伤婉转地从心底蔓延出来，凉凉的，带着蓝色的忧郁，将记忆一片片地尽展于读者面前。

云间落下一缕缤纷的色彩，依稀看见她遥远而温暖的笑容，伸出手，指间便有了温度。远山含晚照，近水映夕阳，她悄悄地站起身，如同树叶托起的一片落霞，迅速地滑落，影子慢慢地拉长，逐渐消失。

像初春那样淡淡凉凉的花香，像春水那样轻轻柔柔的涟漪，一种使得人心尖微微发酸的感情，在黄昏时分轻轻地波动。

这就是我与“她”——在图书馆美妙的约会。

不是天堂，哪里会有这么美好的地方？

同学们，喜欢阅读吧，拼命阅读吧，争做阅读的有心人，否则，名著中这些优质的素材怎么会自动跑到你的笔下呢？

二、2014年推荐生作文

以“抬头一片天”为题，写一篇700字左右的文章，文中不要出现真实的校名、人名。

命题解读：

天：出路，意想不到的风景，美好的前程等。

抬头：克服自卑，变得自信；克服怯懦，变得勇敢；克服软弱，变得坚强……

写作建议：叙写一次或几次这样的经历：克服自卑、怯懦、软弱……从而收获自信之美、勇敢之美、坚强之美……

佳作荐读

抬头一片天

一阵雨过后，空气也像被雨冲洗了一般，格外清新，如茵的草地上，点点露珠挂在草叶上，像一个个晶莹的水晶灯笼，太阳光照在上面，映出了缤纷的色彩。（开篇优美的环境描写，为下文的情感变化作铺垫）

明天就是12号，要中考了，我的心中掠过一丝迷惘与担忧：三年的奋斗即将体现在这三天，三年的等待只为这一战，万一考不上重点，万一临场失常……此时，我的心里充溢着忧虑和不安，我无心做考前复习，无精打采地垂着头，走出了家门，出去散散心吧！（心理描写，写出心情低落的原因）

路边的花儿被风雨打折了，想要站起来重新开放，似乎不可能了。——这是不祥的预兆吗？明天，后天，大后天，我会失败吗？阴云笼罩在我的心头，依然那么浓重。

迷蒙中，我看到了一个小小的、白色的身影——是纸吗？不，现在没有风，它却在微微颤动。走近一看，哦，是一只白蝴蝶，只见它全身湿湿的，显然是被雨淋的，两只触角极细微地颤动着，身上芝麻大的黑点依然可见。（细节描写）它停在花瓣上，似乎观察着周围的动静——就算周围有什么敌害，小白蝶也无力反抗，因为它太虚弱了！

此时，我仿佛看到它在雨中挣扎的情景：大雨哗哗地下着，显示着它的淫威，小白蝶想找个地方躲起来，却被一个大雨点给打在了地上，它抖着翅膀想要飞起来，可它那细弱的脚连站都站不稳。第一次，它没有站起来，第二次，它又倒下了，第三次、第四次、第五次……啊，它终于站起来了，爬出了水洼……我的心怦然一动，多么勇敢的小白蝶啊！（作者通过想象，勾勒出一个不屈服于风雨的小蝴蝶的形象）

我轻轻地捉住它的翅膀，小心翼翼地把它放在朝阳的地方，让它感受一下阳光的温暖，它的身体又抖起来了，是怕我吗？噢，不要怕，我的小勇士，我微笑着离去。刚走不远，我突然想到我怎么可以把这么弱小的生灵放在哪里呢，我又跑了回去，令人震惊的是，小白蝶飞向了天空。飞走之前，它在我的身边转了一圈，似乎在感谢我，然后又飞走了，飞向了天空，我抬头仰望它，

它越飞越远，直到完全消失在我的视线中。（赞美了小蝴蝶的勇敢坚强）

就在抬头望蝶的这一刻，我分明看见：天空，很蓝！阳光洒在我身上，很温暖！（环境描写，前后呼应）我忽然意识到，对于困苦和迷惘，我们应该微笑面对。人要学会坚强，学会长大，我相信，成功是通过一步步努力得到的！只要努力过，即使失败又有何妨——蓦地，我的天空一片蔚蓝，我的心在微笑着说：明天，我欢迎你。（结尾点题，通过描写一件生活中的小事，表现了作者面对中考时，由迷茫无助到勇敢面对挑战的感情变化）

——选自“豆丁网”

三、2015年推荐生作文

细读材料，然后作文：

4月28日，著名诗人汪国真去世。他留下了许多脍炙人口的诗篇，如这篇《热爱生命》：

（1）我不去想，是否能够成功。既然选择了远方，便只顾风雨兼程。

（2）我不去想，能否赢得爱情，既然钟情于玫瑰，就勇敢地吐露真诚。

（3）我不去想，身后会不会袭来寒风冷雨，既然目标是地平线，留给世界的只能是背影。

（4）我不去想，未来是平坦还是泥泞。只要热爱生命，一切，都在意料之中。

请你根据诗歌的主旨，从诗文中选取词语组成一个题目，如“选择远方”“不去想是否成功”等，写一篇700字左右的文章，文体不限。注意不要透露学校的校名、人名等信息。

命题解读：

通过抓住诗中的关键词“成功”“爱情”“奋斗”（第三行诗理解出的关键词）、“未来”，结合作文要求中的“诗歌的主旨”“选取词语组成一个题目”，不难理解出汪国真的这首《热爱生命》从成功、爱情、奋斗、未来，四大方面诠释“热爱生命”。诗歌的主旨即是，诗人所热爱的不是最终的成功或美好的结局，而是过程和追求。热爱生命，不是因为获得而去热爱，而是因为热爱而最终获得。

佳作荐读

我不去想

天凉好个秋，夏季正悄然离去。而我再也不能高踞树梢歌唱了，本想依于树干，无奈坠落地面，一点儿也不疼，因为我已经轻得没有了分量。我慢慢悠悠地闭上了双眼。

待我再次睁眼，四周一片纯净的白，地上铺满了柔软的云，没有一点噪音。原来，我已经来到了天堂。

忽然一只手把我轻轻地托了起来，我没有挣脱。因为我知道，那是天使。“我是来接你的！”循音而望，果然是一个美丽、圣洁的天使。

天使和颜悦色地问：“作为一只蝉，总共只活了十七年，就有十六年都埋在地下，只能在地上生活一个夏天。我很好奇，你后悔吗？”

“当然不。”我坚定地回答。

“为什么？”她皱了皱眉，“我一直在观察你。你在土里除了吸取树的汁液还能干什么？”

“在幻想，在思考，在准备！我幻想地面上是什么样子的，我思考我应该做些什么，我准备着随时升到地面上去！”

“这样漫长地等待，你值得吗？要知道你的小伙伴大多都已经放弃了。不过，它们也来天堂了！”

“我不去想值不值得。我每天都为去地面而奋斗，因而，我每天都过得很充实，从没有无聊过。虽然我只在地面上生活了一个夏天，但那里的蓝天、白云、树林、小草、山峰、河流，真的很美丽。我热爱生活，哪怕这样的生活我只能经历一天，我也愿意！决不后悔！”

“是这样……”天使陷入了沉思，眼神流露出无限的向往。

——选自新浪博客“红育坡兰老头”

这位考生聪明至极，他突破了题目中的“我”。假托昆虫，托物言志。其次，该生做到了学以致用。小思的《蝉》，很多同学都读过，为什么蝉单单跑到他的笔下了呢？

四、2016年推荐生作文

童年的笑声在风中回响，难忘的真情在风中摇曳，悠长的思念让风送远，风儿在牵着我们的喜怒哀乐。看，起风了。

题目：起风了。

要求：在记叙中进行描写和抒情，700字左右，不得出现真实的校名和姓名。

命题解读：

"风"是线索，可以是自然界的风，也可以是比喻意义的风。题目带有色彩很浓的诗性，我们最好也要写出一定的文采。

最好选择我们亲身经历的事件，从小处入手将自己的真情实感贯穿其中，或将触动心灵的资料用于自己的个性化材料中作为情节中的一个亮点，这样才能写出自己的个性，写出新意。

细节描写，做到细致描绘、生动感人。

同时，要注意表达方式的综合运用，如写记叙文，可以把议论、抒情、写景等表达方式有机融合进去，才使主题有深度，读起来也不至于单调。

另外，要安排好结构和注意主题的升华。

本题是命题作文，不要改动题目。在阅卷时，发现有几个同学将题目改成"风起了"，造成了无谓的失分。

佳作荐读

起风了

轻轻地，房间的门被推开了。

妈妈走过来，把一杯水放在桌上，小声问："妮儿，学累了吧？快歇歇，喝口水。"

"没事儿，我不累。"我头也没抬，随口应道。

屋子里一片沉寂。

"妮儿，要不……要不我们出去走走？"妈妈的话打破了沉寂，声音中有着些许期待。

“我还没做完作业呢！一会儿再说吧！”

妈妈没再说什么，独自默默地向屋外走去。我忽然觉得刚才的话太生硬了，抬头看去，看到妈妈那写满了失落的背影，她头上的那根根银发，在夕阳的映照下白得格外刺眼。刹那间，深深地刺痛了我的心。不知为何，竟有种想哭的冲动。

我扔下笔，跑过去，拉住她的手。“妈，我们去走走吧！”妈妈那黯淡的眼睛里闪过一丝惊喜，“真的吗？……还是算了吧，你学习要紧。”“走吧！”我不由分说，快乐地拉着妈妈来到小路上。

走在这熟悉的小路上，又勾起了我许多的回忆。小时候，我最爱做的事就是和妈妈在这条小路上散步，拉着她的手，一起聊一些有趣的事。微风拂面，那风中，不知融进了我们多少甜蜜的笑声，承载了我们多少欢乐的记忆。

可长大后，我和妈妈也渐渐地疏远了，我觉得自己长大了，怎么好意思总和妈妈粘在一起呢？我也应该拥有属于自己的独立空间。因此，我总是以学习等各种借口一次次地拒绝了妈妈一同散步的请求。

看看身旁的妈妈，风儿吹拂着她的头发，轻轻撩起她的裙摆，她正在风中微笑，笑得那么满足。我这才发觉，这么多年来，我一直忽略了身边那份最真挚的爱，以及那双期待被我牵起的手。

拉起妈妈的手，我撒娇地说：“妈妈，再给我唱首歌嘛！”“你这小丫头！”妈妈笑着点了一下我的鼻子。我也笑了。风中，妈妈那熟悉的歌声又在小路上响起……

起风了，在这拂面的清风中，我再次感受到了那昔日的快乐与甜蜜，寻回了那淡漠已久的亲情的味道——那是暖暖的爱。而我，也在不经意间长大了。

——选自“豆丁网”

简评：

作者很会创设情境，展读文章，母女之间的言谈举止仿佛就在眼前，特别是极富生活气息的对话，如果不是作者在生活中处处留心、时时留意，如果不是作者母女间有浓浓的爱，单凭编造是写不出来的。文章运用了插叙，交代了儿时幸福的往事及与母亲疏远的原因，表现了作者很强的谋篇布局能力，口语的运用让我们感受到一股农村淳朴的乡土气息，有关母亲的头发和神情的细节描写则很好地揭示了人物的情感。

五、2017年推荐生作文

这一年的作文解读，请参阅《谈谈考场作文的写作步骤》一章。

六、2019年推荐生作文

这一年是一篇自拟题目的材料作文，具体请参阅《谈材料作文的审题立意》一章。

章丘区推荐生考试作文探究：

推荐生考试作为为高中学校选择优秀学生的选拔性考试，试题的广度、深度、综合性较之济南市学业水平考试更广、更深、更综合，这一点不言而喻。对于考场作文，文章只要切题，符合题意要求，得分一般不会太低；但推荐生考试的作文，更加注重考查考生良好的学习习惯，如阅读习惯、思维习惯等。所以，要想在此类考试中取得理想的作文成绩，应注意做到以下几点：

1. 广泛阅读和积累新鲜的素材

阅读之于写作的重要性，不用再在此处赘述。阅读丰厚的同学，才能摒弃那些平时写烂了的作文素材，做到用文化元素写作文。文化元素法是一种极容易学且极具力量的写作方法，一旦你使用这种方法，你的作文将达到比较高的档次。

紧张的学习之余，要关注时事，按专题建立自己的储备库，丰富积累，充实语料。如“感动中国人物”“大国工匠”等。

2. 作文中要“有我”

训练的重点要放在“如何准确地表达自我”上，把自我置于社会发展的宏大背景下，善于运用辩证思维、批判性思维思考问题，并能化大为小表现创新立意。

3. 写出闪光的东西

考生应该结合命题导语和所给材料，积极思维，深入研读，选择最佳立意。要善于透过事物表面，深入看到事物实质；要善于捕捉，善于思考分析，写出闪光的东西。此类考场作文，如果没有闪光的思想，其意义与价值就打了折扣。

有志于参加推荐生考试的同学，作文训练更要有广度和深度，才能让你在强手如云的考试中脱颖而出。

微调与改编，写出优秀的考场作文

考场上的满分作文、优秀作文，令你羡慕得要命吧？但是你别只是顾着望洋兴叹啊，你可知道那些考场满分作文成功的秘密？听刘峰老师来为你揭秘吧。

秘密就是：那些满分作文、优秀作文，几乎都不是在考场写成的。那些考生的聪明之处就是将平日写出来的优秀习作，考场借用，通过巧妙转化，成就美文。

所以，考场上写作制胜的关键在于审题变式。

变式作文，就是把自己平时的一篇或几篇优秀习作，在不同的文题下，采用微调与改编的方法，以适应新文题的要求，从而造就一篇新的佳作。

那么，怎样才能微调与改编，写出一篇优秀的考场作文呢？常见的有以下几种方法：

1. 扣题改头法

头，即作文的开头。扣题改头，就是要紧扣文题，对作文的开头进行适当的修改，甚至重新写作。

2. 扣题换尾法

尾，即作文的结尾。扣题换尾，就是根据文题，对作文的结尾进行适当的修改，甚至重新写作，用简洁的语言扣题。

3. 补写语句法

主体部分，有些词语或句子不符合新文题的要求，如果去掉而不影响意思的表达就要去掉；反之则要修补调换。特别是一些意思相近的词语，一定要选择最贴近文题的那一个。

4. 添加重点内容描写法

文题的关键词，是作文描写的重点，而不同的文题描写的重点不一样。因此，在新作文中，应根据文题在主体部分适当添加一些与主题相关的描写。

5. 修改感悟法

叙事之后，一般要采用抒情或议论的方式结尾，从而深化作文的主题。同一件事情，可以从不同的角度得出不同的感悟。因此，作文的结尾要针对作文的主题做适当调整，甚至重新写作。这样有感悟的结尾，才能更贴近主题，更能给阅卷老师留下深刻的印象。

6. 调整写作顺序法

一个好的材料，叙写的方式多种多样。按时间发展的顺序叙事，是最常见的一种方式，可以采用倒叙，也可以巧设伏笔等。根据自己的写作能力，适当地调整叙事的顺序，从而充分发挥原材料的功能。当然，如果没有十足的把握，就采用原作文的结构。

以上这些方法，有时可以使用其中一种，但更多时候需要综合使用，这样才能完成一篇优秀的作文。

下面我以我班同学的一篇游记作文为例，进行作文变式。

原文

不同寻常的古城

刘骏成

当我们抵达台儿庄时，夜幕已经降临了，台儿庄——**这座不同寻常的古城，**正缓缓揭开它那层神秘的面纱。

这是一座具有诗意和韵味的古城，被称为“活着的古运河”。一条条古巷曲径通幽，令人不禁心生向往，迫不及待地想寻幽探胜，探悉一个个埋在古巷记忆深处的故事。石板路间的河水在夜幕的笼罩下，如同波动着的黑色水晶，与星星点点的灯光交相辉映，朦胧迷离，令人仿佛置身于童话世界。水声潺潺，如鸣佩环，宛转清脆。我们乘坐着挂着红灯笼的小木船，缓缓地绕城游览。摆渡的姑娘立在船头，唱着古城歌谣，那声音甜甜柔柔，回荡在古城的上空，令你的心也沉静，然而又自失起来。

这种年轻的摆渡姑娘在台儿庄多得是。性情温柔恬静，划桨的姿势优美，生着一张略微黑红的脸，眼神灵动，穿了身斜纽扣的黑棉麻的上衣，下身着一件白绸缎的阔腿裤，上面都印着青花瓷的图案，腰间围了个水蓝色的围裙，脚下穿双绣花透孔鞋，油光光的辫发盘在头上。边哼唱边摇着船桨，身子柔柔的如柳条，婀娜地前后摇动，令人的目光不忍挪开。

这里的景，这样的人，这样的歌，无不有着一份不同寻常的古典美。

台儿庄不同寻常的美，还呈现在它富有的现代元素。现在是夜里十点多，喜欢夜生活的人，这个时间才是他们精彩生活的开始。酒吧里霓虹灯闪烁不定，人影晃动，帅男靓女随着震耳欲聋的音乐，尽情地晃动身躯，五颜六色的长长的头发左右上下地来回摆动，青春的热情活力四射。酒吧的喧嚣随着啤酒香槟的气息飘出石板巷，混着小巷湿润的青苔味，和着隐隐约约从古树间透出的蝉鸣声，交织成一曲百听不厌的交响乐。古老的台儿庄，散发出迷人的现代气息，犹如一位浓妆艳抹、光鲜亮丽的不老女神。

台儿庄不同寻常的美，更因为它独有的洒满热血的抗战记忆。台儿庄古城内保存了53处战争遗迹，重建后的台儿庄古城与华沙成为世界上仅有的两座因二战炮火毁坏而作为世界文化遗产重建的城市。台儿庄大捷鼓舞了全中华民族的士气，灭了日本侵略者的威风，同时，也有数万华夏英雄儿女为国捐躯。爱国主义教育基地——“台儿庄大战纪念馆”气势雄伟，庄严肃穆；一堵堵保存完整的“抗战墙”，子弹枪眼遍布，一平方米墙面上密布着390多个弹孔，在历时一个月的台儿庄大激战中，这里曾经“无墙不饮弹，无土不沃血”，抗战烈士的鲜血染红了古运河，浸透到这座古城的每个角落、每寸土地。

台儿庄古城，**集古典美与现代美为一城，融小桥流水与血雨腥风为一域，**是颗极具人文魅力的明珠，是块令人涵泳不已的瑰宝。**台儿庄，你真是一座不同寻常的古城。**

变式指导：

第一步：细审题。

《不同寻常的古城》这篇游记记游台儿庄这座古城，突出了它的“不同寻常”，请注意研读文中的粗体字，作者在点题扣题方面都做得很到位。

第二步：巧变式。

考场作文：请以“________，让我心生敬意”为题作文。

这是一道半命题作文，我们将其补题为“台儿庄古城，让我心生敬意”。

变式文：

台儿庄古城，让我心生敬意

刘骏成

当我们抵达台儿庄时，夜幕已经降临了，台儿庄——这座令人听其名就不由得**心生敬意**的古城，正缓缓揭开它那层神秘的面纱。（“扣题改头”法：开篇与标题呼应，总领全文，激发读者的好奇心）

这是一座具有诗意和韵味的古城，被称为“活着的古运河”。一条条古巷曲径通幽，令人不禁心生向往，迫不及待地想寻幽探胜，探悉一个个埋在古巷记忆深处的故事。石板路间的河水在夜幕的笼罩下，如同波动着的黑色水晶，与星星点点的灯光交相辉映，朦胧迷离，令人仿佛置身于童话世界。水声潺潺，如鸣佩环，宛转清脆。我们乘坐着挂着红灯笼的小木船，缓缓地绕城游览。摆渡的姑娘立在船头，唱着古城歌谣，那声音甜甜柔柔，回荡在古城的上空，令你的心也沉静，然而又自失起来。**相比那些灯红酒绿、车水马龙的喧嚣景点，夜幕下富有诗意和韵味的台儿庄古城更加令人流连忘返。**（“补写语句法”，补写贴近文题的语句，点题）

这种年轻的摆渡姑娘在台儿庄多得是。性情温柔恬静，划桨的姿势优美，生着一张略微黑红的脸，眼神灵动，穿了身斜纽扣的黑棉麻的上衣，下身着一件白绸缎的阔腿裤，上面都印着青花瓷的图案，腰间围了个水蓝色的围裙，脚下穿双绣花透孔鞋，油光光的辫发盘在头上。边哼唱边摇着船桨，身子柔柔的如柳条，婀娜地前后摇动，令人的目光不忍挪开。**相比那些浓妆艳抹、矫揉造作的时髦女郎，台儿庄古城朴实恬静的摆渡姑娘令人格外难忘。**（再次运用“补写语句法”，补写贴近文题的语句，点题）

这里的景，这样的人，这样的歌，**无不令人心生敬意。**（“修改感悟法”，抒情议论，总结上文。）

台儿庄古城令人心生敬意，更因为它独有的洒满热血的抗战记忆。（“修改感悟法”，巧妙过渡，引出下文。）

台儿庄古城内保存了53处战争遗迹，重建后的台儿庄古城与华沙成为世界上仅有的两座因二战炮火毁坏而作为世界文化遗产重建的城市。台儿庄大捷鼓舞了全中华民族的士气，灭了日本侵略者的威风，同时，也有数万华夏英雄儿女为国捐躯。爱国主义教育基地——“台儿庄大战纪念馆”气势雄伟，庄严肃穆；一堵堵保存完整的“抗战墙”，子弹枪眼遍布，一平方米墙面上密布着390多个弹孔，在历时一个月的台儿庄大激战中，这里曾经“无墙不饮弹，无土不沃血”，抗战烈士的鲜血染红了古运河，浸透到这座古城的每个角落、每寸土地。

台儿庄古城，融小桥流水与血雨腥风为一域，是颗极具人文魅力的明珠，是块令人涵泳不已的瑰宝。

怀着深深的敬意，我恋恋不舍地离开了台儿庄古城。（“扣题换尾”法，总结全文，紧扣题目，同时首尾呼应，升华全文）

这样，考场作文变式成功。

送给同学们一句考场作文的金玉良言：看破千道题，大多一文章。

平日好好练兵吧，将十八般武艺练得娴熟了，养兵千日用兵一时，考场用兵的时候方能大显身手。

中考前的指导

带好证件文具，上好厕所，坐进考场，稳定自己，看“四心”带全了吗？即必胜信心、考场静心、审题细心、做题专心。

特别提醒：

（1）去看考场时，一定看看考场前面有没有表，如果在后面或者没有，你必须自己拿手表进考场。

（2）修改时只需平行的画两道线即可，切忌大面积多次涂改。

（3）千万不要前松后紧，导致最后60分的作文匆匆了事。语文时间安排一般是这样的，同学们可以参考：现代文阅读前边所有的题目30分钟，两篇现代文阅读50分钟，作文40分钟左右，根据难易程度时间微调。

一、充分利用考前5分钟

按照大型考试的要求，考前5分钟是发卷时间，考生填写准考证。这5分钟是不准做题的，但是这5分钟可以看题。我发现很多考生拿到试卷之后，就从第一个题开始看，我给大家的建议是：

（1）填涂好答题卡、试卷、草稿纸。

（2）审作文（三审导语、题目、要求）。

（3）构思，打腹稿。严格根据三审，将用过的满意的素材进行筛选、迁移。

二、进入考试阶段

1. 先在草稿纸上将腹稿列出提纲

提纲要简明扼要，写作时自己能看懂，有价值即可。其用意是捕捉所思，以免遗忘，否则再重新构思会造成时间的浪费，也有利于调整紧张的心情，再说比起直接写在试卷上，书写在草稿纸上潦草一些不要紧。

2. 按题目逐个审题做题

语文做题一般按照题号顺序逐个来做，必须用规定的中性笔，沉住气写出你最好的字。你的字可以不漂亮，但一定要工整认真、大小匀称，字与字之间空隙适当。一定在规定的答题区域做题，安排好版面，不要超过答题区域。每个题目所给的答题区域的设计基本是合理的，书写别写得太小太密或太大太稀，否则影响评阅和得分。看不清题号将答案写错了位置用箭头来标示，这种做法网上阅卷你是得不到半点分的。

3. 选择题做完后一定先涂到答题卡上，再做笔答题

4. 审题一定要仔细，一定要慢

你在误读的基础上来做的话，你可能感觉做得很轻松，但这道题一分不得。所以审题一定要仔细，你一旦把题意弄明白了，这个题目也就会做了。会做的题目是不耽误时间的，真正耽误时间的是审题的过程，找思路的过程，只要找到思路了，单纯地写那些步骤要不了多少时间。

5. 一定要培养自己一次就做对的习惯

在考试的时候，一定要培养自己一次就做对的习惯，不要指望腾出时间来检查。越是重要的考试，往往越没有时间回来检查；即使有时间检查，白纸黑字，木已成舟，涂改后效果可想而知。

有字数要求的题一定要在草稿纸上修改好后，再落笔于答题纸上。

6. 要由易到难

一般情况，按试题顺序逐个来做。但并不尽然，如对有的诗词理解不到位、不满意，可以先空着，做好标记，做完后回头再做。记住，做好标记，以免遗忘。

7. 控制速度

一般你平常用什么样的速度做题，考试的时候就用什么样的速度，踏踏实实地往前推进，不要人为地告诉自己考试的时候要加快速度，但一定要完成试卷。其实你考试的时候，速度要是和平常训练的速度差距比较大的话，很可能因为你速度一加快，反而导致了质量下降。

不要担心“做慢了，做不完”，把握住一点，一个学生的正常考试，如果始终在自己会做的题目上全神贯注的话，这场考试一定是正常发挥的，甚至是超水平发挥。

结合济南市学考试卷题型，具体说来：

第一部分：

这一部分包括字音、字形、成语、病句、名著等。既然是选择题就是根据题目要求将A、B、C、D多比较，务必克服还没有看完整道题就急于选出答案的习惯。

（1）字音字形成语题：自己熟悉的字词成语要注意查看，勾画自己不熟悉的字词，使用排除法，选取最有把握的选项。

（2）病句：心中明了常考类型，在此基础上查关键词、查主干、查枝叶。还拿不准的默读比较，相信语感。

（3）名著：将每项从头到尾仔细读好，尤其注意人物与名著出处、与情节、人物与外貌描写、人物与个性化的语言、与性格是否一致。

第二部分：

1. 课内文言文

实词、虚词解答时一定要带入所在课文的语境，理解句子含义后再选择；内容理解题，是关于内容概括、中心观点体现、写作手法的考查。

2. 课外文言诗文部分

（1）断句：注意句子之间“句”与句内语气停顿“句读”不要混为一谈，断句的关键是多读几遍，结合文意理解句意。先在稿纸上想好画好，再标注在答题纸上，防止涂乱，影响得分。

（2）词语释义：四类词为考查重点，我们要结合语境再加课内迁移，联系我们学过的用法和意义。

（3）翻译句子：要本着直译为主、意译为辅的原则，字字落实，古今异义、一词多义、词类活用、通假字，这些都是需要解释出来的。省略的部分一定要补充完整，特别是句首需要人称或主语。不符合现代语序的要注意调整语序，做到译句的信达雅。

（4）“内容理解题”：答题时要充分利用好题干提示，填空题填好后注意上下语句的衔接，有的答案就是个仿句，简答题要接问而答。问：你明白了什么道理？最好这么接：我明白的道理是……尤其题干中要求结合文章内容或语句答题的，一定要按照“从……中可以看出……”的格式答题，或引用或概括，答题完整。

3. 诗词鉴赏部分

我们从题目、作者风格、注释和小序入手，抓诗眼、抓意象、抓题干中隐藏的信息等多方面，来充分理解诗句的意思，在能将诗句转换成自己语言的基础上，把握诗人的感情后，根据不同题型的答题格式来做题。

诗文默写：要工整书写，不能写连笔字。心里想着诗句的意思，理解才能防止写错。是通假字的要牢记，如“选贤与能”的“与”、入则无法家拂士的“拂”、荡胸生曾云的“曾”、政入万山圈子里“政”，等等。

三、语言运用

围绕材料主题，严格按题目要求作答。

四、现代文阅读理解（说明文、记叙文）

做现代文阅读要把握好三重对话：一要尝试增加你的年龄，与走向成年的语段作者对话，搞懂作者用了哪些写作技巧，表达了什么中心；二要与命题老师对话，通过命题老师列出的考题，去揣摩命题老师的意图，明白要考查哪个、哪些知识点；三要与阅卷老师对话，条理清晰地运用自己的语言文字来表达出你所理解的命题老师的用意和你的思考，让阅卷老师一眼能看清楚你的答题要点。

阅读与解答记住两点：一是读语段一定要用铅笔运用不同的符号在文字上做标记，如中心句段、提示性标志性词语、过渡性语句、人物心情变化类词语、人物品质类词语、人生思考类语句等，这些标注有助于答题时找好区间结合文字。二是熟练运用专门术语和答题格式，根据分值作答，实在拿不准，放弃害怕扣分的，可以在不超出答题区域的前提下多答。

1. 说明文阅读

说明文是从不同的方面来介绍说明对象特点的，它考察的是我们筛选信息的能力。我们要了解说明对象、每段中心、题目、开头段落作用、说明方法、说明语言、说明顺序，等等，答题步骤全面规范。并提示大家：说明对象要找准；一个句子中有时会使用两至三种说明方法，在识别时要注意。

2. 文学作品阅读

文学作品阅读主要考察记叙文、散文和小说。先读文读题，然后带着问题去阅读去标画。答题务必做到词不离句、句不离段、段不离篇。最忌讳只看题干，不联系文章，没有整体观念。文学作品类问题解答大都紧扣文章的主旨，所以答题的时候也要紧扣文章主旨来答。

五、用好打好的提纲

几点提示：审题要准，别跑偏，立意尽量要高大上，路标一定设清晰，各种技巧要用好，最关键的是创新诚可贵，保险更重要。

1. 审题要准别跑偏

抓住中心语，注意修饰词，不要忽略作文要求里的提示语，表层义、深层义要兼顾。如《微笑的力量》不止要有微笑，还要突出带给你的力量；《走出雨季》不是浅层的自然界的雨，更是心里的雨。

2. 立意尽量高大上

选择较有新意的、自己又有大量写作材料的，要么有意思，要么有意义，二者兼有更好，不消极颓废发牢骚。

3. 路标一定设清晰

评作文就像阅卷老师逛公园，你不仅要有清晰的入口出口，也就是在开头简洁清晰地点题，结尾升华中心，文中也要多次点题扣题，就像公园里的路标牌，引导老师不费力地看到你作文的亮点，给你点赞。

4. 各种技巧要用好

详略得当，中心突出，细节描写，环境描写、人物动作、语言、心理描写，侧面烘托、对比、以小见大、欲扬先抑、借物喻人等写作方法灵活运用，修辞手法、成语、格言名句等增添文采的尽量用，让你的作文有亮点。

最后，预祝同学们语文精彩，科科精彩；首战告捷，场场大捷。

下篇

作文指导课例文

“九月份”片段训练集萃

九月份，由夏入秋，天气转凉，昼夜温差增大，自然景物、人们穿戴等方面也相应发生了很多变化。你注意到了吗？到生活中去细心观察、体验，选取一个场景，写一段文字，描述这些变化。别忘了取一个别致的名字，不少于150字。

提示：

（1）要善于发现，你观察、感受到的点点滴滴都可能成为写作的素材，不妨先记下来，再做取舍。

（2）注意“九月份”这个特定的季节，写出由夏入秋的各种变化。要写得具体明确，如你的感受是秋高气爽，就要用特定的景物把这个感觉描绘出来。

本次片段作文仍旧训练学生审题扣题的能力，尤其是严格按照题目的要求进行写作的能力。

爽 秋

九月的一个夜间，一场倾盆大雨忽然从天而降。不经意间，一串串豆大的雨珠悄然落地，一首又一首优雅的小曲儿开始演奏起来。不知什么时候，雨悄悄地走了，乌云散去了，一轮红日升起来了，空气中弥漫着泥土的清新气味，新的一天开始了！

这一场雨给花草树木洗了个澡，细看花朵上沾满了露水，一副沉重的样子；树叶也并非夏日那般欲滴的翠绿，而是夹杂着一丝淡黄，似乎在告诉大家秋天来了；树上原本那些聒噪的知了不知藏到哪里去了，这下换成了草丛中的蟋蟀、蚂蚱与天上的鸟儿合唱了。这一场雨也浇灭了夏日的炎热，现在哪里还有一丝丝热气，只有一阵阵清风拂面而来。街上的人们把原来抗热的短袖衫换作了暖和的长袖衬衫、T恤；他们不再穿原来凉快的短裤，而是换成了长裤；他们也不再大汗淋漓，现在只感到些许凉意。

夏天的急躁与烦闷如今已被秋风吹跑，现在的我只有神清气爽、高兴愉悦了！

学生：刘思诺

简评：

这位同学的这篇片段作文紧扣一个“爽”字，抓住了题目要求中的“九月份”这个特定的季节，写出由夏入秋的树叶、昆虫、人们的穿戴等方面的变化，写得具体明确。

天凉方觉秋已至

一阵风轻轻地拂过，额角的碎发被柔柔地撩起，脸颊——凉凉的，痒痒的。

九月份，连正午的阳光都不似盛夏般毒辣而逼人，更何况此时已近黄昏。一个温柔的女声在童稚的欢笑声中响起，充满着慈爱：“天凉了，快回屋添衣服去。”随后便看到几个孩子的身影，他们飞奔着回屋去了……

几片树叶打着旋飘落风中，像蝴蝶，翩翩起舞；落地了，还发出沙沙的声响，以表示对树的眷恋。我俯身轻轻拾起一片落叶，正感叹光阴的流逝，再直身却发现原有的热意全散了，空气都带着微微的寒意。我不由得一颤，记忆中的夏日炎热已全然不见，而此刻的冷却柔得让我错以为是温，直到鼻涕都快淌下了才发觉真的凉了。

那几个孩子又打闹着跑出来，唯一不同的是身上已多了花花绿绿的外套，我也要起身回屋添衣去了。

原来，这秋已在不知不觉中来到了。

学生：赵子萱

简评：

这位同学的这篇片段作文紧扣一个“凉”字，抓住了题目要求中的“九月份”这个特定的季节，写出由夏入秋的树叶、人们的穿戴等方面的变化，写得具体明确，尤其是孩子添衣换衣的细节照应，使短文既符合要求又构思严谨。

九月的早晨

在九月份的清晨出去散散步，是件多么惬意的事啊！

太阳已升到半空，害羞地躲在云彩的后面，形成一片美丽的朝霞。即使有温暖的阳光，我也不得不穿了一件外套。

在外锻炼的人们虽然很多，但丝毫不会打扰蛐蛐啾啾的叫声。蛐蛐们一刻不停地叫着，它们的歌声此起彼伏。伏在草丛中，虽不见它们的身影，但它们依旧歌唱着秋天的来临。许多麻雀藏在树梢间，只要一跺脚，它们就成群结队地飞走了。它们飞过的树枝上，有些叶子末端已发黄，有些还没等变黄，就已经落进了草地间。

走进一片波斯菊的天地。花依旧五颜六色，却明显稀少了。有些只剩几片花瓣，歪在枝间。蜜蜂没有以前勤劳了，它那疲惫的嗡嗡声已被蛐蛐的叫声淹没了。偶见一只蜜蜂，只选花儿健全的才肯留步。

太阳露出脸来，阳光洒在公交车站旁的行李箱上，中秋节快要到了，不少漂泊在外的人匆匆往家赶，迫不及待地想见到自己的亲人。

令人惬意的秋天，就这样悄悄地来了。

学生：陈宇轩

简评：

这位同学的这篇片段写作紧扣一个“惬意”，抓住了题目要求中的“九月份”这个特定的季节，写出由夏入秋的阳光、蛐蛐、麻雀、波斯菊、蜜蜂、归家的人等方面的变化，写得具体明确，可见他善于观察、细心审题的良好的学习品质。

九月的校园

轻踏着一片片焦黄的落叶，在沙沙作响的伴奏声中，一步入校园，便能感受到九月的到来。

微风迎面吹来，轻触脸庞，玩弄发丝，与昔日不同的是，风凉凉爽爽的，少了一份燥热，多了一份清凉，不禁使人神清气爽，不由自主地昂首向前走去。

餐厅前的树荫道上，前几天还绿树成荫，不知不觉间就布满了弯卷泛黄的落叶，有些淡黄的，也有些深黄的，风儿一拂，便将一片片秋叶摘下来了，又轻轻地扣在水泥路地面上。

许多同学都套上了秋季校服外套，他们蓝白的身影正在布满落叶的小路上来来回回地忙碌，却也与蓝天白云相映成趣。

教学楼里，大家齐声念诵着："天阶夜色凉如水，卧看牵牛织女星。""未觉池塘春草梦，阶前梧叶已秋声。"是啊，还没从美丽的春色中一梦醒来，台阶前的梧桐树叶就已经在秋风里沙沙作响了！

学生：刘骏成

简评：

这位同学的这篇片段写作抓住了题目要求中的"九月份"这个特定的季节，写出由夏入秋校园里的风、树、打扫落叶的学生、教学楼里的念诵声等，写作很有层次感，尤其是最后一小节诗句的引用，使该生特有的书卷气息扑面而来。

“令我怦然心动的瞬间”片段训练集萃

令我怦然心动的瞬间（一）

清晨的秋天，带着冬天将至的寒意，呼啸着穿行在空气中，树木的枝叶瑟瑟战栗，凋零了不少。

我抱着早已冻僵的双臂，跺着脚，等待着日出。

地平线升起微弱的白光，晃眼的白光让人看不清地上的任何事物，紧接着洒下一片红，我就这样静默却又激动地看着眼前这自然的景象。我已不管那凝冻的空气，只顾抬头欣赏日出的美好，我的双手也攀上了栏杆，已不再害怕那高度，那都是因为这奇幻的色彩啊！

渐渐地，太阳逐渐升起，给大地镀上了一层金黄色，所有事物的影子都被拉长了，一面是金黄，一面是漆黑，竟别有一番风味。

日出，是令我怦然心动的那一瞬间，而那时，秋光正好，微风不寒。

学生：李文轩

令我怦然心动的瞬间（二）

十月一日的天安门广场上，天空渐渐泛白，一抹淡淡的朝霞出现在东边，令人期待的升旗仪式就要开始了。

初秋的寒意挡不住人们的热情，升旗前，广场上庄严肃穆，一片寂静。升旗手英姿飒爽，刚毅的脸上写满了严肃和自信。六点十分，雄壮的国歌声响起，鲜艳的五星红旗随着升旗手在空中庄重地一抛，在微风中展开。那是一种勇往直前的力量和势不可当的威力。护旗手行着庄严的军礼。此时此刻，全场的观众骄傲地仰起头，注视着徐徐升起的国旗，高唱国歌，国旗升到旗杆顶端，迎风飘扬。

就在国旗升起的瞬间，作为一名中国人，我不禁回想起中国近代经历的磨难与挫折，如果没有当年对外来侵略的反抗，怎么能换来中国今天的辉煌。中国人民没有屈服！抗日战争胜利了！解放战争胜利了！中国人民取得了伟大的胜利！

建立了新中国！升起了第一面五星红旗。自此，中国发生了翻天覆地的变化。

如今，祖国越来越强大，人民生活越来越幸福。当五星红旗升起的那一瞬间，令亿万中国人怦然心动。我爱你，伟大的祖国！

学生：陈宇轩

令我怦然心动的瞬间（三）

在今年的里约奥运会中，经过三场惊心动魄的生死之战，中国女排终于在时隔12年后再次站上了奥运冠军的领奖台。

这场比赛，这个瞬间，让全国人民为之沸腾！台上12位美丽姑娘的笑容是那么灿烂，像绽放的花朵那么迷人；姑娘们胸前沉甸甸的金牌金光闪闪，格外耀眼；她们的红黄双色运动服与冉冉升起的五星红旗交相辉映，鲜艳夺目。此刻台下的人们热情高涨，激动异常，他们高举着国旗欢呼雀跃，热血沸腾！此时此刻，姑娘们一定百感交集，多少拼搏，多少汗水，多少艰辛，多少伤痛……在这一瞬间，我的眼眶湿润了……

中国女排，经历了太多太多！中国女排，给了我们更多更多！让我们用心铭记——中国女排！让我们大力弘扬——女排精神！作为新时代的中学生，我们要学习中国女排不屈不挠、顽强拼搏的韧劲，永不放弃、永不言败的精神！

学生：刘思诺

令我怦然心动的瞬间（四）

太阳正高照，我独自在家后面的公园里闲逛。正走着，令我惊艳的一幕出现了：一片花丛中，有好多只大大小小的蝴蝶都在那儿聚会。它们的颜色分为白色和豹纹色，它们盘旋在花丛上方。那是多么美的画面啊！不知什么时候，一只豹纹色的蝴蝶来到了我旁边，停在一朵花上。一阵风吹来，她合着翅膀微微地倾斜着身子。我小心地蹲下来，生怕惊动了她，我仔细地打量着她，她一直合着翅膀，许久，才慢慢地张开。她开始采集花粉，她是那么专注，偶尔有几只小虫子飞过来，她都像没看见似的依旧低着头做着自己的事。我真想把这一刻永远记录下来，不知为何我就喜欢她这种不因任何事而动摇的性格。她完成了任务，于是很快地飞走了，越来越远，只留给了我一股淡淡的芳香。我想人也应该像蝴蝶那样，不去在意世俗，而是一心一意地去完成自己的使命。这一瞬间，让我怦然心动。

学生：张宵宵

令我怦然心动的瞬间（五）

满天的乌云黑沉沉地压下来，如同我此时的心情一样，昏暗不明朗。树上的叶子乱哄哄地摇摆，地上的花草低下了头，仿佛等待一场洗礼一般。

人们在急忙地找能避雨的地方，昆虫们忙着搬家。不一会儿，雨渐渐飘落下来，紧接着越下越大，噼里啪啦地打在花草树木上，整个世界好像都黑暗下来。突然，一抹亮彩进入这幅黑暗的图画，映入了我的眼帘，我的心好像动了一动，但让我惊讶的不是它勇敢无畏地飞入雨中，而是它的翅膀不完整，飞得起起落落，有时会被雨珠打得飞不起来，有时会被风刮得迷失方向，它紧紧地靠在花瓣上，忍受着雨水和风的洗礼。终于，雨停了，蝉出来诉说着这场雨的经过，花草抬起头来，显得格外耀眼，树叶被冲刷得锃锃发亮。那只蝴蝶微颤着翅膀，飞了起来，飞向了远方，我的眼眶湿润了，眼前好像浮现了它那残缺的翅膀，上面还有晶莹的雨珠。

它的出现，好像把整个世界都照亮了，用它那微小的身影，照亮了四方，照亮了我的心灵。

学生：蒋集萍

令我怦然心动的瞬间（六）

国庆放假了，我和爸爸妈妈回老家，不经意间，院里地上砖缝间的一抹绿色让我眼前一亮——那是一颗被遗弃的玉米粒在不起眼的角落静静地萌生出的嫩芽。没有充足的水分，没有肥沃的土壤，没有灿烂的阳光，就只是在两块砖的砖缝之间，你，大约只有一指高，绿绿的、小小的两片嫩叶中充满了力量。不管你的生命有多长，也不管这世界能给予你多少，你凭着对生的信念和渴求，萌发出嫩芽！可能等你耗尽那极少量的养分时，你便会枯萎，会死亡，但你却不放弃一丝生存的机会，努力生长，努力去证明你的存在，静静地绽放出自己独有的生命的美丽。

“立足原在破岩中”，一抹绿色对生命的执着，令我怦然心动！

学生：徐欣璐

令我怦然心动的瞬间（七）

就是那么一眼，即让人怦然心动，这便是墨泉的魅力。

当看见它的一瞬间，会感觉内心瞬间变得澄澈、空灵、宁静起来。泉水从泉眼里喷薄而出，汩汩地，碎琼乱玉般，像个眉飞色舞的孩子在手舞足蹈。它就是那么忘情地喷涌着。人们在啧啧称赞，而它却不为所动，无论游客的多少，无论天气的好坏，不为掌声和赞美，只为不负这一曲动听的生命之歌。

这一瞬间，我想到，人生不亦是如此吗?

人生如泉，不为荣华与富贵，只为尊严与初心，生命不息，奋斗不止!

学生：刘一鸣

令我怦然心动的瞬间（八）

秋天来临了，天空像一块覆盖大地的蓝宝石。公园里仿佛是一片火红的海洋，我抬起头，映入眼帘的是一片火红的枫树林。那枫叶，红得那样光亮，红得那样热烈。我走进枫树林，捡起一片枫叶，细细观察。这片枫叶好像是一个美丽的红五星，又像是一只张开的小手掌。叶脉在叶间肆意地伸展，仿佛自己是这里最漂亮的。

枫叶散生在这片林子中，枫树高大挺拔，如旌旗飘扬；纤细娟秀，似鲜花般柔情；灿若云霞，宛如淋不灭的火焰。总是这样，我却从未发现红叶竟然有淡泊的清香。

我们也应该像枫叶那样，不管在什么时候，都要充满浪漫，用一颗希望的心迎接明天，用一种优雅的态度浪漫地生活。即使是在废墟中，也要像枫叶一样制造浪漫，寻找天堂。枫叶正努力让自己的凋零也充满浪漫，这样会让下一轮回的浪漫生命充满希望……

学生：程晓彤

令我怦然心动的瞬间（九）

来到池边，一望无边的荷花映入眼帘，粉的似霞，白的似雪，真是千姿百态。看那池中雅洁的荷花，有的含苞欲放，像个害羞的小姑娘，有的像火炬一样高高伸出，像个洁身自好的君子，有的才展开两三片花瓣儿，在碧绿的荷叶的衬托下，显得更加美丽可爱了。

许久，一阵微风拂过，荷花中飘来阵阵花香，片片荷叶在风中摇曳，宛如一位位穿着绿色裙子的仙女正在翩翩起舞……

这美丽的片刻，简直让人陶醉，犹如仙境，不可自拔，瞬间让我感悟到诗人杨万里当时的境界："接天莲叶无穷碧，映日荷花别样红。"

学生：刘长坤

令我怦然心动的瞬间（十）

这是一名街头艺人，已是晚上九点多，他在为稀稀落落的观众表演——火。旁边的一个饮料瓶子装满了易燃的汽油，许多观众因为这浓重的汽油味而干呕离去。而他，一会儿的工夫喝下去了半瓶，这是表演要用的，他的嘴里要喷火，他不得不喝。表演是惊心动魄的，看着他把势头凶猛、生命旺盛的一团火硬塞进嘴里，我的嘴巴不知不觉地张开来，舌头感到一阵阵的灼痛，心也在烧灼。成功了！他的嘴里喷着一团旺盛的火，那是成功的火光，那是努力的火光，稀稀拉拉的人，稀稀拉拉的掌声与尖叫，稀稀拉拉的几张钞票，为了谋生，为了养家，他不顾一切去付出，去努力，几张钞票仿佛不足以满足他那颗奢侈的心，他更卖力，更努力，观众都心疼他的身体。火光在他嘴里渐渐熄灭，我这颗激动的心也随之平静，为了自己更好的生活，为了自己心中的那团火，努力吧！

学生：宋佳琪

令我怦然心动的瞬间（十一）

偶然看到这样一张照片：一位身穿军装的男人背对镜头，一个充满稚气的小生命把小脑袋靠在军人肩头，眉头紧皱，双眼紧闭，小手拼命地抓住男人的军装，尚未长全的乳牙紧紧咬着男人肩头的"中国人民解放军"的标志，泪水从长长的睫毛下流出，满是不舍与伤心。

身为陆军的父亲长期在外，为祖国效力，每隔九个月才能与家人团聚。而长期思念父亲的女儿见到父亲，扑向那温暖宽大的怀抱，嗅着熟悉的味道，享受着来自父亲的爱。长久不见，而父亲很快又要离去，于是她终于忍不住，小声地呜咽起来……

那一瞬间，我不禁怦然心动。

这只是千千万万军人家庭中的一个。无论陆军还是海军，每一位军人的背后都有一个温馨的家庭。他们凭着对祖国的一腔热血，勇敢坚毅地踏上了从军的道路。保卫祖国，无畏无惧。他们的家人默默支持着他们，纵使隔着万水千山，也隔不断亲人间的思念与牵挂；纵使隔着千山万水，也隔不断对祖国的一片热爱与忠诚。我相信当他们的孩子提起他们时，脸上一定会洋溢着自豪的笑容："我父亲是一个军人——保家卫国的军人！"

学生：刘骏成

令我怦然心动的瞬间（十二）

考级成绩出来了。

看看音协网页，再看看手中的准考证号，心里像是小鹿在乱撞，"扑通扑通"，跳得厉害。

当输上密码的最后一位时，我深吸一口气，告诉自己：没关系，即使考不过也没关系，大不了寒假再考，没关系。

点击登陆，闭着眼心里默念着：过，过，过，一定要过！慢慢睁开双眼，看到屏幕上的一行蓝字：您的查询成绩为"及格"。

高兴的泪水，盈满了眼眶。

一个暑假，每天拖着疲惫的身子，睁着没睡醒的双眼，架着酸痛的胳膊，保证一天八小时的练琴时间，付出没有白费。

我每天坐在琴前，苦练考级曲目，尽管这是枯燥乏味的。因为这是我对梦想的追求，苦涩的过程，终于让我收获了成功的果实。

学生：李简宁

令我怦然心动的瞬间（十三）

被秋日的光辉照拂着，我走到了这条静谧的小道上。突然，独立在前方的一朵花闯入了我的视野中。它那红似火的花瓣边缘都镶了一圈金边，它的花蕊像无数个金色的小星星凝聚成的小球。风在不知不觉中加大了。弱不禁风的它在风中挣扎着，仿佛风再大一点，它就会随风而去。但是，它不甘心。看吧！它那柔弱的茎弯曲了起来，其中蕴含了无限大的力量！它的每一片花瓣紧紧抓住了地面，任凭风怎样拉扯也不愿随风而去。它这倔强、坚强的精神震撼了我的心灵。这一瞬间它变得强大了起来，它已不再是一个弱者，而是一个坚定自己信念、敢于与比自己强大百倍敌人对抗的强者。风渐渐停了，一切像没发生似的。这朵花，依旧傲立着，在阳光的照耀下，散发着绚烂的光彩……

学生：高艺玮

令我怦然心动的瞬间（十四）

傍晚，和妈妈一起在小区附近散步，远远望见一对老夫妇，蹒跚地走在人行道上……

老人那瘦弱的胳膊靠在一起，两只手紧紧握着，他们互相扶持，互相依靠，一步，一步，慢慢地走着，仿佛没有什么力量能将他们分开。

老人的身后，是他们的子孙，有的已到中年，有的年纪正盛，有的还稚气未脱。他们紧跟在老人身后，可是却没有超越老人的意思，而是随着老人的节奏，慢慢地走着。

这一刻，灯光仿佛更加明亮，只为给老人照亮前方的路，路上的行人也都已成为陪衬，只为这最美的风景。

这一瞬间，令我怦然心动。

学生：程彬哲

令我怦然心动的瞬间（十五）

我凝视着门前树底下那显眼的叶子，在那一瞬间，我竟觉得时间已经将它淡忘。

远征于此的风悄悄地掠过，几片泛黄的暮叶飘落，它们无声地舞蹈着……旋转跳跃。不知是否有人观察过，每一片叶子飘落的时候总会上下舞动，就好似它矛盾的心一般。它对这个大千世界持以深深的不舍。它决定了，缓缓向树根投去，毫无挂念。一片叶子从脱落至落地只需要7秒钟的时间。

阳光射在它周边的沙土上，激起几抹尘埃，想为它进行一次简简单单的葬礼。“叶落终归根”这话想必是不错的。在它无悔落地的一瞬间，我感动了。

这种“落叶终归根”的精神让我感动，平时有人恩惠与你吗？你感受到了吗？即便感受到了，谁又会加以行动呢？

在生命即将逝去的时候，落叶选择用自己的身体为生它养它的根须给予营养，为明年春天的新生命做出贡献，虽生命短暂，但确是有价值的。

这落叶归根的景色久久地在我的脑海里徘徊不去，那个令人心动的瞬间。

叶长叶落只是沿着大自然规定的轨道行事罢了，也许有的人会这么想……但是，造物者不会没有理由地造一样东西。在某个方面，我们是否不如落叶呢？

学生：宗铄林

令我怦然心动的瞬间（十六）

一个无意间抬头的瞬间，我邂逅了这世上最美好的感动。

天湛蓝湛蓝的，越看越生出几分关于曾经的眷恋。这美丽而迷人的色调泛着淡淡的忧伤，衬托得那被金辉勾勒的云圣洁无比。银与金交相映衬，变幻出一种立体的震撼，仿佛它的质地是柔的，是软的，是缠绵而有韧性的。有着比棉花糖更为甜美的滋味，有着比牛奶更为惬意的顺滑。

云是粘黏于天幕的，又悬浮于天空上，像一抹又一抹调了银粉的白色颜料，似一片又一片散开了的白色鱼鳞。

我的视线似乎模糊了，只剩下一片蓝，慢慢出现交错的白，泛着浅浅的金，这是多么神奇的造化，大自然给人世间带来了如此的美好，它不在乎昨日的阴晴，亦不关心明天的雨雪，它只管今日，将这一片蓝天白云奉上。

学生：赵子萱

令我怦然心动的瞬间（十七）

晚上，吃完晚餐后，我习惯性地到阳台上转一圈，消化一下刚刚进肚的食物。眺望着远方的美丽夜景，突然发现，我家的东南方向什么时候增添了一座“金碧辉煌”“灯火通明”的楼阁威风凛凛地矗立于夜色中，它全身用LED灯管包裹着，遥看去出奇地亮，特别壮观，仿佛在向每一个观望者炫耀自己的存在，问了问妈妈，才知这是我们家乡刚刚开放的林荫公园。

我震惊了，记得小时候的家乡还比较落后，现如今已是一头崛起的雄狮，到处高楼拔地而起，健身公园也日渐增多，仿佛一个沉睡的巨人开始慢慢苏醒。

章丘，我的家乡，我无法眺望你的过去，但我能憧憬你的未来，你的变化让我怦然心动！

学生：刘恪良

“让你的作文充溢文化气息”例文

一、中心句引领法

人和书的对话

世上最神秘和丰富的事物，就是人和书。因为他们都以特有的故事情节阐述着智慧和美好，用有趣的方式展现着人生百态。所以说，一个人就是一本书，生活中每个人都是书，每个人又都是读者。

阅读告诉我，人生有五颜六色。王安忆在《长恨歌》里说：“书上的叶子全绿了，水也是碧碧蓝，唯有她是一身红。”路遥在《平凡的世界》里说：“瞧，这灵香头发黑格油油，脸白格生生，眼花格弯弯……”鲁迅在《药》里说：“街上黑沉沉的一无所有，只有一条灰白的路，看得分明。”人生不止我们所看到的七色，而是阅读之后五颜六色的体会。在看到有人离世，我会写下：“此刻，我的心情是蓝色的。”这是阅读告诉我的，忧郁是蓝色的。

阅读告诉我，人生有酸甜苦辣。《简·爱》中简·爱生活在社会底层，受尽磨难，尝到苦涩。《吝啬鬼》中阿巴贡嗜钱如命，贪婪成性，对待仆人非常狠辣。《傲慢与偏见》中伊丽莎白和达西解除误会结婚，是一种甜蜜。人生不是我们以为的平淡无奇，而是阅读之后酸甜苦辣的品味。当和家人相聚时，我会写下：“我有了饱感。”这是阅读讲给我的，精神和身体一样，都需要滋养。

阅读告诉我，人生有千姿百态。陶渊明选择“采菊东篱下，悠然见南山”，是一种怡然自得的闲适心境。司马迁忍辱负重，是为了留下“史家之绝唱，无韵之离骚”的《史记》。楚霸王项羽兵败自刎乌江，也是一种“生当作人杰，死亦为鬼雄”的人生姿态。人生不像我们所想象的形态相似，而是阅读之后千姿百态的感悟。当遇到失败，我会写下：“从哪里跌倒就从哪里爬起。”这是阅读教会我的，输了也要有一种坦荡的姿态。

阅读一直伴随着我的成长，陪我度过青春，相信也会伴我走向未来。阅读让文字有了永恒的价值，让我有了一双看透世事人情的眼与一支生花之笔，让生命有了无尽的意义！

一个人，一本书；阅读，人生。阅读人生！

学生：陈陆森

二、名言诗句引领法

咀嚼苦难

苦难是人生之树上一颗奇异的果实，不懂得它的人，一尝便知其苦；而懂得它的人则知道，只有细细地咀嚼，才能尝到那苦后的甜。

——题记

有人说，生有苦难，活着即炼狱；有人说，不如意事常八九；有人说，自古英雄多磨难……由此看来，生活就是一棵长满苦难之果的大树，而我们，学会了咀嚼苦难，也就学会了品味人生。

“莫听穿林打叶声，何妨吟啸且徐行。”咀嚼苦难，我们才能活得坦然。你看那泛舟赤壁的苏子，在明月清风间咀嚼乌台诗案的苦难和被朋友出卖的痛苦，然后默默咽下这生活的苦酒。他把苦难的酒酿成放达的歌，寄情山水，逍遥红尘，获得了心灵的解脱。

“我要扼住命运的咽喉！”咀嚼苦难，我们才能超越自我。也许双耳失聪对于一个音乐家来说是致命的打击，但贝多芬却对命运说“不”。这个生活在苦难深渊中的人，用心咀嚼着耳聋的痛楚和众人的嘲讽，将苦难的果实连汁吞下，然后用颤抖的手在琴键上弹奏着，终于弹出了令人惊叹的旋律。这个咀嚼苦难的人，用心奏出了欢乐的歌，使自己的生命得到了升华。

“苦心人，天不负，卧薪尝胆，三千越甲可吞吴！”咀嚼苦难，我们才能走向成功。江山断送对君主意味着什么？死亡？至少对勾践不是。这个落魄的君主，在吴国的牢狱中，在夫差的皮鞭下读懂了苦难的含义。他一面品尝胆汁，一面构建着越国的蓝图，终于，越国灭吴不再是遥不可及的神话，勾践也因此名垂千古。

苦难是一颗奇异的果实，只有细细咀嚼，才能品出苦涩背后的甘甜，尝出苦难的真味，从而也就懂得了人生的真味。那看似泥泞坎坷、布满险滩的人生路，也将变成康庄大道，一马平川。

——选自“作文库”网

三、诗词名句小标题法

潇潇风雨韵

窗外飘洒着小雨，我静坐于窗前。翻开《宋词》，一边听雨，一边品味其中沉淀了千年的潇潇风雨韵。

潇潇暮雨子规啼

元丰五年，苏轼被贬黄州，闲来无事游蕲水清泉寺。路上，刚长出的兰芽又嫩又绿，惹人喜爱，天空淅淅沥沥地飘着小雨。人生失意的苏轼站在兰溪边，沐浴着和风细雨。“乌台诗案”这场大风雨给他的打击似乎还未退去，诗人却一边赏景，一边高歌，吟诵出：“谁道人生无再少？门前流水尚能西！”管他被贬抑或升迁，我自“一蓑烟雨任平生”。苏轼用他的乐观笑对人生风雨！这是何等的豁达，何等的胸襟！

已是黄昏独自愁，更著风和雨

日薄西山，暮色朦胧。陆游从郊野驿站外破旧不堪的断桥边踱来。桥边的一株梅花吸引了他，在这样人迹罕至、寂寥荒寒的郊外，梅花竟然能凌寒独自先放。这是何等倔强，何等顽强！仕途上的失意，奸佞之徒的欺侮，如同疾风骤雨般无情地打在陆游身上。但是，陆游宁愿风雨过后零落成泥，也不愿同流合污。这正是“亘古男儿一放翁”的孤高自赏，不与世俗相和的生活态度的写照。

怒发冲冠，凭栏处、潇潇雨歇

天空中阴云密布，一声响雷，疾风暴雨席卷而来。奸臣当道，国土沦丧，岳飞心中的激愤怎能压抑住？怒击栏杆，一声长啸，排不尽心中的愤懑，想到三十几年的成就功名微如尘土，几千里的纵横疆场只有云月相伴。他只能低吟：“莫等闲，白了少年头，空悲切。”靖康之国耻，犹未洗雪，他的满腔热血化作“壮志饥餐胡虏肉，笑谈渴饮匈奴血”的千古名句。面对剥夺兵权的现实、可耻屈辱的和谈、奸臣的诬陷，岳飞依然矢志不渝，坚守心中的“尽忠报国”的鸿鹄之志。

……

其实，人生本不是一路阳光，总会有风雨相伴。古人尚且能在人生风雨中做到乐观、淡然，做到坚持自己心中的挚爱理想，更何况我们呢？

合上《宋词》，我时刻准备着笑对人生。

窗外，风雨依然潇潇……

学生：张淇栋

四、成长·收获总结法

成长路上有书相伴

自从识字以来，书便伴我左右。从生动有趣的小人书到布满字母的注音本，厚厚的童话（对当时的我来说）是我童年时代最后的朋友。

长大后，四大名著、世界名篇逐渐占据了我的书架，取代了那些童年时代的玩伴，坐上了书寨的头把交椅。

望着三国的烽火硝烟，体会《红楼梦》中的世态炎凉，细评《西游记》中的种种奇事，惊叹《水浒》一百单八将的神勇威猛。四大名著的各具特色令我叹为观止，爱不释手。

每每读书之际，我总会浮想联翩，仿佛走进了书的世界。刚刚体会到保尔·柯察金的钢铁意志，不一会儿又卷进了王子复仇记中的恩怨纠葛。才随着“鹦鹉螺”号在海底一番冒险探秘，不久又跟着可笑的堂吉诃德进行了他所谓的骑士之旅。这种感觉，难以言喻。

进入初中后，渐渐爱上了金庸先生的武侠小说。书中刀光剑影的拼杀，高深莫测的武功与那些性格迥异的英雄人物深深铭刻在我的脑海里。飞雪连天射白鹿，笑书神侠倚碧鸳，此乃对金老先生作品的概括，亦为金迷的十四字箴言，无人不知，无人不晓。奇与妙的结合，融成我心中的最爱。

鲁迅，一位著名的作家。在我读初二的时候，也悄然迈进我的书世界。阿Q、孔乙己、祥林嫂等一个个鲜明的人物形象闪现在我眼前，尤其是那独特的鲁式写法，更加令我拍案叫绝。深奥，鲁迅文章的代名词。

读好书，好读书。开卷必定有益，闭之索然无味。有书相伴的日子是充实的，有书相伴的日子是快乐的。无书则虚，失书则悲。书，伴我度过每个朝朝暮暮。

——选自“个人图书馆”网

五、边文边我法

书中有个我

“也许我们谁也无法走出自己的童年……”每当读到《草房子》中的这句话，总能推开心底的那扇记忆之窗，勾起嘴角的一丝微笑。我何尝不是这样想的呢?

《草房子》的主人公是一个顽皮可爱、天真无邪的男孩子——桑桑，他有时会异想天开或者做出一些出人意料的古怪行为，例如，他好奇将冰棍捂在棉被中不易融化，那将棉衣棉裤都穿在自己身上会怎么样，之后果真穿着最厚的棉裤、肥大的棉袄，戴着父亲的大棉帽跑到校园里走起圆圈来。

我小时候也是十分奇葩的，因为好奇奶奶爷爷的衣服，便戴上奶奶的棉帽，穿上爷爷的中山服和奶奶的布鞋，然后拄着木拐杖去溜达了一番。尽管有些别扭，但许多小伙伴都兴高采烈地看。最后虽被奶奶哭笑不得地边嗔怪边领回家，但还是感到很好玩。

大热天桑桑穿棉服还不过瘾，又想做一张能捕鱼虾的网，于是便把父亲的蚊帐改造成了一张网。又叫来阿恕他们，用竹竿做成网架，到河中捕鱼去了。但当他捕完鱼沉浸在快乐与冲动之后，还是被母亲发现了。母亲并未打他，而是将他的蚊帐摘掉了。而摘掉蚊帐的结果是他被蚊子叮得浑身上下到处是红包，左眼红肿得发亮。

这使我想起小时候一个关于蚊帐的事件。我觉得蚊帐在家中是难得的白布料，便用剪刀剪下一小片来，围在布偶娃娃的身上，完成了一件“透气婚纱”，但后来爸妈并未发现，因为我是在蚊帐底部裁剪的。

而最令我难忘的是那一段：“那是1962年8月的一个上午，秋风乍起，暑气已去，十四岁的男孩桑桑，登上了油麻地小学那一片草房子中间最高一栋的房顶。他坐在屋脊上，油麻地小学第一次一下子就全部扑进了他的眼底，秋天的白云，温柔如絮，悠悠远去……这个男孩桑桑忽然觉得自己想哭，于是就小声呜咽起来。”

我家以前在一所中学内的平房，依稀记得离开我所住六年之久的老校时，轻坐于房顶瓦片之上，嗅着我家院里种的薄荷的清香，望着一排排熟悉的房顶，淡蓝的天，飞过的鸟，院子地上凌乱的玩具，还有那块准备扔掉的少了一片的旧蚊帐，穿戴整齐的爷爷奶奶……依稀记得所有孩子都跑来同我告别，突然觉得自己鼻子酸酸的，两行泪水不知不觉地滑过脸颊。

可我仿佛看见，我正坐着的房顶那头，有个男孩似乎也轻坐于房瓦之上，转过头，对着我笑呢。

那是桑桑，那是书中的我。

学生：刘骏成

六、由书到我法

书里有个“我”

一个人，一本书，一杯茶；一双脚，一条路，一个远方。

在流转飞扬的文字中，寻得一方净土，栖息情感，微闭双眸，畅游朱自清构筑的一片繁华，寻得共鸣，无畏无惧。

岁月匆匆，日子就这样流水般奔腾而去。《匆匆》中提到我们的日子一去不复返，作者的日子滴在时间的流里，没有声音，也没有影子。他不仅自我反问：“过去的日子如轻烟，被微风吹散了，如薄雾，被初阳蒸融了，我留下些什么痕迹？”我愕然，对啊，正如他所说的，赤裸裸地来到这世界，转眼间也将赤裸裸地回去。

每每看到他如此反问我，我总能陷入一片寂静的沉默之中，无法自拔。他的思索何尝又不是我的。十几年来，我如同在沙地上行走，云淡风轻，没有什么足迹。春去春又来，花落花会再开，时间就是生命每次的轮回。

他的《背影》众所周知，父亲微胖而蹒跚的背影穿越时空成了父爱的经典，那背影不高大，不挺拔，是在生活重压下渐渐衰老的父亲的背影。每当“目睹”爬月台的那一幕，我总是头涔涔而泪潸潸。

仿佛那便是我的父亲，而我便是那个远去的孩子。

依然记得刚上高中时与父亲离别的场面，他将我送上公交车，千叮咛，万嘱咐，直到车子开走时，他才不舍地离去。我回眸，一个身影映入我的眼帘，越来越小，直到消失在远方。

从未见到如此深情而留恋的父亲。在我的脑海中，父亲总是用铁甲做外衣，用刺刀当武器，用最冷漠的外表来掩饰，眼测不出深度，心望不穿浮沉。然而，在离别时刻，他那铁甲、刺刀已被融化……

我被朱自清细腻的文笔、独特的视角深深吸引，依他的文章而行，总能寻到一个自己的影子。

他的文字感人肺腑，征服了我。他的书中有一个袒露心事、领略生命的快意的我。

——选自“第一范文网”

兴趣爱好类例文

在《选材要恰当》一章中，特别建议那些苦于材料缺乏的同学，可以突出自己的爱好。你如果喜欢体育，那你就像体育记者一样，叙体育，议体育，只要切合题意就好。如果你喜欢听××的歌，看××的书……你就可以将自己这方面的经历和感受与命题联系起来。这样就不愁内容贫乏、文思枯竭了。这里给同学们提供几篇此类例文。

一、书法爱好类

墨香有乾坤

中国的书法是一门古老的艺术，历史悠久。我从三年级开始学习书法，经过几年的学习，也能“结字清而峻，下笔精而准”。这门典雅的传统艺术，不仅让我练就了一手好毛笔字，更对我影响很深。

我的书法老师姓杜，是个花白胡子的老头。记得第一次去上课，一进老师家门便看到一派中国韵味的陈设，屋里摆放着一张大书案，案上整齐地摞着各种名人法帖，一个小盆景清新翠绿，有一方砚台、两个笔筒，笔筒内的笔林林总总、长短有序。墙上一幅大字：厚德载物。

杜老师教导我的第一句话就是：“写字如做人，最重要的就是心平气正。写书法需要放平心态，让笔杆竖直，心不端则笔不正，笔不正则字必歪。所以写字时一定要让笔杆垂直于纸面。”我初听很不以为然。待老师讲完，我便自信地拿起笔，蘸饱了墨汁，在纸上挥洒起来。结果，呈现在纸上的却是几个歪歪扭扭的“醉汉”，其中的“一”字更像是条蠕动的毛毛虫。

老师说道：“你根本没有做到要求，歪着拿笔写字就像拖扫把。”边说边示范，他右肘高悬，手指轻巧地拿住笔杆。原本在我手中桀骜不驯的毛笔，在老师手中轻松地舞出美丽的汉字。金色的阳光，透过窗户洒在纸上，纸上的墨迹反射着淡淡的光，清新的墨香充满整个房间。我意识到原来看似简单的要求在落实的时候竟然如此困难！心里反复琢磨起杜老师的话。

记住了杜老师的教诲，我明白了写字一定要调整好心态，这就和做人做事的道理是一样的。从此，每天26个大字，一笔一画，我开始了书法的学习。经过练习，我慢慢学会了沉心静气，掌握了悬腕竖笔。

一次，我跟着老师练习《颜勤礼碑》，我端坐桌前，静气凝神，右腕高悬，手指拿住笔杆垂直于纸面，专心致志地临摹。几只雄秀端庄的墨色精灵跃然纸上，散发出阵阵清香。杜老师不禁赞叹我的字大有长进，笔锋端正、已见筋骨。临摹颜真卿的作品让我感到心胸开阔，提顿之间不仅感受了“颜体”的挺拔雄肆、端庄劲美，更能让我感受到颜真卿其人的忠正耿直，感受到中国文化的深沉厚重。微风拂来，整个屋子都弥漫着墨香，抬起头，正上方墙上的“厚德载物”四个大字更加苍劲挺拔、气韵生动！

一支小小的毛笔，让我走进了书法这个馨香瑰丽的翰墨大世界，在研习中，更让我懂得了字外功夫——做人要有风骨，横平竖直、心端气正！

——选自“学易作文网”

二、戏曲爱好类

共度好时光

“苏三离了洪洞县，将身来在大街前……”院子里又传来爷爷咿咿呀呀的唱戏声，我放下书本，抬起了头，嘴上也跟着哼唱：“就算苏三把命断……”

说起爱好唱戏，还得从爷爷说起。爷爷是个老牌的票友，自然爱看戏，爱听戏，也爱唱戏。每天，爷爷都会早起在院里咿呀歌唱，还边唱边比画。开始，我嫌爷爷唱得难听，常常和爷爷顶嘴，可是爷爷总是笑着，拖长了声调说：“来来来，孩子，我告诉你，戏剧，可是我们国家的国粹呀！”我不以为然，撇撇嘴做出不屑的表情。

直到有一天，爷爷领我走进戏院。当时，台下已满是观众，台上的戏已经开演了。我和爷爷找了个空位坐下，一打听才知道，那天唱的是豫剧《穆桂英挂帅》。戏台上的穆桂英满身的“珠光宝气”：灯光打在背景上，那亭台楼阁顿时立体起来，琉璃瓦晶莹夺目；演员们头饰上的发髻圆珠，忽闪忽闪的，直逼你的眼。更吸引我视线的，是那个扮演穆桂英的演员：你看她英姿飒爽，眉眼之间透着英气，一抬头，一举足，尽显将帅风度。再看爷爷，他早已随着锣鼓声进入戏中，眯着眼，晃着头，手也在扶手上不停地敲打着，一副陶醉的样子。

对戏剧有了新认识，我便有意识地了解相关知识，知道戏剧有京剧、豫剧、黄梅戏等，讲究的是“唱念做打”，演员也有“生旦净末丑”五个行当之分。看到我开始入门，爱戏的爷爷当然不会放过机会，既为自己，也为把我带进票友的行列，他一连带我看了《秦香莲》《仇江口》《九道本》《贵妃醉酒》《锁麟囊》等多个完整的剧目。如今，我被他熏陶得只要他在院里一哼哼，我的心里也便敲起了锣鼓。没办法，谁让我俩都喜欢这一曲呢？

“就算苏三把命断……”时而委婉缠绵，凄凄切切，时而激情高昂，意气风发，咿呀哼唱中，我和爷爷共度我们最美好的戏剧时光。

——选自“个人图书馆”网

三、体育爱好类

渐至佳境

如果我说我喜欢长跑，估计没有人会相信。也难怪，一个跑八百米都要用四分多钟的女孩子，竟然会喜欢而不是痛恨长跑，这种可能性几乎为零。

可是，我就是喜欢长跑。

这种喜欢应该是从初中开始的吧。

初中三年，我曾环绕西湖跑过几次，因为这是我们学校的传统项目。每年12月，我所在的中学便会组织一次环湖跑，全校同学都得参加。这是大家一年中最痛苦的一天，我们总是盼望着能出点什么意外，比如，天突然下雨了，又比如自己忽然生病了，以便可以逃避，但能如愿的却很少。

对于在跑步，而且是长跑方面不太行的我来说，尤其痛苦。至今，我还清晰地记得每次跑前的状态：两腿发软，心跳加速。开始跑时，我总是夹在中间，跟着大家一起向前冲去，起初的感觉还是挺不错的。可是，渐渐地，气粗了，脚步也放慢了，似乎有些跑不动了。看着一个个同学从我身边经过并跑到了我的前面，心里十分地着急，却又力不从心、无可奈何。很想找个地方坐下来，休息休息，最好还能喝口水。但我知道，只要一停下来，就会立刻成为最后一个，因此只能咬紧牙关继续坚持。腿隐隐约约地痛起来了，气越来越粗，脸涨得通红，汗水不停地流下来，可是还是只能坚持。

然后，可能是过了极限的缘故吧，整个人便轻松起来。一边保持着匀速前进，一边还有空打量四周。西湖里泛着的轻舟，岸边有着古老年月的遗迹和建筑，还有远处青翠的宝石山和亭亭玉立的保俶塔，才发现，原来每天习以为常的景致竟是如此的美好。也正是在此时，忽然发现，终点就在眼前，于是深深吸了口气，一鼓作气跑到了终点。一阵疲累之后，竟然发现自己似乎很轻松，心情也特别地舒畅。

从前在《世说新语》中看过有关著名画家顾恺之的一个小故事：顾长康吠甘蔗，先食尾，问所以，云“渐至佳境”。我想，用“渐至佳境”来形容我对于长跑的感受是最贴切不过的了，这也许便是长跑的魅力所在吧。

我喜欢长跑，虽然我跑得很慢。我喜欢长跑，我享受那种战胜自我的过程和酣畅淋漓的快感。

我试图将我的这些感受描述给我现在的朋友听，她们似乎有那么一点明白了：“原来你就是这样喜欢长跑的啊。”然后又补上一句：“幸好我们学校没有这样的活动。”是啊，但这又何尝不是一种遗憾呢。

很多事情，也许是你最讨厌最厌恶最痛恨的，但是，不去试试，又怎么知道你不会喜欢呢？人生的遗憾，大抵如此。

——选自“作文库”网

四、读书爱好类

这里也有乐趣

所谓乐趣，顾名思义，自然是“快乐且有趣味”。幼年的我怎么也不会想到那一页页泛黄的古书会与乐趣联系起来。（作者从题眼“乐趣”的解释开篇，并留下悬念，这在很多考生中非常少见，因此，虽然本文写的也是读书之乐趣，但比许多学生写法高明，胜人一筹）

小时候我不喜欢看书。虽然不是书香门第，但父母都是书迷，而我却是个例外。不管父母怎么威逼利诱，我就是不愿看书——看书有什么乐趣？

什么时候爱上书的呢？

小时候喜欢看动画片，特别是《西游记》。可每天只放几集，把急于知道结局的我急坏了。问父母，他们却卖关子，就是不肯告诉我。一日闲逛，逛进了书房，竟发现桌上有一本《西游记》。我随手翻开，只见里面图文并茂，一幅图上孙悟空和牛魔王正在酣战。我一时来了兴致，便翻看起来。还没等动画片放完，我已早知结局。于是看书越看越有兴致，竟沉溺于书中而不能自拔了。这看书的乐趣逐渐显现了出来。

又是什么时候看上古书的呢？（在行文结构方面，文中几处问句承上启下，犹如路标词，导引着读者与作者的思绪一起共鸣）

好像是六年级的时候，刚刚学了些古文的我得意地在父亲面前卖弄。父亲不说话，搬出一只大箱子，里面全是书！他翻出几本递给我："那就看看吧。"我一看，又是《西游记》！我不屑地撇撇嘴说早就看过了。（入木三分地刻画出了"我"对父亲让我读《西游记》的不以为然的"傲慢"神态）"那不一样，这可是原著啊。"我并不以为然。

没想到这原著越看越有意思，不但内容全，而且古色古香，读起来很有韵味。我一下子就爱上了古书。

俗话说："书中自有黄金屋。"（引用名言，增添了文采）如今我泛舟书海，沉浸于黄金屋，却是欲罢不能了。更觉那一字一句读来唇齿留香，那内容耐人寻味了。原来书籍，尤其是古书，其中也有乐趣。

也正因为这样，每每我向父母头头是道地分析第二次世界大战局势，向朋友介绍中国各地古迹、名山胜水，给弟弟妹妹讲述一个又一个凄美的传说时，看着他们流露出欣赏、赞同、佩服的眼神，我便更觉出读书给我带来的乐趣了。

玩，乐也；游山水，亦乐也；泛舟书海，乐更无穷也。

有此乐，夫复何求哉？（文末提炼出带有哲理意味的句子，言简意赅，也是文章的得分点）

——选自"中考网"

亮点剖析：

该文章以自己由不喜欢读书，以为读书没有什么意思和乐趣，到喜欢读书，以致沉浸在书中不能自拔的过程的记叙，体现了读书的乐趣。语言生动、传神，神态描写细致入微。文章所凸显的"有读书之乐，又夫复何求"的主题非常积极、深刻。

观后感例文

没有人能随随便便成功

——观《开学第一课》有感

字以溯源，武以振魂，棋以明志，文以载道——这次的开学第一课以“中华骄傲”为主题，一看到那行云流水的四个大字，我胸中的那民族自豪感便直往上冲。课堂深深吸引着我的目光，那一幕幕，至今，仍在我脑海中铭记，清晰着，挥之不去。

课堂中，最吸引我目光的，是一位国际著名钢琴家——郎朗。我惊讶于演奏时的他的手指：最初，那是一只流星，划开宁静的夜空，轻轻的，柔柔的；接着，那又是一只蝶，在钻石般的阳光下抖动，它展开双翅，在花丛中穿梭，从容着，自在着；马上，那又是一阵雨，雨点儿时紧时慢，时大时小，落在小水洼，落在大地上，灵动着，喜悦着；最后，它化作一抹悠闲的彩云，向着彩云奔去，那是云朵向往的、渴望的——他的手指是那样灵活，那样可爱，那样多情！他演奏出来的乐曲是那样自然，那样真实，那样动人！

但是，难道他天生如此吗？我这样问。于是，我上网查了他的资料。之后，我就明白了：没有人能随随便便成功。

郎朗三岁开始学钢琴，他的父亲发现了他的天赋，深知在一个小县城中成不了什么气候，于是，他便做出一个决定——一个艰难、疯狂的决定——他决定让郎朗，只有三岁的郎朗远离自己的母亲，去北京学琴。那么小，只有三岁啊，这么大的孩子不应该浸在母爱中尽情享受吗？而郎朗却早已坐在冰冷的琴凳上，开始了一遍一遍地练习，枯燥，无趣。郎朗的目标是考中央音乐学院，他的父亲历尽艰辛，百般托请，才为郎朗找到了一位知名教授。可天有不测风云，教授在几个月之后，觉得郎朗并非天才，要放弃他。这让郎国任（郎朗的父亲）瞬间如天塌地陷一般。他的父亲竟拖着郎朗走向边缘——十一楼天台的边缘，歇斯底里地叫喊："那你就跳楼！去死！"郎朗挣扎着逃脱开，此后三个月，琴声不复有。在那三个月，那恐怖的、绝望的、迷茫的三个月中，没人知道郎朗经历了什么，没人可以想象。直到教授外出回国后，郎朗才重新敲起了琴键。所幸，后来，郎朗经过努力，终于得到了中央音乐学院的认可。此后，郎朗参加各种比赛，又远涉重洋到了美国，留学三年。直到在拉维尼亚世纪明星音乐会上，郎朗才被世人真正认可，达到了旁人无法企及的高度。但他的母亲却这样说：荣光有多巨大，我内心的酸楚就有多深。

不只郎朗，在课堂上大话诗词的文坛泰斗许渊冲，亦是如此。他的性格豪放，心直口快，不计后果，有着少年人的狂傲气，因此他备受磨难。他被说成"个人英雄主义"，"名利思想严重"，"王婆卖瓜"，他还被批判为思想右倾，更经受过种种凌辱。但他从不改变自己，他随遇不安，他始终保持自己那纯真赤诚的心，保持着对翻译事业的热爱，并且无所畏惧。终于，他成了"诗译英法唯一人"。

我们，更是如此。

在竞争愈来愈激烈的今天，没有人可以随随便便成功。假如我们现在不努力学习各种知识，不尽一切所能提高自己的能力，而是尽情玩乐，各种享受，那么，将来的苦难会是深重的。无奋斗，不青春。只有以苦为舟于学海游，以勤为径于书山行，我们才能不负青春，不负己。

《开学第一课》告诉我一个深刻的道理——没有人能随随便便成功。那么，就让我们以坚持刻苦为桨，扬起勤奋的帆，向着"中华骄傲"奔去！

学生：徐欣璐

简评：

这位同学很有悟性，此篇观后感引议联结，结构清晰。

因为热爱，所以骄傲传承

——《开学第一课》观后感

历时一个半小时的《开学第一课》以“字以溯源”“武以振魂”“棋以启智”“文以载道”等几个板块淋漓尽致地给国人阐释了“中国骄傲”，不仅让我们感受到中国文化的源远流长和光辉灿烂，更让我们为数不清的中华骄傲而自豪。同时，也让我陷入了深深的思考中。

思考一：方块字的前途之争

汉字算是中华文化瑰宝之中最明亮的一颗星了，几千年的发展历程，汉字以它的博大精深吸引着越来越多的人。但也有人认为汉字复杂难学，不适合科学的表达。

美国的理查德·西尔斯用自己的执着给出了最明确的答案。他是一名汉字热爱者，他来到中国，自学汉语，用了八年时间，花光了他全部的积蓄，只为了做好一个中文网站。在此期间，他遇到了许多困难：他身染重病、签证受阻、受尽嘲讽，但他永不言弃，继续做着他的汉字研究工作。他的事迹感动了许多人，人们亲切地称他为“汉字叔叔”。

理查德作为一个外国人，他对汉字竟如此痴迷热爱，他的精神让我们感动的同时，也让我深深反思。当今社会，随着电子产品的普及，打字成为人们的一项必修课，然而，在快捷与便利的背后，却隐藏着汉字的隐患。提笔忘字的现象发生在大多数人身上。更有甚者，许多中国人认为汉字走到了穷途末路，汉语是没有前途的。与理查德相比，这些人是否会因汗颜而脸红呢？与一个外国人相比，我们堂堂中华儿孙有什么理由不学好汉语呢？

思考二：电脑和人脑之争

柯洁是中国最优秀的围棋选手之一，他从小苦练围棋，拿到了世界冠军，但在人工智能的“阿尔法狗”面前还是败下阵来；两位优秀的钢琴少年挑战机器人特奥，却还是在准确率和速度上输掉了比赛。人工智能、机器人的横空出世，引发了人们许许多多的思考：人脑不如电脑聪明吗？人类最终会被机器人消灭吗?

当然不能!

“阿尔法狗”再聪明也不会有赢了棋的喜悦，特奥再厉害它的琴声也是冰冷僵硬的，人工智能永远不会有人类的灵动。更何况电脑也是人类智慧的结晶。我认为，既然在技术上我们已经很难战胜机器人，那我们就更应该保护、珍惜我们的文化，在情感上战胜机器人，保护我们的中国骄傲。

思考三：继承与传承

在生活中，有许多人也在为保护和发扬我们的中华骄傲做贡献。许渊冲爷爷把中国诗词和文学的美用英语、法语翻译出来；常敬宇教授和爱妻放弃了国内的优越条件，赴巴基斯坦传播汉语；巴基斯坦的米斯巴也在为汉语的推广做贡献，她要教汉语直到教不动为止。

五千年的文明终将延续，千年文化栈道还将向远处伸展。前辈们用自己的实际行动书写了中华骄傲，那前方的路要靠谁去铺就?

“俱往矣——”

学生：刘一鸣

简评：

这位同学在观后感中的思考，清晰、大气。